韶关市地方性法规导读与释义系列丛书

陈 曦◎主 编

# 《韶关市皇岗山芙蓉山莲花山保护条例》
# 导读与释义

陈 军◎著

中国政法大学出版社

2020·北京

## 图书在版编目（CIP）数据

《韶关市皇岗山芙蓉山莲花山保护条例》导读与释义/陈军著. —北京：中国政法大学出版社，2020.6

ISBN 978-7-5620-4102-3

Ⅰ.①韶… Ⅱ.①陈… Ⅲ.①自然资源保护法－法律解释－韶关 Ⅳ.①D927.653.605

中国版本图书馆 CIP 数据核字 (2020) 第 093602 号

----------------------------------------------------------------------------------

| | |
|---|---|
| 出 版 者 | 中国政法大学出版社 |
| 地 址 | 北京市海淀区西土城路 25 号 |
| 邮寄地址 | 北京 100088 信箱 8034 分箱　邮编 100088 |
| 网 址 | http://www.cuplpress.com（网络实名：中国政法大学出版社） |
| 电 话 | 010-58908586（编辑部） 58908334（邮购部） |
| 编辑邮箱 | zhengfadch@126.com |
| 承 印 | 北京九州迅驰传媒文化有限公司 |
| 开 本 | 720mm×960mm　1/16 |
| 印 张 | 14.75 |
| 字 数 | 240 千字 |
| 版 次 | 2020 年 6 月第 1 版 |
| 印 次 | 2020 年 6 月第 1 次印刷 |
| 定 价 | 56.00 元 |

# "韶关市地方性法规导读与释义系列丛书" 编委会

2015 年 5 月 27 日，广东省十二届人大常委会第十七次会议通过了《关于佛山、韶关等九个市人民代表大会及其常委会开始制定地方性法规的时间的决定》，这是《立法法》修改后，我省首批授予设区的市地方立法权。这意味着自 2015 年 5 月 28 日起，韶关市人大及其常务委员会可以在"城乡建设与管理、环境保护、历史文化保护"等三大领域开始制定地方性法规。拥有地方立法权，为从法制层面解决我市城乡建设与管理、环境保护、历史文化保护等热点难点问题提供了保障，将更有利于促进经济社会在法治的轨道上快速发展。

韶关市人大常委会为了顺利开展地方立法工作，加强地方立法理论研究，与韶关学院研究协商，成立"韶关市地方立法研究中心"，并于 2015 年 5 月 29 日，在韶关学院正式揭牌。建立地方立法研究中心，为推动我市地方立法工作，加强地方立法理论研究和实践，提供了强有力的智力支持，对科学立法、民主立法，提高立法水平和质量具有重要的现实意义。

同时，2015 年 8 月，市十二届人大常委会成立了立法咨询专家库，从本市 3965 名具有法律背景的人才中聘请了 27 名立法咨询专家，2017 年 4 月，新一届人大常委会在原来的基础上对立法咨询专家进行了调整，保留了部分上一届立法咨询专家，新增了城乡建设与管理、环境保护、历史文化保护等领域方面的专家和韶关市拔尖人才库中的部分专家以及语言类专家等，使新一届的立法咨询专家增至 48 名；同时聘请了我省高校中长期从事地方立法研究的 5 名专家学者为立法顾问。强有力的立法咨询专家队伍以及立法顾问团队,成为我市民主立法、科学立法的重要智力支撑。

在市委、市人大常委会的领导下,特别是在省人大法工委领导和专家的全力指导和帮助下,通过市政府、市人大法委、市人大常委会法工委、立法顾问、立法咨询专家的共同努力,我市首部地方性法规《韶关市制定地方性法规条例》于2016年4月5日正式实施,"小立法法"的实施必将成为韶关市制定地方性法规的基石。首部地方实体性法规《韶关市烟花爆竹燃放安全管理条例》,经广东省第十二届人民代表大会第二十九次常务委员会会议批准,于2017年1月1日起正式实施,这是韶关市制定地方实体性法规的良好开端。

在今后的立法工作中,市人大常委会将按照"党委领导、人大主导、政府依托、各方参与"的总要求科学立法、民主立法,进一步完善立法工作制度,提高立法队伍的整体素质,制定更多"有特色""可执行""管用""接地气"的地方性法规,不断地推动我市地方立法工作向前发展,为韶关的振兴发展做出贡献。

在社会实践中,"徒法不足以自行",良好的地方性法规并不意味着能够自动地得到有效实施,法律法规的实施,需要执法部门公正执法,需要司法部门正确用法,更需要广大市民自觉守法。要想广大市民自觉守法,首先必须让市民读懂法律法规条文,地方性法规毕竟是专业立法活动的产物,在所涉及的法律用语、专业词汇、文本结构、立法意图等方面,具有较强的专业性。可能会给一些市民准确理解法规的具体内容、立法主旨及法规精神等带来一定的难度,不利于广大市民在理解、领会法规的基础上,做到知法、懂法、守法。

因此,市人大常委会认为,有必要吸纳市人大常委会立法工作者、法律实务工作者和韶关学院政法学院的专家学者,编纂《韶关市地方性法规导读与释义》丛书,对我市出台的地方性法规进行导读性释义工作,方便社会各界人士理解把握,达到自觉知法守法用法之目的,也为今后我市法规的修改、释义备存资料。

"普法""懂法""守法"是本系列丛书的宗旨,是为序。


"韶关市地方性法规导读与释义"编委会　陈　曦

2017年9月30日

## 一、韶关市皇岗山芙蓉山莲花山概况

韶关市是粤北政治经济文化中心城市，自古以来就有"山水城市"的美誉，也是中国优秀旅游城市。韶关市区内主要河流有浈江和武江，均为珠江水系的二级支流，蜿蜒向南交汇为北江，形成了韶关所特有的"三江六岸"地形特点。韶关市区地处三江六岸，青山绿水，景色如画。全市植被覆盖率达80%以上，动植物资源丰富，共有植物230科、2000多种，共有动物76科、196属、277种，其中国家一级保护动物7种。由于该森林公园地处城市近郊区（人为干扰强烈），同时地域较破碎（不集中连片），加之森林植被简单（天然林少、林种少、树种少、林分结构较单一等），因而野生动物资源相对较少。

韶关国家森林公园地处韶关市区，中心区位于东经113°、北纬24°与韶关"三江六岸"美景遥相呼应，是韶关市民健身、娱乐、休闲的重要场所。因其常年保持着良好的森林生态环境，堪称韶关市的绿色生态屏障，因而也被市民誉为"市肺"。

韶关国家森林公园文化历史悠久。韶关国家森林公园的前身是成立于1918年的广东省农林局第一模范林场，1949年由人民政府接管，1950年改为曲江林场，1964年曲江林场一分为二，现有范围改成韶关林场，1993年经原林业部批准建立国家级森林公园,以绿色休闲娱乐、生态示范和康体娱乐为主,观光游览和科普教育为辅。公园莲花山景区的茶亭古道,是古代中原由东向进入韶关的必经之路,建有茶亭一座,茶亭一带留有众多石刻碑记,是清代曲江二十四景"莲花樵唱"的所在地。公园内有将军亭、烽火楼和国民革命时期北伐阵亡将士纪念碑亭等建筑。芙蓉山景区有金镜湖和芙蓉山寺等古迹,"金镜"源于唐朝宰相张九龄的《千秋金鉴录》,到此一游,可体会"当年唐室无双士,自古天南第一人"张九龄的"曲江风度",以古鉴今;建于明代的千年古刹——芙蓉山寺,古色古香,香火旺盛,留下"芙蓉留胜景,古刹列名山"的诗句。

2004年5月14日,韶关市十一届人大第一次会议主席团第三次会议通过了《关于将市区皇岗山、芙蓉山、莲花山纳入城市生态公园规划、建设和管理的议案的决议》,逐步将"三山"建成市民休闲和游览观光的好去处。为此,韶关市林业局受市政府的委托,于2004年11月在韶关国家森林公园原有的规划、建设和管理的基础上,对森林公园总体规划进行了修编。此次修编将芙蓉山纳入了韶关国家森林公园规划建设的范围。2005年,公园被评为"韶关新十景"之一,2007年被评为市文明示范窗口,2009年被评为广东省森林生态旅游示范基地。

韶关国家森林公园景观资源丰富。全园为低山丘陵地形,土壤为山地红壤,公园分布有森林、湖泊、溪流、石山、洞穴等各种自然景观,森林覆盖率73%,一直坚持"以森林旅游为主,行、游、住、食、娱多功能结合"的建设经营方针。莲花山景区为公园开发最早的景区,有公园山门、瑶族风情园、静之动生态运动乐园、灵芝生态园、森林烧烤场、野生动植物园、万寿禅寺、望韶亭等景点。芙蓉山景区小道两旁,栽满芙蓉、红花油茶、杜鹃、木兰等花木,花开时节,繁花似锦,花香扑鼻。公园里建有"山泉泳池""野生动物救护中心"、养殖场、野生动物标本展览馆、花木园艺观赏长廊等,都是游人观光游览的好地方。主要景观有"神仙水"山泉、莲池映月、杜鹃春啼、莲山松涛、桃李争春、滇军墓地、湘军墓地、瑶族风情园、鸿雁双飞亭、万寿寺、龙皇岩水库、野生动物救护中心、野生动物标本展览馆、花木园艺观赏长廊,以及皇岗山雷达站等。

随着经济的发展,人民的生活水平不断提高,森林生态旅游越来越为人们所钟爱,韶关地处交通要道,商客南来北往,给公园带来无限商机,公园必将得到巨大的发展。现在韶关市人大、政府拟将公园建设成为韶关城市发展过程中的永久性自然生态保留地，并开展以森林生态旅游为主、绿色生态示范、科普和人文教育为辅的生态公益性城市型国家森林公园，服务韶关广大市民和来韶宾客。

韶关国家森林公园位于韶关市区，与韶关市"三江六岸"交相辉映，原规划包括皇岗山、莲花山，面积2746公顷。后经韶关市人大、政府决定将邻近的芙蓉山也纳入公园范围，范围包括市区皇岗山、莲花山、芙蓉山，总面积4388公顷，森林覆盖率达88%。扩大后的公园主要分为皇岗山、莲花山、芙蓉山，囊括了皇岗山、莲花山、芙蓉山等六大景区的精华地段。现公园地处市区，一直以来就是市民健身休闲娱乐的传统场所。

韶关国家森林公园除了芙蓉山和稔菇山有一定的植被破坏外，皇岗山、莲花山和其他山体森林植被保存完好。公园的环境质量优良，大部分地域青山苍翠，碧水长流，草木繁茂，空气清新，自然环境宁静而幽雅。韶关国家森林公园森林资源丰富，具有休闲娱乐、强身健体、科普教育和文化体验等旅游价值。韶关国家森林公园的旅游资源最大的特色就是城区中形态优美的山体骨架和繁茂的森林植被及其环境。公园景区划分应根据资源的状况与特色，开发与保护并重，以保护好现有景观资源为前提，合理、适度开发建设。根据韶关国家森林公园自然结构的完整性，景点组合的段落性，景观特色的差异性，游线网络组织的合理性，保护管理的方便性，开发利用的可能性等因素，将公园划分为皇岗山景区、莲花山景区、芙蓉山景区、东风景区、稔菇山景区和田心景区等六个景区，其中，重点规划建设景区为皇岗山景区、莲花山景区和芙蓉山景区。通过规划和建设，使皇岗山景区真正成为韶关市发展过程中的自然生态保留地，为公众提供亲密接触大自然的场所，适量开展登高览胜、强身健体和生态体验及科普教育等旅游活动。

韶关国家森林公园的总体发展目标定位为：以城区中形态优美的"龙椅"型山体骨架、繁茂的森林植被和丰厚的人文底蕴为资源特色，通过科学的规划、建设和管理，使韶关国家森林公园成为韶关城市发展过程中的永久性自然生态保留地，并开展以绿色休闲度假和观光游览为主，以生态示范、科普和人文教育为辅的生态公益性城市型国家森林公园。根据该总体定位，对各个景区分别进行定位，以确定今后规划开发的方向。

莲花山规划开发定位为：以人文景观为主，自然景观与人文景观相结合，体现韶关风土人情和人文历史。建设成为以休闲、观光游览、人文教育等为主的"韶关人文历史自然博物馆"特色景区。

皇岗山规划开发定位为：韶关城区生物多样性保护基地，通过规划和建设，使皇岗山景区真正成为韶关市发展过程中的自然生态保留地，为公众提供亲密接触大自然的场所，适量开展登高览胜、强身健体和生态体验及科普教育等旅游活动。

芙蓉山规划开发定位为：该景区是新纳入森林公园规划和建设的景区，按照韶关市的远景规划，这里将是市区的心肺地带。

（一）莲花山概况

莲花山位于韶关市的东南面，中心区莲花山面积为565公顷，主峰莲花山海拔254米，是韶关市区"三山"之一，为公园重点开发景区。

莲花山气候属亚热带山地季风气候，年平均气温20.2摄氏度，极端低温 -4.3摄氏度，极端高温41摄氏度，年平均降雨量为1600毫米，霜期短。地被植物主要有野牡丹、岗松、芒萁、桃金娘等。动物物种较丰富，以鸟类为多。全园现有土地总面积2746公顷，森林蓄积量为14万立方米，树种主要有马尾松、杉木、樟、枫香、木荷、壳斗科树种等。全园海拔60米~255米，土壤为山地红壤。主峰莲花山海拔255米，山脉层层展开状似莲花，登峰俯瞰，韶城景色尽收眼底。

古时候的莲花山及周边地区为内陆边境，历代朝廷都会发配官吏充军到此。秦始皇吞并六国后，于公元前214年平定两广。当时的南海尉任嚣在莲花山下修筑了一座城堡，后人称之为"任嚣城"。汉元鼎六年（公元前111年），西汉武帝平定南越后，在粤北建立曲江县，县治设在莲花山下。从此粤北山城逐渐兴旺，莲花山周边的民众大多沿着山路从四面八方赶赴县城出售土产和购买物品，并在山中建有供人歇脚的凉亭。自清代起，莲花山就以清代二十四景之一的"莲花樵唱"闻名于世。

在这苍翠秀丽的莲花山顶，耸立着一座雄伟高大的建筑楼，它就是"韶阳楼"。韶阳楼分别在楼层设有"拔地倚天""闻韶鸣凤""禅钟悠扬""风度千秋""莲峰清韵"等文化主题。韶阳楼是距离韶关最近的地理至高点，登上此楼可鸟瞰"三江六岸"，环视万亩林海。

千百年来，韶关人民在莲花山来来往往，总结出形象生动的"莲峰樵唱"和"莲峰清韵"，清代诗人廖燕赞曰"峰转千盘路不违，数声樵唱早忘饥，身游大石同麇鹿，歌满长空裂石扉"。

（二）芙蓉山概况

芙蓉山植被丰富，是韶关市区面积最大的三座山之一。旧时因为漫山遍野开遍（木）芙蓉花而得名。芙蓉山是韶关的历史文化名山，史书记载 2100 年前的西汉时期就有道士于此修道炼丹，唐朝时又有僧人在此建庙，是道佛两栖的圣地，历代文人墨客留下了许多诗篇。芙蓉山还蕴藏着丰富的矿物资源，曾经有过辉煌的煤矿和石灰岩矿开采历史，至今山上仍然残存大量采矿遗迹。

芙蓉山位于韶关市武江区南部，是韶关市近郊的一座低山丘陵，海拔在 324 米以下，东临北江，北接主城区，风景区总面积 2152.7 公顷，最高峰为犁头石，海拔 324 米。该地区呈现亚热带岩溶地貌的特征，以岩溶丘陵和岩溶洼地为主；孤峰、峰丛、峰林的特征不明显；地下为岩溶地貌，包括地下河和溶洞；土壤以黄壤为主，较贫瘠，呈微酸性；原生植被为常绿阔叶林，经破坏后水土流失严重，土壤肥力下降，现多为次生的马尾松、芒萁等。芙蓉山东部和北部山麓与城区相接，建筑景观较为混乱；西部及南部现基本为乡村地带，有少数工业企业分布，尚无大量的建设活动。芙蓉山过去是煤矿采掘区，曾经登记的大小煤矿有 14 个，还有不少未登记的小煤窑。1999 年以前，煤矿开采对芙蓉山山体造成了较大的破坏，采石和土葬现象严重，对风景区保护造成较大压力。1999 年风景区总体规划实施以后，这些问题得到了很大缓解。

2004 年 11 月 19 日，原国土资源部要求每个省建设 1 至 2 个国家矿山公园，矿业遗迹是人类采矿活动的历史记录，是当今受世界保护的重要自然和文化遗产。建设矿山公园旨在保护和抢救现存的重要矿业遗迹，科学利用矿业遗迹资源，弘扬悠久的矿业历史和灿烂文化。建设矿山公园还有利于加强矿山环境保护和恢复治理；有利于改善当地的生态环境，发展特色旅游业，促进资源枯竭的矿山经济转型；有利于树立典范，推动矿山企业走可持续发展的道路。韶关市是广东省境内主要的矿山集中地，矿产资源比较丰富，是首选对象；而芙蓉山有众多煤矿开采等矿产遗迹，还有芙蓉古刹、气象台、芙蓉洞、观景台等多处景观资源，现又被纳入韶关国家森林公园规划建设。

2009 年，原国土资源部批准韶关芙蓉山为国家矿山公园。韶关芙蓉山国家矿山公园为中国第一批 28 个国家矿山公园之一，园区总面积 21.7 平方公顷，整体规划为"一横两纵、四区十园"。园区以主题雕塑广场景区、园林小品景区、矿山公园博物馆为主要景区，此外还有芙蓉山古刹、气象站、观景台、木芙蓉园、木兰园、芙蓉仙洞、芙蓉湖等景点。游客到此，不仅能够领略到芙蓉山秀美的自然风光，还可以学到地质学、古生物、矿业等科普知识，是集历史、文化、艺术为一体的科普教育基地，更是亲近自然、休闲观光的最好去处。

芙蓉山山顶建有观景台，山中有绵延 1.4 公里的芙蓉仙洞，由石背窝水库连接到山脚下的芙蓉村，石背窝水库在芙蓉山山体环抱之中，风景秀丽。芙蓉山在韶关市区是一个以观赏自然风貌、登山休闲或宗教祭拜为主的城市近郊自然风景区，主要服务对象为市区居民，服务人群属于各年龄段，主要以一日或者半日游为主，是韶关市区居民周末休闲、登山的主要场所之一。

### (三) 皇岗山概况

皇岗山，位于广东省韶关市浈江区十里亭镇，又名黄岗山。其山名由来，据《韶州府志》记载："因相传舜帝南巡奏韶乐，登韶石至此山冈之麓，以皇帝的皇命名山冈故称'皇冈山'。"《韶州府志》还记载："皇冈山高峻端整，俨如屏障，山上建有纪念舜帝南巡的舜峰寺、虞帝祠、翠华亭，半山腰有虞泉，山下有皇潭，溪上有皇冈桥。"山上最早的纪念性建筑是纪念"舜帝南巡奏韶乐"的虞帝祠，始建于隋。唐代谢楚有碣曰："曲江有虞帝祠，故老言舜作乐于邑东磐石上，故石号称韶，而州以韶名。"宋代、明代均重修皇冈山虞帝祠，明代韶州知府湛礼《重修韶州虞帝祠碑记》中写道："……距城五里许，有山曰皇冈，起伏峦蒸；有水曰皇潭，汪泽莫测；韶人指顾此舜帝祠也。山之高，水之深，咸以皇名焉。"半山腰的"虞泉"，相传是虞舜帝南巡之时品尝过的神水。清代《曲江县志》记载："虞泉，在皇冈山东崖半山腰，泉水清甜甘冽，冬夏不竭。"南宋韶州太守方倍儒重修皇冈山虞泉，做《皇冈山虞泉铭》，铭记中写道："韶之西北有山，连绵如屏障，是为皇冈，有虞帝祠典其麓……山有泉水出其东崖，甚甘而洁，与他泉异……泉幸与虞帝祠相近而名，舜峰、韶石并著，命匠刻石之，曰虞泉。"

皇岗山为韶关国家森林公园辖区的一部分。皇岗山东连鸡公山，绕出于笔峰山之后，距韶关市中心城区 3 公里。皇岗山海拔 494 米，高拔巍峨，气象万千，是森林公园的最高点，也是韶关城区的最高峰。站在主峰俯瞰，韶关市区和浈江、武江及莲花、芙蓉诸峰尽入眼底。皇岗山位于城区的北部边缘，有森林公园和韶关城区的最高点，为韶关市区三座名山之首。站在峰顶可远眺全市，三江六岸，秀色山水，尽收眼底。这里植被繁茂，山清水秀，鸟语花香，是登高览胜的好去处。

皇岗山上留下许多历史名人佳句。明代萧远《皇冈夕照》诗："万仞高冈插碧空，翠华亭畔气菁葱。衡阳飞雁来秋色，荆水风帆挂落红。芳草昔曾经御替，滩声疑是奏焦桐。南巡帝子今何处，愁见青山夕照中。"《韶州府志》载："皇岗山郡北三里，连接貂蝉石，绕出笔峰之后，高峻整俨如屏障，旧传舜帝南巡时奏乐于此，因祀舜于皇岗云楚为名，其水皇潭泉，曰虞泉，山顶有翠华亭、舜公祠、下有舜峰寺。……时享舜帝于此宿，斋山水幽。"宋代方信孺记有酷似载录。

明永乐五年（1407年），明代才子翰林院大学士解缙贬广西途经韶州，登临皇冈山时身临其境寻闻韶乐，写下了著名的韶州《皇冈山舜峰寺》一诗，诗中写道："千里来寻故相家，曲江南畔夕阳斜。均天此日闻韶乐，步上皇冈望翠华。""故相家"指此地系唐代贤相张九龄的故乡。解缙登上古曲江二十四景之一的"皇冈夕照"，仿佛听到舜帝南巡奏韶乐的箫韶遗韵，看见远在天边的虞皇翠华，感慨万千。解缙过韶州留下的这首名诗，不但颂扬了此地灵人杰的风光景致，同时也表达了他风流洒脱的才子个性。

历代鸿儒贤达不厌其烦的登山抒怀、遗墨作赋，使皇岗山的文化底蕴更加厚重。《广东通志》载：旧九成台，古名闻韶，在府治北域上，宋郡守狄咸建造。建中靖国元年（1101年辛巳），苏轼与苏伯固北归，……苏轼铭有："与子登韶石之上，舜峰之下，望苍梧之渺莽，九嶷之连绵……《大清一统志》载，九成台在西域上，即武溪亭址。旧九成台废，逐以此亭为台。明代赵贵成、越雄俱修，清代黄文炜重修。""峥嵘南越有孤台，苍梧缥缈锦千堆。"明代符锡《舜峰寺》诗："帝纪曾于此地供，斋房禅室往来通。天垂翠幄迷行径，山簇青螺绕梵宫。"清代廖燕《新建皇冈桥》载："……郭北一里许，有洞名皇潭水，道通乐邑，为曲邑一十二水之一，而此水为最，此岂所谓势近而最亲者欤。洞介笔峰、皇冈之间，下合武水，遇山泉陡发，则汪洋巨浸，无舟则不能利济，此岂所谓势难而可畏者欤。顾其先业已成桥，以木为之，而坏于海若，则水害之也。……是桥经始于乙丑某月日，落成于某月日。阔一丈三尺，长五丈八尺有奇。"南观浸泡在武江的遇仙桥（即西河浮桥，明代陈大伦《遇仙桥》诗曰："遇仙漫作题桥客，桥作仙题似有神。"更有明朝学者解缙留有吟咏皇岗山的佳句："千里来寻故相家，曲江南畔夕阳斜。钧天此日闻韶乐，步上皇岗望翠华。"

如今的皇岗山已成为众人踏青登高、环瞰韶城、放飞心灵的上佳之处，对于旧时的皇潭、虞泉、翠华亭、舜帝祠，虽然今天已难辨其胜迹，但胜迹却蕴藏此间，徒步难觅其迹，也许履印可叠。登顶俯瞰还可以清晰地看到妙趣横生的图景：韶关最早的中心小岛生动得像个葫芦，西武东浈两江犹如系结在葫芦身上的绸带，北江则似一根粗壮的金线，天然共构一幅"金线吊葫芦"。每年10月是岗稔成熟时节，采摘食用，美味可口，可助游兴。徒步进山沿途经过京广铁路、皇岗山庄、皇岗水溪小峡谷、老松树林、观景台、人面石等地。还有三四条小路也可上到山顶。另有方便游客上山休息的草亭、仙人凳等设施。2013年，浈江区政府在皇岗山上规划、设计和建设了舜帝森林公园。该项目总投资约2.6亿元，主要的建设有：停车场、主登山景观大道、舜帝抚琴雕像广场、步行登山道、休息亭等配套公共设施。

## 二、制定《韶关市皇岗山芙蓉山莲花山保护条例》的立法背景和必要性

### 1. 立法背景

皇岗山、芙蓉山、莲花山优越的地理位置、古老的地质地貌、深厚的历史沉淀和众多矿产开采等遗迹及适度的环境规模，在我国岭南地区是十分突出和具有代表性的，并对城市生态环境有重要的调节作用。皇岗山、芙蓉山、莲花山调节着市区的空气质量，是陪衬市区绿色园林的天然背景，更是人们健身休闲、锻炼身体、清心洗肺的理想场所。在《关于将市区皇岗山、芙蓉山、莲花山纳入城市生态公园规划、建设和管理的议案》的推动下，市政府、市林业局高度重视议案实施工作，成立领导小组和韶关国家森林公园管理处，专门负责"三山"的建设管理和议案的实施。十年来，不断加大财政投入，累计投入9714万元，"三山"基础设施日趋完善，生态环境逐步改善，市民满意度稳步提升，到"三山"休闲观光的人数不断增加。市区"三山"生态环境不断改善，已成为市民休闲、观光的好去处。

但是，随着城市的发展和登山休闲人数的激增，游客的涌入直接导致垃圾的增加，同时一部分游客的不文明旅游行为会破坏景区植被，影响土壤结构并降低土壤水分渗透力，造成土壤侵蚀和水体污染，导致森林生态系统失

衡,生态系统的安全和健康将会受到极大的威胁。"三山"的周边正遭到各方面的破坏,如出现违建、垃圾增多、景点破坏等问题。

每一个生活在韶关的人,对"三山"都是充满感情的,"三山"不但是全韶关人的"市肺",关系到我们每个人的健康与安全;而且她还是我们每个人美好回忆的一部分,我们每个人自由憧憬、休憩栖息的梦幻摇篮……想一想吧,如果有一天,"三山"山体和大自然水系统被人为破坏,那将是多么令人痛心的情景啊!

莲花山景区的生态系统比较脆弱,受强度较大的外界干扰,可能导致该景区内部各种群落结构的不稳定和生态系统的脆弱状态。推测其主要原因应该是建设时间较早,当时的理论指导十分匮乏,生态保护意识较差,尤其是生物物种多样性保护意识差;景观建设重人工轻自然,无生态景观规划意识,同时缺乏现代管理理念,开发较为混乱,是以经济效益为第一目标的建设时期的产物,从而导致了该景区的城市化现象比较严重。[1]韶关市十三届人大常委会第二十九次会议上,一份办理超过十年的"三山"议案——《关于将市区皇岗山、芙蓉山、莲花山纳入城市生态公园规划、建设和管理的议案》指出,"三山"的"疮疤"触目惊心。代表疾呼跃然纸上:"由于管理体制的问题,导致'三山'的绿化建设资金和管理人员、工人的工资无法统一投入,出现了一些乱建、乱采、乱砍、乱伐的现象","芙蓉山'疮疤'凸现,植被破坏,出现泥石流现象"……[2]

"三山"管理规范有待提高,比如韶关国家森林公园现从事管理的人员大都是以前林场的员工,他们对林区的情况和特点比较熟悉,但对于公园的建设和管理缺乏经验;在调研中发现公园内的树木、亭台被乱写乱刻的现象时有发生,公园内有些树木因为下大雨或者其他原因而枯萎倒塌,管理人员并没有及时将之移走,这些倒塌的树木可能会危及游人的安全和其他树木的健康生长;在山顶公园附近有一条被挖过的小路,一直没有整修,遇到下雨天,路面就会变得坑坑洼洼,给游客带来不便;韶关国家森林公园乱搭乱建现象依然存在,等等。而且韶关国家森林公园基础设施有待完善,韶关国家森林

---

〔1〕 丁少平:"城郊型旅游区的城市化问题对策研究——以广东韶关国家森林公园为例",中南林业科技大学2006年硕士学位论文。

〔2〕 靳林、吴梦雁:"十年砥砺谱写'山字经'——韶关市'三山'议案结案侧记",载《人民之声》2016年第3期。

公园外的交通情况较差，如莲花山只有16路公交车可以到达，但车的外观和内部环境都让人感觉不舒服，又旧又脏。1993年原林业部下发的《森林公园管理办法》第16条规定："森林公园经营管理机构应当按规定设置防火、卫生、环保、安全等设施和标志，维护旅游秩序。"调研发现整个公园内只有2个厕所，一个在大门入口，另一个在半山的停车场附近，且卫生情况让游客不敢恭维；园内的垃圾桶设置不合理，垃圾处理不及时；公园从门口到最高峰只有3处防火警示牌，1处安全警示语，没有卫生提示语。公园内有的道路下面是深谷而缺乏扶梯，存在安全隐患问题。园区内的服务设施不完善，没有一个小商店为游客供应吃喝，导致游客在公园内的停留时间较短。

"'三山'对韶关市民来说是一个宝贝，一个地级市的城区范围内，能够有三座森林覆盖率高的山，市民也有了休闲、娱乐、健身的好去处。我们希望能把它们保护好、建设好。"[1]如何保护"三山"，保护我们的"市肺"？早在2004年，韶关市人大就通过了《关于将市区皇岗山、芙蓉山、莲花山纳入城市生态公园规划、建设和管理的议案》，为提高"三山"建设品位，市政府将"三山"列入韶关国家森林公园统一规划、建设和管理，并决定成立韶关国家森林公园管理处。

随着党的十八大提出建设"美丽中国"的宏伟目标，国家将生态文明建设提到新高度。韶关市"三山"地理环境独厚，"三山"生态保护区是韶关市城区的"绿心""绿肺""氧吧"，是城市中不可多得的大型生态功能区、"后花园"，市民休闲、娱乐、休憩的好去处。韶关市委、市人大、市政府高瞻远瞩，基于韶关市区的皇岗山、芙蓉山、莲花山与浈江、武江和北江的山水环绕景观，确立建设人与自然和谐发展的山水韶关城市发展理念，对皇岗山、芙蓉山、莲花山生态环境保护提出更高的要求。

然而，近年来随着城市发展步伐加快，市区常驻人口激增和外来旅游人数飙升，到皇岗山、芙蓉山、莲花山生态保护区游玩的人数不断增加，不断出现对皇岗山、芙蓉山、莲花山生态环境、自然资源、人文景观造成破坏的现象。同时，一些现行的法律法规条文界定不明、过于宽泛，缺乏针对性和可操作性，执法工作有待提高。这些问题造成各类破坏生态环境的活动有加

[1] 靳林、吴梦雁："十年砥砺谱写'山字经'——韶关市'三山'议案结案侧记"，载《人民之声》2016年第3期。

剧之势，皇岗山、芙蓉山、莲花山生态环境保护乏力，影响了我市建设山水韶关和宜居城市目标的实现。

目前"三山"自然、人文资源破坏情况日益严重，急需通过立法来解决。为了充分发挥立法在生态文明建设方面的引领和推动作用，科学有效地保护韶关市皇岗山、芙蓉山、莲花山的生态环境，发挥城市"山水相融"优势，打造宜居城市环境和城市型生态公园，市人大常委会在充分调研和听取各方面意见的基础上，经请示市委，决定起草《韶关市皇岗山芙蓉山莲花山生态保护条例》。这不仅符合党的十八大将生态文明建设纳入中国特色社会主义事业"五位一体"的总体布局和党的十八届五中全会提出"创新、协调、绿色、开放、共享"的五大发展理念，也与韶关市打造山水韶关、生态宜居城市的战略定位相呼应。

为做好"三山"的生态保护工作，2016年市人大常委会在充分听取各方意见之后，坚持突出地方特色、急需先立的原则，在广泛征求意见、反复研究论证的基础上，经过市人大常委会主任会议研究，报市委同意，将制定《韶关市皇岗山芙蓉山莲花山生态保护条例》列入2017年的立法计划。通过立法的形式保护皇岗山、芙蓉山、莲花山生态环境，"三山"既满足了休闲旅游和生态旅游的要求，又实现了生态效益和社会效益的高度统一。

要以立法的形式，对城市"生态绿肺"实行最严格的保护，让我们拥抱大自然的本色能代代传承。"三山"是全市生态环境系统的重要组成部分，是中心城最重要的"生态绿肺"，对完善和改进我市居住环境具有重要作用。保护、建设与管理好这种极其宝贵的生态环境资源迫在眉睫，有必要以立法的形式，严格保护"三山"，严格规范"三山"的土地利用，加大"三山"生态环境建设力度，大力推进文明城市的建设。

因此，结合韶关市城市发展的理念和实际，突出山水城市和宜居城市的特色，亟待制定一部更具操作性的地方性法规，为有效保护和科学发展作为韶关城市的"绿心""绿肺"的皇岗山、芙蓉山、莲花山的生态环境提供了强大的法制保障。制定《韶关市皇岗山芙蓉山莲花山生态保护条例》，既顺应了韶关市广大市民群众的呼声，更彰显出韶关市委、市人大、市政府保护生态环境、推进科学发展、打造宜居城市的决心。

制定《韶关市皇岗山芙蓉山莲花山生态保护条例》，通过立法形式来解决现实问题，为更有效地保护和改善皇岗山、芙蓉山、莲花山生态环境有着重要且现实的意义。通过立法形式来规范皇岗山、芙蓉山、莲花山的规划、建设和管理，把韶关国家森林公园建设成为韶关城市发展过程中的永久性自然生态保留地，并开展以绿色、生态、示范、科普和人文教育为主的生态公益性城市型国家森林公园，为市民提供绿色、观光、休闲、登山健体、回归自然的场所。

2. 立法必要性

（1）制定条例是落实党的十九大报告的生态文明建设的精神。党的十八大把生态文明建设纳入中国特色社会主义事业"五位一体"总体布局，党中央、国务院就加快推进生态文明建设作出一系列决策部署，先后印发了《关于加快推进生态文明建设的意见》和《生态文明体制改革总体方案》。全面贯彻党的十八大和十八届三中、四中、五中全会精神，深入学习贯彻习近平总书记系列重要讲话精神，紧紧围绕统筹推进"五位一体"总体布局和协调推进"四个全面"战略布局，牢固树立创新、协调、绿色、开放、共享的发展理念，认真落实党中央、国务院的决策部署，坚持尊重自然顺应自然保护自然、发展和保护相统一、绿水青山就是金山银山、自然价值和自然资本、空间均衡、山水林田湖是一个生命共同体等理念，遵循生态文明的系统性、完整性及其内在规律，以改善生态环境质量、推动绿色发展为目标，以体制创新、制度供给、模式探索为重点，将中央顶层设计与地方具体实践相结合，完善生态文明制度体系，推进生态文明领域国家治理体系和治理能力现代化。

习近平总书记在十九大所做的报告中全面阐述了加快生态文明体制改革、推进绿色发展、建设美丽中国的战略部署。十九大报告明确指出，我们要建设的现代化是人与自然和谐共生的现代化，既要创造更多物质财富和精神财富以满足人民日益增长的美好生活需要，也要提供更多优质生态产品以满足人民日益增长的优美生态环境需要。

党的十九大报告中对生态文明建设进行了多方面的深刻论述，报告明确指出"建设生态文明是中华民族永续发展的千年大计"。之所以将其上升为千年大计，其中一个重要原因是，报告认为虽然过去五年来生态文明建设成效显著，不仅国内生态环境状况得到改善，而且也使我国成为全球生态文明建设的重要参与者、贡献者、引领者，但是我国"生态环境保护任重道远"。几十年的经济持续高速增长，带来了很大的资源环境压力，缓解这一压力非短期之功，需要进行持续不断的努力，而且资源节约和生态环境改善无止境，故升为千年大计。报告明确指出，到 21 世纪中叶，"把我国建成富强、民主、文明、和谐、美丽的社会主义现代化强国"，"我国物质文明、政治文明、精神文明、社会文明、生态文明将全面提升"。报告从多方面提出了针对生态文明建设的价值观，如"生态文明建设功在当代、利在千秋。我们要牢固树立社会主义生态文明观"；"必须树立和践行绿水青山就是金山银山的理念，坚持节约资源和保护环境的基本国策，像对待生命一样对待生态环境"；"人与自然是生命共同体，人类必须尊重自然、顺应自然、保护自然"。特别是首次提出了"社会主义生态文明观"，这就从价值、理念层面对生态文明建设提供了支撑。

（2）制定条例彰显韶关地方特色保护。我国幅员辽阔，民族众多，风俗各异，各民族经济发展、社会生活不平衡，国家立法难以顾及地方的特殊问题、具体问题，客观上都要求制定符合地方需求、具有地方特色的法规。地方之所以为地方，最重要的特征就是各地有各具特色的"地方性知识"，特色构成了一个地方的独特资源和独有优势。我国多层次的立法体系，地方立法是立法体制的重要组成部分，地方的立法实践有利于解决国家和省级层面暂时无法解决或不宜解决的问题，有利于丰富和实践中国特色的社会主义法治体系。

地方立法一个突出的立法亮点是地方立法特色，地方立法特色构成了一个地方的法治品牌。地方特色视为地方立法特性的从属概念，认为地方特色是地方立法地域属性的要求。[1]地方立法的特色是，"从本地的具体情况和实际需要出发，需要规定什么就规定什么，使地方性法规有针对性和可操作性，真正对地方的改革、发展、稳定工作起到促进和保障作用"。[2]

《立法法》赋予设区的市一定的立法权限，就是让地方人大及常委会从本地区的具体情况和实际需要出发，在地方立法中突出地方特色，有针对性地解决本地区经济和社会发展中需要立法解决的问题。设区的市制定地方性法规，必须以国家宪法和法律为依据，从本市的实际情况出发，因地制宜，具有地方特色。设区的市立法如何增强所立法规的"特色"，即确保立法能够呼

---

〔1〕　郑清贤："反思与突围：设区市地方立法特色探寻——以福建省 7 个设区市立法为分析样本"，载《福建行政学院学报》2017 年第 5 期。

〔2〕　唐莹莹："试析首都地方立法特色的考量因素"，载《北京人大》2012 年第 6 期。

应本地区经济社会的发展需求，这对提升本地区城乡建设与管理法制化水平，推动本地区环境保护事业发展，加强本地区历史文化保护具有重要意义。有特色始终是地方立法保持活力的要素，是衡量地方立法质量的重要标准，也是检验地方立法能力水平的试金石。[1]

"三山"作为南方丘陵，景观资源丰富，松栎交荫，藤萝遍布，山川灵秀，幽静无染，存在一定共性，大都是人工营造的马尾松纯林，已步入过熟老化阶段；而且主要树种近年来已从马尾松、油茶等乡土树种变成了速生桉。然而无论是马尾松或是速生桉都存在树种单一、树木年龄和高度比较接近，树冠密集的特点，缺乏灌木层和地表植被，群落结构简单，生物多样性水平低，水土涵养能力下降，不利于生态建设。岩溶地区生态脆弱，该区域内山地以岩溶地形为主。岩溶石山区土地薄瘠，生态脆弱，绝大部分石山上只生长有少量的石山植物，多为藤本、小灌木、草本，由于缺乏土壤、水分、营养，生长极为缓慢。因此，岩溶石山的生态恢复非常困难，有些几乎是不可逆的。

莲花山、芙蓉山、皇岗山都有各自特色。比如莲花山不仅环境优美，而且有美丽传说。莲花山山峰浑圆，沟谷纵横，状如莲花拱揖，故称莲花山。此外，还有一个美丽的传说：古时候在这座山上住着一对种莲藕的夫妻，有一天，这对夫妻生了一个可爱的小女孩，取名叫莲花。莲花从小聪明伶俐、美丽可人，欢笑能引群山动容，唱歌会引万物应和，并且从小善恶分明、懂得惩恶济贫，深得当地百姓的爱戴，人们都称她为莲花仙子。后来，人们为了纪念莲花仙子的品行，把养育她的这座山就叫作莲花山。莲花山上建有韶阳楼，其实据清朝《广东通志》记载，唐初，韶城已建有韶阳楼。唐朝诗人许浑有一首诗《韶州韶阳楼夜宴》，不仅直接点出了韶州在唐朝就建有韶阳楼的事实，同时还描绘了与友人在韶阳楼把酒夜饮的美好情景："待月西楼卷翠罗，玉杯瑶瑟近星河。帘前碧树穷秋密，窗外青山薄暮多。鸲鹆未知狂客醉，鹧鸪先让美人歌。使君莫惜通宵饮，刀笔初从马伏波。"清朝中后期的《韶州府志》《曲江县志》中也有关于韶阳楼的记载，指其在"南门外，临江，创始无考，元末废"。即韶阳楼是在什么朝代建的无从考察，只知道是在元朝末

---

[1] 李适时："扎实推进设区的市地方立法工作 为'四个全面'战略布局提供坚实法治支撑"，载《地方立法研究》2016年第1期。

年被毁坏了。古时的韶阳楼被毁之后，清朝时在韶阳楼原址建有一座古塔。

芙蓉山不仅是国家森林公园还是国家矿山公园，韶关位于南岭多金属成矿带的中部，以矿产资源丰富、矿种齐全而闻名全国。芙蓉山原以煤矿和石灰岩矿开采为主，遗留着大量的矿业开采遗迹，包括采煤矿井、开拓平硐和斜井、煤矸石堆、采煤设施和辅助建筑以及地下仍然保存的运煤巷道和部分采煤区，石灰岩露天采石场及其采矿废渣和采矿设备等。芙蓉山矿山公园内保存了大量的地质遗迹，主要类型包括具有代表性的石炭系剖面；丰富的构造遗迹，诸如倒转背斜、断层、节理等；大量的海相生物化石；壮观的峰丛-洼地岩溶地貌；层次分明的岩溶洞穴系统；多样的洞穴沉积物等。矿山公园内的这些地质遗迹可作为重要的内容之一向游人进行科学普及教育。通过设计和建设，把目前的矿业遗迹变成向人们宣传科学知识的材料，初步治理环境，把已经废弃的矿山变成一座环境优美、科学氛围浓厚并记录地方矿业发展历史的新型知识载体——芙蓉山矿山公园。

鉴于莲花山、芙蓉山所特有的历史传统、人文背景、地理资源等状况，地方立法首要的任务就是以立法的形式创制性解决应由地方自己解决的问题，以及国家立法不可能解决的问题。也就是说，韶关市的地方立法体现了对国家法律、行政法规的"拾遗补漏"，重点解决地方治理和社会发展中无法可依的问题，并把改革和发展决策、环境保护同地方立法结合起来，使地方经济、社会发展以及社会稳定建立在法制的轨道上。

（3）制定条例满足粤北生态保护的现实需求。韶关市的林区是南方重点集体林区，韶关市也是广东省的林业大市，拥有丰富的森林资源和独特的森林生态系统，素有"南岭生物基因库"和"珠江三角洲生态屏障"之称。全市有林地面积1911万亩，森林覆盖率75.05%，森林蓄积量8966万立方米。全市建有森林公园109个，总占地面积130.76万亩，2013年以前建设了17个森林公园，2014年新建森林公园32个，2015年新建森林公园26个，2016年新建森林公园23个，2017年新建森林公园11个。其中，国家级森林公园4个（分布在乳源县2个、浈江区1个、曲江区1个），占地面积65.832万亩；省级森林公园7个（分布在南雄市2个、乐昌市1个、仁化县2个、翁源县1个、始兴县1个），占地面积6.9885万亩；市级森林公园8个（分布在浈江区2个、武江区1个、南雄市2个、翁源县1个、曲江区1个），占地面积5.4万亩；县级森林公园31个，占地面积36.52万亩；镇级森林公园59个，占地面积 16.0238 万亩。

党的十九大报告提出，要推进绿色发展、加大生态系统保护力度，建设生态文明是中华民族永续发展的千年大计。生态文明建设被提到前所未有的重要位置。"践行绿色发展理念，建设美丽中国"成为实现中华民族伟大复兴中国梦的重要内容。作为广东省重要的生态屏障，粤港澳地区最美丽的后花园，良好的生态环境是韶关最大的优势。省委要求韶关贯彻落实绿色发展理念，加强生态环境保护，高标准建设粤北生态特别保护区，筑牢粤北生态屏障，打造绿色发展的韶关样板，争当北部生态发展区高质量发展排头兵。

制定条例保护韶关市区"三山"，这既是落实党的十九大提出建设美丽中国的重大举措，也是贯彻广东省"一核一带一区"区域发展格局的重要精神，践行正在制定中的粤北生态特别保护区规划，推动规划科学制定和粤北生态特别保护区高起点、高质量建设发展的现实需求。加强"三山"生态保护既满足了韶关市区人们对美好生活的向往，也为韶关市实现更高水平的发展提供了美好的自然环境。

（4）制定条例是将"三山"保护纳入法制轨道的需求。党的十八大将生态文明建设写进党章，纳入中国特色社会主义事业"五位一体"总体布局。林业在生态文明建设中具有重要地位。加强森林、野生动植物、湿地、荒漠等资源的保护，守住生态红线，用严格的法律制度保护生态环境，加快建立促进绿色发展的生态文明法律制度，必须推进林业法治建设，为生态文明建设提供强有力的法治保障。党的十八届二中、三中、四中、五中全会都对加快法治建设提出了新要求，作出了新部署，并将其提升到实现国家治理体系和治理能力现代化重大举措的战略高度。林业法治建设是全面依法治国的有机组成部分，是法治政府建设在林业领域的具体体现。推进林业法治建设，是落实党中央"四个全面"战略布局，切实贯彻创新、协调、绿色、开放、共享五大发展理念，全面推进依法治国的必然要求。国家森林公园是林业法治的重要组成部分，推进国家森林公园的健康发展，需要做到重大改革于法有据、立法主动适应改革和经济社会发展需要。制定条例，充分发挥法治引导、推动、规范、保障改革的作用，必须推进国家森林公园法治建设。

就韶关国家森林公园来说，随着韶关社会经济的发展以及"三山"知名度的提升以及到保护区休闲避暑及生态旅游活动等人为干扰因素增多，森林防火、病虫害防治、林政资源管理等生态保护的压力明显加大，特别是乱捕滥猎、乱采滥挖、毁林种茶等破坏保护区资源和环境的事件时有发生；开车上山、乱扔垃圾、偷挖花草等破坏"三山"环境的行为屡见不鲜。再不保护我们的"市肺"，或许数十年后，将没有这样美丽的"三山"了。

韶关市人大及立法起草参与者考察"三山"环境以及走访部分村民，详细了解"三山"的现状：村民表示近些年，由于大面积种植速生桉，山上清澈的水源已变成黑色的污水，有些地方甚至断流，水体遭到了严重破坏；之前因为村民大规模养殖畜禽，对莲花山地区的水体和空气造成了很大污染，现通过政府的大力治理，绝大多数的养殖场已经关闭，留下了很多闲置的鸡棚鸭舍；"三山"上有大量的坟墓，还在新建不断增加中，等等。大家都表示这些美丽的景观应尽早立法保护，造福子孙后代。

保护、建设与管理好"三山"这样极其宝贵的生态环境资源迫在眉睫，有必要以立法的形式，严格保护"三山"生态区，严格规范"三山"的土地利用，加大环城生态区生态环境建设力度，大力推进文明城市的建设。通过立法保护，将"三山"建设成以绿色休闲度假和观光游览为主，以生态示范、科普和人文教育为辅的生态公益性城市型国家森林公园。这就亟待制定一部条例，通过立法的形式进一步明确保护区的法律地位、管理责任和权限，规范政府及其部门对保护区保护的工作职责，不断提高保护和管理水平。通过立法依法打击破坏自然资源和自然环境的违法行为，能更好地保护"三山"区域的典型自然景观、森林生态系统及生物多样性资源、自然景观及人文资源。

韶关市人大常委会制定条例，将"三山"保护的科学规划、合理利用、有序开发等都纳入法制化轨道。本次立法具有探索性、开创性、时代性，对巩固和持续发挥"生态是韶关最大的优势，绿色是韶关最亮的品牌"，对韶关依法保护生态环境，具有深远的历史意义和推广示范作用。

（5）制定条例是贯彻落实市委市政府打造"粤北生态发展区""创建国家森林城市"的现实立法需求。国家森林城市是指城市生态系统以森林植被为主体，城市生态建设实现城乡一体化发展，各项建设达到以下指标并经国家林业主管部门批准授牌的城市。国家森林城市未来将在市域范围内形成以森林和树木为主体、城乡一体、稳定健康的城市森林生态系统，服务于城市居民身心健康，且各项建设指标达到规定标准并经国家授牌的城市，其宗旨是"让森林走进城市，让城市拥抱森林"。

当前，生态环境已成为城市综合竞争力的重要指标，生态优势是城市未来发展的核心优势。创建国家森林城市，形成与城市发展相适应的城市森林体系，提高生态承载能力，可进一步提升韶关的城市知名度和竞争力。创建国家森林城市，可以充分发挥森林在降减雾霾、净化空气、释放氧气、保持水土、涵养水源、防风固沙、减弱噪音、调节气候、防灾减灾、美化环境等诸多方面的生态效益和特殊功能。创建国家森林城市，在改善城乡生态状况、提升居民生活品质的同时，可带动苗木花卉产业、林果种植业和城郊观光、采摘、休闲等多种形式的生态旅游及相关行业的发展，繁荣城乡经济，促进城乡一体化发展，增加市民收入。更为重要的是，在创建过程中通过普及生态文明知识，倡导生态道德，传播生态文化，将生态理念在人民心中深植，让人人都成为创建国家森林的活跃因子，人人都是创建国家森林的践行者，形成全民植绿、爱绿、护绿的良好氛围。

韶关市地处珠江水系北江上游，是一个"八山一水一分田"的山区市，拥有丰富的森林资源和森林生态系统，素有"南岭生物基因库"和"珠江三角洲生态屏障"之称。近年来，该市开展了森林碳汇造林、乡村绿化美化、森林（湿地公园）建设等林业重点生态工程建设，并对1300多万亩林地实施封山育林，实施了城区扩容提升三年行动计划，为创建国家森林城市打下了扎实的基础。韶关市辖区内森林和野生动植物资源丰富，森林生态系统保持良性循环，全市省级以上生态公益林面积970多万亩，有林地面积1911万亩，森林覆盖率75.05%，森林蓄积量8966万立方米，反映森林资源状况的主要指标均居全省前列。韶关市拥有得天独厚的生态优势，森林覆盖率、林地面积、活立木蓄积量等均居全省第一，是国家第一批生态文明建设先行示范区和广东省最重要的生态屏障，创建国家森林城市，韶关市具有独特的优势生态和森林资源。

韶关市创建国家森林城市的活动是学习贯彻党的十九大、全国两会和习近平总书记重要讲话精神的重要举措，对韶关市建设粤北生态特别保护区、建设广东绿色生态第一市，在实现高水平保护中实现高质量发展具有重要意义。创建国家森林城市是贯彻落实广东省委书记李希来韶调研时提出"全力筑牢粤北生态屏障，打造绿色发展韶关样板，争当北部生态发展区高质量发展排头兵"讲话精神的重要体现，是构建"广东绿色生态第一市"的重大举措。2018年，广东省委提出"一核一带一区"区域发展新格局，韶关市被规划为北部生态发展区。市委、市政府围绕省委、省政府提出发展定位，把韶关市建设成为北部生态发展区核心城市，共抓大保护、不搞大开发，争当北部生态发展区高质量发展排头兵，在高水平生态保护中实现高质量发展。

根据中央和省委生态建设的精神，市委、市政府审时度势，作出创建国家森林城市的决定，以"创建国家森林城市，建设生态善美韶关"理念为主题，全市上下凝心聚力，让森林走进城市，让城市拥抱森林，通过加快推进国家森林城市建设，着力改善城乡人居环境，不断提升市民绿色福利，尽早实现"让森林进城市，让城市进森林"的绿色宜居韶关。在创建国家森林城市中，韶关市将通过实施"森林进城，森林围城"战略，协同推进广东绿色生态第一市、全国文明城市、粤北生态特别保护区、全国绿色模范城市工作，发挥我市独特的生态优势，构建以森林植被为主体的国土生态安全体系，筑牢广东南岭山地森林及生物多样性生态屏障，建设生态之城、品质之城、幸福之城，切实改善生态环境，实现人与自然和谐相处，让森林更好地服务于城市发展，提高市民的生活幸福指数。

根据《韶关市创建国家森林城市工作方案》，韶关创建国家森林城市将贯彻落实党的十九大精神和习近平总书记关于生态文明建设的系列重要讲话精神，围绕"建设生态之城、品质之城、幸福之城"总体目标，以"城市、森林、民生"为主题，以建设美丽幸福韶关为主线，积极主动融入珠三角，筑牢广东南岭山地森林及生物多样性生态屏障，充分发挥该市拥有丰富的森林资源和绿水青山的优势，利用蕴含良好的森林生态系统和森林景观的自然条件，深入实施"森林进城、森林围城"战略，大力推进建设广东绿色生态第一市、全国文明城市、粤北生态特别保护区、全国绿化模范城市和新农村建设，努力构建以森林植被为主体的国土生态安全体系，切实改善生态环境，努力实现人与自然和谐相处，促进经济社会全面协调可持续发展，进一步提高"森林之市、生态韶关"的城市生态品位。

韶关市拥有得天独厚的生态优势，森林覆盖率、林地面积、活立木蓄积量等均居全省第一，是国家第一批生态文明建设先行示范区和广东省最重要的生态屏障。在深入践行绿色发展理念的过程中，韶关市委、市政府审时度势，作出创建国家森林城市的决定。号角发出，万众响应，全市上下凝心聚力，奋力书写韶关创建国家森林城市的绿色长卷，让森林走进城市，让城市拥抱森林。

党的十八届四中全会提出，坚持立法先行，突出地方特色，充分发挥立法的引领和推动作用。广东省委提出以构建"一核一带一区"区域发展格局为重点，加快推动区域协调发展。改变传统思维，转变固有思路，突破行政区划局限，全面实施以功能区为引领的区域发展新战略，形成由珠三角核心区、沿海经济带、北部生态发展区构成的发展新格局，立足各区域功能定位，差异化布局交通基础设施、产业园区和产业项目，因地制宜发展各具特色的城市，推进基本公共服务均等化，有力推动区域协调发展。

韶关市作为粤北山区，广东省的生态屏障，积极贯彻省委、省政府的精神，韶关市委、市政府根据广东省委的要求规划建设粤北生态特别保护区，切实把主体功能区战略落到实处，保护好原始生态风貌，筑牢粤北生态屏障，把粤北山区建设成为生态发展区，以生态优先和绿色发展为引领，在高水平保护中实现高质量发展。

韶关市地方立法应积极反映生态保护的立法迫切需求，找准立法项目选题，通过地方立法将地方党委的改革思路和发展规划固定下来，凝聚共识。围绕市委、市政府打造粤北生态发展区以及国家森林城市公园的重大决策，着眼反映韶关市经济社会发展要求，紧紧围绕韶关市改革发展稳定大局，认真贯彻广东省委的"粤北生态发展区"以及韶关市"创建国家森林城市"的重大决策部署，力求通过地方立法引领、促进和保障"粤北生态发展区"以及韶关市"创建国家森林城市"的发展，促进韶关市生态文明建设。

制定"三山"保护条例正是基于这种现实需求和时代背景。韶关市区地处浈江和武江交汇之处，"三山"环绕，拥有丰富的森林资源和绿水青山，蕴含良好的森林生态系统和森林景观，特别是韶关城区"三江六岸"和"三山城市森林公园"具有森林拥抱城市特有的自然条件，韶关市已经具备了非常优越的资源条件和生态优势以创建国家森林城市。通过地方立法的形式，率先为"三山"保护提供地方立法的支持和保障。

## 三、条例起草过程及主要内容

1. 条例的起草过程

"三山"作为韶关市城区的"绿心""绿肺"和"氧吧"，城市中的生态功能区和"后花园"，由于原有的法律法规界定不清，缺乏执行的针对性和可操作性，导致各类破坏"三山"自然、人文环境的活动有所加剧。

早在2004年，韶关市人大就通过了《关于将市区皇岗山、芙蓉山、莲花山纳入城市生态公园规划、建设和管理的议案》。为提高"三山"的建设品位，市政府将"三山"列入韶关国家森林公园统一规划、建设和管理，并决定成立韶关国家森林公园管理处。在《关于将市区皇岗山、芙蓉山、莲花山纳入城市生态公园规划、建设和管理的议案》的推动下，十多年来，市区"三山"生态环境不断改善，已成为市民休闲、观光的好去处。

2016年，市人大常委会在充分听取各方意见之后，坚持突出地方特色、急需先立的原则，在广泛征求意见、反复研究论证的基础上，经过市人大常委会主任会议研究，报市委同意，将制定《韶关市皇岗山芙蓉山莲花山生态保护条例》列入2017年的立法计划。

根据中共韶关市委转发《中共韶关市人大常委会党组关于〈韶关市人大常委会2017-2021年立法规划〉的请示》的通知（韶发〔2017〕7号）和市人大常委会关于印发《韶关市人大常委会2017年立法工作计划》的通知（韶常〔2017〕12号），市人民政府负责组织条例的起草工作，由具体主管的市政府工作部门——韶关市林业局通过委托第三方（韶关市地方立法中心）的形式完成条例（草稿）起草工作。

韶关市林业局成立了《韶关市皇岗山芙蓉山莲花山生态保护条例》起草工作领导小组，明确职责分工，制定了起草工作计划，并与市立法基地韶关学院政法学院（市地方立法中心）签订《韶关市皇岗山芙蓉山莲花山生态保护条例》立法草案项目委托协议，由政法学院的法律专家负责条例的起草。条例起草过程中，韶关市林业局与市地方立法中心、市人大法工委、市法制局、韶关国家森林管理处相关人员在省内赴惠州、佛山两地调研罗浮山、西樵山立法工作，借鉴外地的立法工作经验。

为了保质保量完成立法起草任务，韶关市地方立法中心接受立法任务后，专门召开会议研究讨论立法起草过程中的具体问题。韶关市地方立法中心成立立法起草小组，具体负责立法起草任务的布置落实、跟进追踪等。积极收集前期调研成果，总结情况，设计调查问卷等，理清思路，为立法起草做好准备工作。注重调研工作的科学性，通过实地调查、访谈调查、会议调查、问卷调查、重点调查等方法，深入基层获得了丰富的、直接的、真实的第一手数据和资料；坚持问题导向，抓住新建住宅居住区配套服务设施的突出问题和群众反映强烈的热点难点问题，科学整理所占有的调研材料，理性分析，准确提出切实可行的对策建议。起草小组按照工作方案的时间要求和各自分工，收集资料，充分听取意见和调研论证，邀请省内专家召开专门论证会，集中人力、智力按时按质拟定了《韶关市皇岗山芙蓉山莲花山保护条例》（初稿）。

《韶关市皇岗山芙蓉山莲花山保护条例》（初稿）在林业局系统广泛听取职能部门和社会的意见后，进一步修改完善初稿。条例的初稿经市林业局在相关网站挂出，广泛征求韶关市各职能部门和社会的意见。同时，韶关市地方立法中心邀请市人大常委会领导、林业局、法制局、韶关国家森林管理处在省内赴惠州、佛山两地调研、座谈，听取合理建议和借鉴有益经验，进一步修改完善条例初稿，并最终形成条例（初稿）。

条例（初稿）形成后，韶关市林业局召开座谈会听取有关职能部门和浈江区、武江区的意见，对条例（初稿）进行修改完善。

2017 年 6 月 21 日，市林业局通过 OA 系统向浈江区政府、武江区政府以及 19 个市直属有关单位发出《关于征求〈韶关市皇岗山芙蓉山莲花山保护条例（征求意见稿）〉意见的函》，征求有关单位的修改意见。同时，林业局在韶关市政府网、韶关林业网刊登《关于公开征求〈韶关市皇岗山芙蓉山莲花山生态保护条例（征求意见稿）〉意见的公告》，征求意见时间为一个月，即从 2017 年 6 月 21 日至 7 月 20 日，广泛征求社会各界的意见。

市林业局收到浈江区、武江区人民政府和 19 个市直有关部门的回复意见，除市编办、市规划局、浈江区人民政府提出的意见外，其他单位均无修改意见，没有收到社会公众的意见，所提意见已大部分采纳。浈江区人民政府办公室提出"皇岗山莲花山的四至界限应在韶关林场林地所有权范围内实施"的建议，因不符合实际情况而不予采纳。

经过多番打磨，《韶关市皇岗山芙蓉山莲花山生态保护条例》（以下简称《条例》）于 2018 年 12 月 27 日韶关市第十四届人民代表大会常务委员会第二十一次会议表决通过，并于 2019 年 3 月 28 日广东省第十三届人民代表大会常务委员会第十一次会议批准。《条例》获广东省第十三届人民代表大会常务委员会第十一次会议批准，这是我市取得地方立法权以来制定的第三部实体性法规。

2. 《条例》的主要内容

《条例》旨在解决随着城市发展步伐加快，城市建设和开发对"三山"的侵蚀和破坏所带来的自然、人文景观保护和管理压力的日益加大，现行的法律法规界定不清，缺乏执行的针对性和可操作性，各类破坏"三山"自然、人文环境的活动有所加剧等问题。《条例》明确了编制"三山"保护规划的程序、编制原则，包括对"三山"周边区域建筑的控制要求，落实对现有资源的保护，明确加强城市森林公园建设、日常保护管理等，将有助于从立法层面推动创建全域国家森林城市，提升韶关生态宜居城市品质，落实"林在城中、城在林中、融于山、融山于城、山城相融、山水相融"的建设理念，打造完善韶关"山水城市"格局。

《条例》共30条。对立法目的、适用范围、保护原则、保护管理制度和具体措施、法律责任等内容进行了规定，适用于本市城区内皇岗山（含鸡公山）、芙蓉山、莲花山（含稔菇山）以及田心工区（以下简称"三山"）的保护、规划、利用和管理，以及在"三山"游览、休闲、科学考察和进行文化教育等活动。

（1）条例适用范围。《条例》规定：本条例适用于本市城区内皇岗山、芙蓉山、莲花山的规划、保护、利用和管理活动。

（2）关于保护管理制度。《条例》厘清"三山"保护工作中各级政府、政府职能部门各自职责的定位，形成政府主导、部门履责、社会参与的多元管理制度，并一一列明有关职责。另外，在社会参与方面规定举报、投诉、自愿服务等制度。

（3）关于保护措施。为了有效加强对"三山"的保护，《条例》明确规定编制保护规划要求和制度，设置建设控制、禁止建设和周边控制条款。同时，设置林木保护、病虫害防护、森林景观提升、设施建设等条款。此外，《条例》规定建立生态补偿机制，维护村集体和村民的合法权益，彰显以人民为中心的立法理念。

（4）关于法律责任。《条例》规定了违反本条例禁止性行为规范的法律责任，包括对经营管理、禁止性行为管理以及国家工作人员失职渎职等行为的处罚。其中，列明社会各界意见比较集中的破坏森林资源行为及有违公共管理秩序行为的罚则。

# 第一部分

# 导读与释义

**第一条　[立法的目的和依据]**

为了加强对皇岗山、芙蓉山、莲花山的保护，推进城市森林公园建设，根据《中华人民共和国森林法》《中华人民共和国城乡规划法》等法律、法规，结合本市实际，制定本条例。

**【导读与释义】**

本条是关于《韶关市皇岗山芙蓉山莲花山生态保护条例》（以下简称《条例》）立法目的和依据的规定。

**一、本条在《条例》中的地位及其意义导读**

（一）本条属于《条例》的"立法目的"条款

立法目的，也称为立法宗旨，是指制定一部法律所要达到的任务目标，也就是说制定一部法律要解决哪些问题。立法目的与法律的其他条文之间是目的与手段的关系。一部法律中的每一具体条文规定应当围绕该法律的立法目的，为实现立法目的而服务。由于立法目的统领着一部法律全部法律规范的价值取向，因此一般都作为一部法律第一条的规定，以开宗明义，总揽全局。立法目的条款，系在法律文本的第一条，开宗明义，以"为了"或"为"做标识语，用规范化的语句，专门表述整个法律文本之目的的特定法条形式。[1]立法目的条款直接述明制定一部法律所事先设定的要得到的结果，在我国法律文本的位置上，属于总则的重要组成部分。在我国立法实践中，尽管立法技术规范未予以确认，但绝大多数法律文本在第一条设置了立法目的条款，以清晰地传递立法意图，起到开门见山、开宗明义的作用，准确地阐

---

[1] 刘风景："立法目的条款之法理基础及表述技术"，载《法商研究》2013年第3期。

明立法精神，提纲挈领地统筹了整部法律的立法基调。立法目的条款与规定适用范围、部门职责、生效时间等的法条一样，都属于辐射范围及于整个法律文本且执行特定立法职能的专门性法条。

立法目的条款作为一种法条形式，有其明显的外观标志，具有特定的句式，其典型的表达形式是："为了（为）A、B、C根据X，制定本法"，或者"为了（为）A、B、C，制定本法"。[1]"为"与"为了"在汉语中都是表示"目的"的介词，两者之间往往可以互相替代使用。在表示目的关系时，用"为了"或"为"的短句表示目的，其后与之相连接的另一个短句，则表示为了达到目的所采取的行动或措施。在法律文本中，"为"或"为了"是立法目的条款的标识语，与其连接的其后部分是立法目的的内容，而"制定本法"则是立法目的条款的结束语。

立法目的条款的内涵：首先，立法目的条款是立法目的的外在表现形式，立法者在法律文本制定之前就应该设定相应的立法目的，并以此为价值根据来进行整个法律文本的制定与修改。其次，立法目的条款是整个法律文本价值的体现，立法者所进行的立法方略和立法技术的选择都是为了实现立法目的所确立的价值目标。再次，作为特定的法条形式，该条款只规定立法目的，是在法律文本中专门用来表述立法目的的手段，更直接、更集中、更规范。最后，立法目的条款是具有特定标识语与语句的法条形式，通常的表达形式是"为了（为）……，根据……，制定本法"，并且已在立法实践中成为通用模式。[2]

《条例》中为了加强对皇岗山、芙蓉山、莲花山的保护，推进城市森林公园建设，根据《森林法》《城乡规划法》等法律、法规，结合本市实际，制定本条例。作为《条例》的第1条，在《条例》的开篇即确定了该法的立法目的，即为了加强对皇岗山、芙蓉山、莲花山的保护，推进城市森林公园建设。

1. 本条"立法目的"条款对《条例》具有方向指引作用

立法目的条款是在法律文本中专门用来表述整个法律文本之目的的特定法条形式，反映的是立法主体为自身的需要，针对法律所调整的对象，采用

---

〔1〕 杜国胜：《〈韶关市烟花爆竹燃放安全管理条例〉导读与释义》，中国政法大学出版社2017年版，第33页。

〔2〕 刘风景："立法目的条款之法理基础及表述技术"，载《法商研究》2013年第3期。

科学的立法方法和立法技术，制定和选择相应的或最佳的立法方案，事先设定立法所要实现的具体目标（即立法目的），即立法者努力实现的方向。"法律通过向期望的新方向引导行为，实现社会转变的目标。立法起草者为了努力确保变革性法律的有效实施，就必须使编写的法律语句能够命令、禁止或者授权主要调整对象和执法部门官员按法律规定行事。"[1]立法目的是立法的方向，指导立法者的立法活动。"立法目的条款"是立法者所要追求的目标或结果，统领着全部法律条文，为它们指明道路的方向，使全部法律条文成为有机统一整体，是法律的灵魂所在。

按照正常的思维理性，也应该在确定了目标之后才能够按照目标进行具体的措施来实践目标，这个逻辑同样适用于立法活动。现代立法的目的性越来越强，立法目的条款也发挥着越来越重要的功能。立法者只有明确了立法目的，才能有效地进行具体的立法活动，否则，立法就会是多余的或者将失去方向。

作为立法目的条款，本条为《条例》提供了总的方向和指针。无论是立法的内在含义，还是它的外在形式，抑或是语句文字的使用等都应按照立法目的之要求展开。没有明确的立法目的，法律制度的设计就会无的放矢，就会因失去准则而杂乱无章。《条例》第 1 条"立法目的条款"，为这种选择指明了方向。既然是围绕立法目的条款对其他条文进行选择，那么该单行法规其他所有条款所体现的法律目的就自然与第一条所规定的立法目的相协调，并为之服务。立法条款的适用不是体现在该条款的本身，而是体现在其他表现立法目的条款的法律条文的适用。

《条例》的第 1 条作用范围及于整个《条例》，具有特定的立法职能，反映了立法者的价值追求，加强对皇岗山、芙蓉山、莲花山的保护，推进城市森林公园建设。《条例》所有的条款，都是围绕第 1 条"立法目的条款"进行展开，并作出相应的具体规定。

2. "立法目的"条款是当前立法大势所趋

立法目的条款具有重要意义，成为立法的起点，又贯穿于立法过程之中，最后体现于立法的实效上。[2]在法律制定方面，找准立法的目的，提高立法

---

〔1〕　[美] 安·赛德曼、罗伯特·鲍勃·赛德曼、那林·阿比斯卡:《立法学：理论与实践》，刘国福等译，中国经济出版社 2008 年版，第 328 页。

〔2〕　郭道晖:《法理学精义》，湖南人民出版社 2005 年版，第 189 页。

技术水平，改善立法质量；在法律实施方面，有利于执法者准确地理解"原旨"法律；在法律遵守方面，可以使社会成员知悉法律规定的"真义"，正确地行使权利；履行义务方面，可以将游移、散淡的目光向法律文本"聚焦"，增强法学研究服务于法治实践的能力。[1]立法目的条款在法律文本中是单独成条的，这也是当前我国立法实践中最常见的模式，开宗明义，在法律文本开篇即阐明立法所要达到的目的，这是法律文本最主要的形式。

在当前的立法中，设置立法目的条款是大势所趋。不管是美国、英国等英美法系国家成文法的实践，还是传统大陆法系国家如德国、日本等国家法律文本的现状，可以看出在法律文本中设置立法目的条款是一种趋势。美国尽管制定法不多，立法目的条款也不是制定法的必备条款，但是一旦出现该条款，对于法官具有非常重要的作用。英国学者认为立法目的条款的设置使法官无须再花费更多的时间、精力去求助于查阅立法时的文件、议会辩论记录等其他外部辅助资料来获取立法者当时的意图，而只需查阅在成文法中统领具体法律条文的立法目的条款即可，大大方便了法官的裁判。在作为传统大陆法系国家的德国法典中，虽然我们所认为的规范的立法目的条款较少，但也可以在大多数的法典中找到立法目的条款的影子。

综观世界主要国家立法例，发现立法目的条款在各国成文立法中具有非常重要的地位，在法律文本中设置立法目的条款的国家基本上都会把立法目的条款作为法律文本的第 1 条，德国、意大利如此，日本、韩国更甚。不管是大陆法系还是英美法系，设置立法目的条款是当前各国成文立法的大趋势，这也是我国立法实践中的一贯做法，在文本首条设置该条款以提纲挈领，这已经形成了一种惯例，应该通过相应的立法技术规范予以确认。

《条例》第 1 条规定，"为了加强对皇岗山、芙蓉山、莲花山的保护，推进城市森林公园建设，根据《中华人民共和国森林法》《中华人民共和国城乡规划法》等法律、法规，结合本市实际，制定本条例"，也正是成文法的立法趋势。

3. "立法目的"条款有助于真正理解《条例》精神

立法是"由特定主体，依据一定的职权和程序，运用一定技术，制定、认可和变动法这种特定的社会规范的活动"。[2]立法目的，是指制定和实施规

---

〔1〕 刘风景："立法目的条款之法理基础及表述技术"，载《法商研究》2013 年第 3 期。
〔2〕 周旺生：《立法学教程》，北京大学出版社 2006 年版，第 60 页。

范性法律文件所要达到的目标，是指导立法、执法、司法活动的先导性原则。立法目的由立法者设定于法律文本之中、实现于法律实施过程中，执法、司法等法律实施活动，离不开对法律条文的理解与阐释。所以，"立法目的"条款直接影响与制约着立法、执法、司法，社会公众对法律文本的理解，及法律文本精神的落实与贯彻。

　　法律条文并非只有法官、检察官、执法人员、律师等法律职业群体能够理解就可以，而是当一般公民都容易理解时才能发生预期的效果。"现代法治国家，一方面固在于国家依照法律而行使其统治权力，一方面亦有赖于人民之知悉法律及遵守法律，而人民遵守法律，则以人民知悉法律为其先决条件。"〔1〕在我国，欲让人民群众了解法律，重点就应放在对立法宗旨的解释上，引导人民群众运用法律武器维护自己的合法权益。通过立法目的条款，人们可以知悉什么是国家赞成的，应当做、可以做的；什么是国家反对的，不该做、不得做的；可以知道国家的发展目标、价值取向和政策导向，甚至可以知道从立法的角度看什么是明智之举，什么是愚昧之举。在法律文本中明示立法目的，科学设置立法目的条款，能够使普通社会成员初步了解立法精神、宗旨，以及所依据之法理，使自己的行为不与法律背道而驰。〔2〕

　　"立法目的"条款集中体现在《条例》法律文本中，《条例》"立法目的"条款"为了加强对皇岗山、芙蓉山、莲花山的保护，推进城市森林公园建设"，其根本上是贯彻党的生态文明建设的精神，保证对皇岗山、芙蓉山、莲花山生态环境的保护，促进韶关山水相融、山在城中、城在林中的城市森林公园建设服务。通过知悉"立法目的"条款，可以深刻理解《条例》的精神实质和深刻内涵。

　　可见，"立法目的"条款是一部法律的指导思想，一般被置于该部法律的首部，将该部法律所有法律条款凝聚在一起，不仅必须设立，而且还要明确、具体、可行。"立法的指导思想，包括立法的宗旨、目的，是一部法律的灵魂。指导思想不明确，即使具体条款考虑得很细致很全面，也不能取得应有的效果。明确和坚持正确指导思想非常重要，是制定法律首先要解决的问

〔1〕　管欧：《行政法论文选辑》，五南图书出版有限公司1994年版，第67页。
〔2〕　刘风景："立法目的条款之法理基础及表述技术"，载《法商研究》2013年第3期。

题。"〔1〕当然，"立法目的"条款固然重要，但任何事物都有两面性。立法是以未来为指向的活动，立法目的条款的功能定位，就是人们对某个法律应然作用的期待，而它到底有多大的实现可能性尚不可准确预知。美国法学家富勒提醒人们："在选择实现我们目的的工具和手段时，我们能够而且的确是时常在对我们所试图实现的目的只有不完备认识的情况下尽力而为……每一种工具都是被设计来较为合理地完成一系列范围不甚确定的任务的。"〔2〕甚至，有时所预先确定的立法目的可能是错误的，应当适时地予以调整和变更。所以，在法制运行过程中，立法目的条款的作用是有限度的，绝不能人为地夸大。〔3〕法要解决什么问题，要达到什么目的，要非常明确，这是法的灵魂。〔4〕如果立法目的条款的规定不够明晰，所规定的内容之间不够协调、互有矛盾，那么要让执法者有效地执法，司法者正确地司法，监督者严肃地监督，将是很难实现的。

（二）本条属于《条例》的"立法依据"条款

法律语言的特点之一就是在文字表述上比较规范，这也是对立法工作者的一项基本要求。在现代社会里，制定法律、法规、规章，除极个别的外，都必须有根据。在中国，法律的制定要以宪法为根据；行政法规的制定要以宪法、法律为根据；部门规章的制定要以法律、行政法规为根据，并且不得同上位法相抵触；地方规章的制定要以法律和行政法规为根据；自治条例和单行条例的制定要以当地民族的政治、经济和文化特点为依据。除宪法外，各项立法一般都要写明自己的根据，以保障自己的合法性。〔5〕就像哈贝马斯说的："合法性意味着，对于某种要求作为正确的和公正的存在物而被认可的政治秩序来说，有着一些好的根据。"〔6〕

制定法律、法规和规章，在论证自身合法性上，立法根据条款发挥了不可替代的作用，只要能保障法律、法规和规章根据上位法而订立，在上位法规定的权限、范围、程序内活动，不违背上位法的规定，那么制定的法律、

---

〔1〕 姜春云：《姜春云调研文集——民主与法制建设卷》，中央文献出版社 2010 年版，第 28 页。
〔2〕 ［美］富勒：《法律的道德性》，郑戈译，商务印书馆 2005 年版，第 14~15 页。
〔3〕 刘风景："立法目的条款之法理基础及表述技术"，载《法商研究》2013 年第 3 期。
〔4〕 柳随年：《我在人大十年》，中国民主法制出版社 2003 年版，第 31 页。
〔5〕 周旺生：《立法学》，法律出版社 2004 年版，第 362 页。
〔6〕 ［德］哈贝马斯：《交往与社会进化》，张博树译，重庆出版社 1989 年版，第 184 页。

法规和规章的合法性就可以得到有力地证明。在一个法律体系健全的国家里，任何新的立法都应在原有的法律体系中找到立法依据。换言之，没有了合法依据的立法，尤其是行政立法，其合法性将受到挑战。[1]

作为法律依据的上位法应当是与受据法最直接相关的法律。[2]所谓最直接相关，是指两者在内容上具有实质性的联系，并且两者之间没有其他任何法律的间隔。各法律几乎都能从宪法上找到直接、间接的根据；各法律也几乎都能从所有直系上位法中找到直接、间接的根据。在我国，法律、法规、规章繁多复杂，各法律、法规、规章之间有着千丝万缕的联系。在我国，立法体制决定了不论是明示还是默示，法的立法根据是：宪法具有最高法律效力，是我国其他任何法的最终立法根据；上位法是下位法的立法根据，任何下位法不得与上位法相抵触，否则无效。基本法律、普通法律、行政法规、地方性法规、规章都可以成为法律根据。

1. "立法依据"条款包括法的根据和事实根据

地方立法的法律根据，除了中央立法外，还包括地方一级的上位法。如地方性法规的法律根据除了法律、行政法规外，还包括上一级的地方性法规。如，2018年通过的《韶关市野外用火管理条例》第1条规定："为了规范野外用火行为，预防森林火灾，保障人民生命财产安全，保护生态环境，根据《中华人民共和国大气污染防治法》《中华人民共和国消防法》《森林防火条例》等有关法律法规，结合本市实际，制定本条例。"再如，2016年通过的《韶关市烟花爆竹燃放安全管理条例》第1条："为了加强烟花爆竹安全管理，改善环境质量，保障公共安全和人身、财产安全，根据国务院《烟花爆竹安全管理条例》，结合本市实际，制定本条例。"

立法根据是指立法者立某个法的根据和事实根据，[3]是指立法主体制定某一具体部门法的根据或基础问题，包括立法的法律根据与立法的事实根据。立法的法律根据，主要证明该法具有合法性。而该法的可行性与可操作性，就需要法的事实根据来支撑。立法根据的类型分为法律根据与事实根据。由于各类法律的不同，其立法根据也有所不同。不同位阶法律的立法根据有所

---

　〔1〕　孙潮：《立法技术学》，浙江人民出版社1993年版，第120页。

　〔2〕　王腊生主编：《地方立法技术的理论与实践》，中国民主法制出版社2007年版，第92页。

　〔3〕　胡建淼主编：《中外行政法规：分解与比较》（上册），法律出版社2004年版，第10页。

不同，不同立法权源法律的立法根据有所不同，不同层级法律的立法根据也有所不同。

立法的法律根据是指立法主体在制定某具体法规范性文件时所依据的法律、法规等，它说明了立法的合法性问题。根据我国《宪法》《立法法》的规定，上位法效力高于下位法，下位法不得与上位法相抵触，下位法的制定须以上位法作为根据。在法律文本中，立法根据条款设置模式有以下几种：[1]①通常在没有明确的上位法规定的情况下，下位法的立法根据是根据某一上位法的原则或精神。②在多数情况下，下位法的制定是以明确的某一上位法的规定为依据的，有的在"立法根据"条款指明具体的法律条文，这种明确的法律条款，就是下位法立法的直接根据。③下位法的立法根据只明确"根据上位法"，没有明确具体的法律条文，但在实际上涉及某一上位法具体的法律条文数量是很多的，需要进行具体分析。④下位法的立法根据明确了两个或两个以上的上位法，但都没有明确具体的法律条文。⑤下位法立法根据不明确或只明确部分上位法的法律根据，部分或全部采用"模糊设置"方式，如根据国家有关法律、法规或根据"有关国家法律、法规的规定"等。

立法的事实根据是指立法主体在立法时所依据的具体社会状况或独特的客观状态，它主要是说明立法的现实必要性、针对性以及法的可操作性问题。[2]在我国法律文本中一般表述为"结合本省（市）实际"[3]法律不论其内容有多大的不同，但它们共同的目的只有一个，即法的实效，而一部法律能否有效实施，关键取决于法规与社会实际是否相适应，法规的适应性不是在法规本身中产生，它直接来源于政治、经济、文化状况和社会发展的客观进程，是二者有机统一的结果。它来源于社会又反馈到社会，为社会发展提供价值指引和评判标准。

法律在制定时只有根据了社会事实，才能具有较大的可行性和可操作性，才能使法律的实效发挥到最大。如果立法者在立法时不根据社会实情，所立之法超前或滞后，那么法律将变成一纸空文，立法所追求的实效也不能实现。

---

〔1〕 汪全胜、张鹏："法律文本中'立法根据'条款的设置论析"，载《中南民族大学学报（人文社会科学版）》2012年第4期。

〔2〕 汪全胜、张鹏："法律文本中'立法根据'条款的设置论析"，载《中南民族大学学报（人文社会科学版）》2012年第4期。

〔3〕 王腊生主编：《地方立法技术的理论与实践》，中国民主法制出版社2007年版，第93页。

中央立法与地方立法存在较大差异的是事实根据。在中央立法中，规定事实根据的较少，大多只有法律根据。"根据某法，制定本法。"是其立法根据的主要形式。在地方立法中，几乎无一例外地规定了事实根据。如，2012年通过的《广州市水务管理条例》第1条规定："为合理开发、利用、节约和保护水资源，发挥水资源的综合效益，实现水资源的可持续利用，防治洪涝灾害，根据《中华人民共和国水法》、《中华人民共和国防洪法》、《中华人民共和国河道管理条例》等有关法律、法规，结合本市实际，制定本条例。"

地方立法基本上都规定事实根据，这是由我国立法体制的现状决定的。我国是单一制的国家，立法权集中于中央。之所以赋予地方立主体立法权限，就是因为我国幅员辽阔，社会经济文化差异巨大，而且各地的政治、经济、文化状况发展不均衡，整齐划一的法律无法适应地方具体实践的情况。为了调动地方积极性，赋予地方立法主体以立法权，使其在国家的统一法律体系之下，地方立法主体在立法时根据所在地区的社会政治、经济、文化的实际，制定符合实情的法规、规章，以支撑法律文本的可操作性、可行性与可接受性。立法只有建立在社会实际的基础上，只有根据社会政治、经济、文化的事实，立法主体制定出来的法才具有可操作性、可行性与可接受性。所以地方立法中规定事实根据是自身合法性、必要性的重要证明。

立法根据法律文本中设置"立法根据"条款的目的在于保障立法的合法性、明确法的效力等级以及实现法的可操作性。但立法主体设置"立法根据"条款的基础与依据在于实在法观念、立法体制状况以及立法权的来源。[1]该条款指出了本法的法律根据和实践根据，表明了本法的制订、实施、修改、废止有法律上的依据，并在法定的条件下进行，这是对该法的合法性最直接的证明。

由于立法根据包括法律根据和事实根据两部分，一般情况下，立法根据两个方面的内容，包括法律根据和事实根据都会在法的条款中明确规定出来。如，《广州市专利管理条例》第1条规定："为了规范专利管理工作，保护专利权人和公众的合法权益，根据《中华人民共和国专利法》和《广东省专利保护条例》，结合本市实际，制定本条例。"但有一些法律文本对于这两部分

----

〔1〕　汪全胜、张鹏："法律文本中'立法根据'条款的设置论析"，载《中南民族大学学报（人文社会科学版）》2012年第4期。

的规定，有时不是同步的，仅规定了法律根据，如《民族区域自治法》第1条规定："中华人民共和国民族区域自治法，根据中华人民共和国宪法制定。"《全国人民代表大会和地方各级人民代表大会选举法》第1条规定："根据中华人民共和国宪法，制定全国人民代表大会和地方各级人民代表大会选举法。"还有一些法律文本中仅规定了立法的事实根据，对立法的法律根据没有明确规定，如2009年通过的《广州市养犬管理条例》第1条规定："为规范养犬行为和养犬管理，保障公民健康和人身安全，维护社会公共秩序和市容环境卫生，根据有关法律、法规，结合本市实际，制定本条例。"

目前，在我国的立法例中，大多数都是法律根据与事实根据的结合，"根据××法，结合本市（省）实际，制定本法"。这已经成为我国立法的主流，地方立法也如此。如，《广州市水务管理条例》第1条规定："为合理开发、利用、节约和保护水资源，发挥水资源的综合效益，实现水资源的可持续利用，防治洪涝灾害，根据《中华人民共和国水法》《中华人民共和国防洪法》《中华人民共和国河道管理条例》等有关法律、法规，结合本市实际，制定本条例。"这样做既合乎逻辑，又简洁明了，并符合我国的立法习惯。

2. 《条例》的立法根据与事实根据

（1）《条例》的立法根据。涉及"三山"的保护相关上位法律法规众多，包括全国人大及常委会层面上制定的法律，国务院层面制定的行政法规，还有省级人大常委会制定的地方法规，诸如《环境法》《森林法》《城乡规划法》《水土保持法》《固体废物污染环境防治法》《野生动物保护法》《环境行政处罚办法》《建设项目环境保护管理条例》《广东省环境保护条例》《野生植物保护条例》《广东省森林公园管理条例》《城市绿化条例》等。上位法有明确规定的，皇岗山、芙蓉山、莲花山生态环境保护以及资源管理和利用就直接依据上位法，不需要在地方法规中作以明确规定。上位法没有规定或规定原则需要具体明确的，韶关市在地方立法中予以规定，这体现了地方特色，也更便于操作和执行。

同时，也参照了兄弟省、市关于生态环境保护地方立法的积极有益的做法，借鉴共性，为韶关市所用，如《陕西省秦岭生态环境保护条例》《焦作市北山生态环境保护条例》《柳州市莲花山保护条例》《西安市秦岭生态环境保护条例》《惠州市罗浮山保护条例（草案）》《广州市森林公园管理办法》《湛江市城市公园管理办法》等。

法律依据的表述应当采用全称，并用书名号表示清楚，行政法规未冠国名的，应当在书名号前增加"国务院"字样，以明确"法律根据"的效力等级。依据多个上位法的，可以只列出主要的立法依据，一般不超过3个。最终，经过成熟考虑，《条例》的法律依据是这样规定的，根据《森林法》《城乡规划法》等法律、法规，"三山"保护和《森林法》《城乡规划法》联系最为紧密，所以，《条例》仅写出这两个《森林法》《城乡规划法》这两个主要的立法依据。

（2）《条例》的事实根据。《条例》的事实根据是概括、简洁地写"结合本市的实际"。皇岗山、芙蓉山、莲花山保护区是韶关市城区的"绿心""绿肺""氧吧"，是城市中不可多得的大型生态功能区、"后花园"，市民休闲、娱乐、休憩的好去处。然而，近年来随着城市发展步伐加快，市区常住人口激增和外来旅游人数飙升，到皇岗山、芙蓉山、莲花山游玩人数不断增加，不断出现对皇岗山、芙蓉山、莲花山生态环境、自然资源、人文景观造成一定破坏的现象。同时，一些现行的法律法规条文界定不明、过于宽泛，缺乏针对性和可操作性，执法工作薄弱，使各类破坏生态环境活动有加剧之势。这些问题的存在，致使皇岗山、芙蓉山、莲花山生态环境保护乏力，影响我市建设山水韶关和宜居城市目标的实现。

为了充分发挥立法在生态文明建设方面的引领和推动作用，科学有效地保护韶关市皇岗山、芙蓉山、莲花山的生态环境，打造宜居城市环境和城市型生态公园，迫切需要通过立法形式来规范皇岗山、芙蓉山、莲花山的规划、建设和管理，使韶关国家森林公园建设成为韶关城市发展过程中的永久性自然生态保留地，并开展以绿色、生态、示范、科普和人文教育为主的生态公益性城市型国家森林公园，为市民提供绿色、观光、休闲、登山健体、回归自然的场所。

（三）《条例》立法技术上将"立法目的"和"立法依据"条款合并在一起规定

"立法根据"条款属于法的总则设置中的组成部分，通常是在正文的第一条中予以规定。在立法实践中，其表述通常有两种形式：第一，根据若干具体的法律，制定本法。第二，根据若干具体的法律条文，制定本法。一般来说，法律根据不要写得过于笼统，也不要写得过于具体。考察我国现行有效的法律、法规和规章，通常情况下"立法根据"条款在法律文本中的地位有以下几个方面：① 与立法目的条款合并在一起规定，都放在法律文本正文的第一条中。其基本句式是："为了……，根据（依据）……有关规定（原则），结合……的实际（具体情况），制定本法（条例、规定、办法、细则等）。"如：《广州市城市绿化管理条例》第 1 条规定："为发展城市绿化事业，加强城市环境建设，保护和改善生态环境，增进公民身心健康，根据国务院《城市绿化条例》和有关法律、法规，结合本市实际，制定本条例。"②立法根据条款作为独立的内容加以规定，并放在法律文本正文的第 1 条中。如，《国务院组织法》第 1 条规定："根据中华人民共和国宪法有关国务院的规定，制定本组织法。"③立法根据条款作为独立的内容加以规定，并放在法律文本正文的第 2 条中，第 1 条通常规定立法目的条款。

立法实践中，常见的是立法根据和立法目的合并为一条来写，在这一条中先写立法目的，再写立法根据。如果所立的法确实不必写立法目的，则立法根据可以作为一个独立条文，并仍然置于全法第 1 条的位置。[1]实践中，我国法律的立法根据条款设置的基本形式一般是与立法目的结合为一条，立法目的在前，立法根据在后，立法根据多仅为法律根据，较少出现事实根据，立法根据条款的位置也一般固定在正文的第 1 条。

《条例》在立法技术上采用的是"立法目的"和"立法依据"条款合并在一起规定，在《条例》中，立法目的与立法根据应该放在首要的位置，也是我国立法惯例中最常见的模式，即立法目的与立法根据合为一句，先写立法目的，后写立法根据，放在全文第 1 条的位置。因为，立法目的与立法根据，都是先于法律文本而存在的，是立法的前提性条件。

（四）本条满足韶关市"三山"实际保护需要

本条旨在明确立法的目的和依据，强调加强皇岗山、芙蓉山、莲花山的生态环境保护，规范皇岗山、芙蓉山、莲花山的资源管理和利用，推进生态文明和城市型生态公园建设，促进经济社会可持续发展。同时，也强调结合韶关市山水相融的城市实际，满足韶关市"三山"实际保护需要。

1982 年 12 月 4 日第五届全国人民代表大会第五次会议通过的，由全国人民代表大会公告公布施行的《宪法》第 100 条规定："省、直辖市的人民代表大会和它们的常务委员会，在不同宪法、法律、行政法规相抵触的前提下，

---

〔1〕 周旺生：《立法学教程》，北京大学出版社 2004 年版，第 522 页。

可以制定地方性法规，报全国人民代表大会常务委员会备案。"2000 年 3 月 15 日第九届全国人民代表大会第三次会议通过的《立法法》第 63 条（2015 年《立法法》修正案第 72 条——笔者注）规定："省、自治区、直辖市的人民代表大会及其常务委员会根据本行政区域的具体情况和实际需要，在不同宪法、法律、行政法规相抵触的前提下，可以制定地方性法规。"〔1〕2015 年 3 月 15 日第十二届全国人民代表大会第三次会议修正的《立法法》（以下简称《立法法》）第 72 条第 2 款规定："设区的市的人民代表大会及其常务委员会根据本市的具体情况和实际需要，在不同宪法、法律、行政法规和本省、自治区的地方性法规相抵触的前提下，可以对城乡建设与管理、环境保护、历史文化保护等方面的事项制定地方性法规，法律对设区的市制定地方性法规的事项另有规定的，从其规定。设区的市的地方性法规须报省、自治区的人民代表大会常务委员会批准后施行。省、自治区的人民代表大会常务委员会对报请批准的地方性法规，应当对其合法性进行审查，同宪法、法律、行政法规和本省、自治区的地方性法规不抵触的，应当在四个月内予以批准。"第 73 条规定："地方性法规可以就下列事项作出规定：（一）为执行法律、行政法规的规定，需要根据本行政区域的实际情况作具体规定的事项；（二）属于地方性事务需要制定地方性法规的事项。除本法第八条规定的事项外，其他事项国家尚未制定法律或者行政法规的，省、自治区、直辖市和设区的市、自治州根据本地方的具体情况和实际需要，可以先制定地方性法规。在国家制定的法律或者行政法规生效后，地方性法规同法律或者行政法规相抵触的规定无效，制定机关应当及时予以修改或者废止。设区的市、自治州根据本条第一款、第二款制定地方性法规，限于本法第七十二条第二款规定的事项。"

新修订后的《立法法》赋予了设区的市地方立法权。作为设区的市，韶关市于 2015 年 5 月 28 日被赋予了地方立法权。所谓地方立法，是指有立法权的地方国家机关，按照宪法和法律的规定或者授权，根据本地区的政治、经济、文化生活的特点，制定、修改、废止地方性法规和地方规章的活动。这一活动，使地方立法主体在本区域的管辖范围内能够创制出规范性的法律文

---

〔1〕 杨临宏：《立法法：原理与制度》，云南大学出版社 2011 年版，第 98 页。

本。[1]

地方立法是"有立法权的地方国家机关，按照宪法和法律的规定，根据本地区的政治、经济、文化生活的特点，制定、修改、废止地方性法规和地方规章的活动"。地方立法有执行性立法和创制性立法，执行性立法是对上位法的细化和补充，而创制性立法则不同。地方创制性立法是拥有立法权的地方国家权力机关和人民政府为了填补法律和法规的空白，或者为了变通法律和法规的个别规定而进行的立法活动。作为地方立法最为活跃的组成部分之一，地方创制性立法因其本身具有鲜明的针对性和特色性。地方创制性立法可以更好地为稳定本地区改革发展的大局和促进社会全面进步服务，自觉地为构建中国特色的法治社会作出贡献。

《韶关市皇岗山芙蓉山莲花山生态保护条例》即属于创制性立法，是韶关市人大常委会创制性立法，韶关市2015年根据省人大常委会的授权取得地方立法权，符合《立法法》的规定。根据《立法法》第72条第2款规定："设区的市的人民代表大会及其常务委员会根据本市的具体情况和实际需要，在不同宪法、法律、行政法规和本省、自治区的地方性法规相抵触的前提下，可以对城乡建设与管理、环境保护、历史文化保护等方面的事项制定地方性法规，法律对设区的市制定地方性法规的事项另有规定的，从其规定。设区的市的地方性法规须报省、自治区的人民代表大会常务委员会批准后施行。省、自治区的人民代表大会常务委员会对报请批准的地方性法规，应当对其合法性进行审查，同宪法、法律、行政法规和本省、自治区的地方性法规不抵触的，应当在四个月内予以批准。"

《立法法》第73条第1款是这样规定的："地方性法规可以就下列事项作出规定：（一）为执行法律、行政法规的规定，需要根据本行政区域的实际情况作具体规定的事项；（二）属于地方性事务需要制定地方性法规的事项。"根据《立法法》第73条的规定可以看出：第1款属于执行性立法，是指地方立法机关为了执行或实现特定法律和法规或者上级行政机关其他行政规范性文件的规定而进行的立法。第2款属于创制性立法，是指地方立法机关为了填补法律和法规的空白或者变通法律和法规的规定以实现政府职能而进行立法。创制性立法不得和授权的法律、法规相抵触，不得超越权力机关、上级

---

[1] 汤唯等：《地方立法的民主化与科学化构想》，北京大学出版社2006年版，第1页。

行政机关规定的立法权限。

　　自我国《立法法》颁布以来，地方立法机关开展了一系列创制性活动，同时也进行了一系列的创制性立法。地方创制性立法作为地方立法的一种重要类型，对地方立法的发展起着至关重要的作用。如果地方立法没有创制性立法，大量的地方立法将不能够解决地方实际事务，立法质量没有提高，并且制定出的地方性法规不能体现地方特色。

**第二条　　[条例适用范围]**

本条例适用于本市城区内皇岗山（含鸡公山）、芙蓉山、莲花山（含稔菇山）以及田心工区（以下简称"三山"）的保护、规划、利用和管理，以及在"三山"游览、休闲、科学考察和进行文化教育等活动。

"三山"具体范围由市人民政府批准的"三山"保护规划确定。

"三山"的四至边界线应当设置界标或者其他边界标识。

**【导读与释义】**

本条是关于《条例》适用范围的规定。

**一、法律的适用范围概说**

法律的适用范围，是指法律的时间效力、对人的效力和空间效力。①时间效力，是指法律开始生效的时间和终止生效的时间；②空间效力，是指法律生效的地域（包括领海、领空），通常全国性法律适用于全国，地方性法规仅在本地区有效；③对人的效力，是指法律对什么人生效，如有的法律适用于全国公民，有的法律只适用于一部分公民。

真正理解法的适用范围，必须先理解法的效力及其效力范围和法的适用，在区别于这三者的基础上才能完整地理解何谓法的适用范围。法的效力是指"法律在属时、属地、属人、属事四维度中的国家强制作用力"。[1]而法的效力范围就是这种国家强制作用力所指向的领域，即属时维度、属地维度、属人维度和属事维度。具体而言：所谓属时维度是指法的时间效力，即"法律何时开始生效、何时终止效力、法律对其颁布以前的事件和行为是否有溯及

---

[1]　张根大：《法律效力论》，法律出版社1999年版，第21页。

力的问题"。[1]所谓属地维度是指法的地域效力，即"法律在哪些地域范围
内发生效力"。[2]所谓属人维度是指法的对人效力，即法律对哪些人产生作用
力的问题。这里的"人"包括自然人和法律拟制人，其中法律拟制人主要指
"法人、国家机关、社会组织"三种。所谓属事维度是指"国内法律秩序的属
事效力范围的问题，通常就体现为国家在其对国民的关系中有多大权限的问
题"。[3]

　　而对法的适用范围的正确理解，应该包括三层含义：一为主体。如果说，
法的适用是针对具体的、特定的对象，那么法的适用范围则针对某一范围内
非具体的、不特定的对象。当针对某一范围内非具体的、不特定的对象时，
权力的行使必须受到权利的制衡，法的适用范围应该容忍权力和权利的共存。
因此，法的适用范围的主体不仅应有行使权力的国家机关和由国家授权的社
会组织，更应有行使权利的公民和一般社会组织。二为范围。只有在某个确
定的时间段和符合法的规定的领域内，法的适用才会产生，其中，这个"领
域"即为法的适用范围，它包括空间、对象和事项。至于"确定的时间段"
应由法的效力范围的属时维度加以规定。三为社会关系。法的适用范围是针
对某一被纳入法的调整范围的社会关系，因此，这种社会关系是确定的、实
在的，而非不确定的、潜在的。[4]

　　法的适用范围有两个明显的特征：其一，相对于法的效力及其效力范围，
法的适用范围是一种针对某类确定的、实在的社会关系，而法的效力及其效
力范围不仅仅针对某类确定的、实在的社会关系，还针对某类不确定的、潜
在的社会关系；其二，相对于法的适用，法的适用范围针对某一范围非具体
的、不特定的对象，而法的适用针对具体的、特定的对象。而且，前者主体
不仅仅包括国家机关和由国家授权的社会组织，更包括公民和一般社会组织，
而后者主体仅为国家专门机关和由国家授权的社会组织。[5]

---

　　[1]　张贵成、刘金国主编：《法理学》，中国政法大学出版社 1992 年版，第 242 页。转引自张根
大：《法律效力论》，法律出版社 1999 年版，第 31 页。
　　[2]　沈宗灵：《法理学》，高等教育出版社 1994 年版，第 348 页。转引自张根大：《法律效力
论》，法律出版社 1999 年版，第 32 页。
　　[3]　[奥]凯尔森：《法与国家的一般理论》，沈宗灵译，中国大百科全书出版社 1996 年第 1
版，第 269 页。转引自张根大：《法律效力论》，法律出版社 1999 年版，第 32 页。
　　[4]　朱春芳："法之适用范围的立法技术研究"，华东政法大学 2004 年硕士学位论文。
　　[5]　朱春芳："法之适用范围的立法技术研究"，华东政法大学 2004 年硕士学位论文。

　　立法技术上，通常在一部完整的法律性文件中，明确设置适用范围的条款是必不可少的。这是因为：它是保障法正确实施的充分和必要的要素，是判断发生在某地的某人的某一行为是否为该法所调整的最为重要乃至终极意义上的标准。因此，无论诸如法律、行政法规等全国性规范性法律文件，还是诸如地方性法规、地方政府规章等地方性规范性法律文件都必须明确设置适用范围条文。[1]

　　法是社会普遍适用的具有国家强制力的行为规范的总称，但是，法的普遍适用性对于具体的法律性文件来说，是相对于立法所确定的法律关系而言的。所以，立法中的适用范围的法律意义，就在于明晰地界定适用一定法律关系的行为（包括作为与不作为）及其所处空间、时间的效力范围。这样规定不仅有助于立法者准确无误地表明立法意图，而且便于人们准确无误地理解并实施立法意图，同时，还可以使人们极其容易并迅速地判断某一行为是否与该法有关，而无须通过从头至尾地查阅规范性法律文件来寻找该法文件的效力覆盖面。[2]

　　我国现行的法律、法规和规章，绝大多数设置了适用范围条款，让执法者和普通民众一看就明白，操作性、预期性明确、具体。立法中的适用范围，是指法律、法规、规章适用的效力范围，包括适用的空间、行为和时间。我国立法文本中均有时间效力的表述，即在法律文本最后一条表述从何年何月何日起实施；对于适用空间、行为的效力范围，一般是在法律文本的总则或居前位置作出规定。

　　如果对适用范围没有规定或者规定得不准确，则直接关系到有关适法者的权益。因为，法的适用是"国家专门机关或国家授权的社会组织，依法运用国家权力把法的一般规范用于具体的人或事，调整或保护具体社会关系的活动。这种活动的结果，是产生、变更或消灭一定的法律关系，以及保护一定法律关系得到实现"。[3]一部完整的法律规范性文件适用于具体的人或事，调整或保护具体社会关系的活动，设置权利和义务，人们通常是从一部规范性法律文件的适用范围的规定中来认定自己与该规范性法律文件的关系，他

---

〔1〕　朱春芳："法之适用范围的立法技术研究"，华东政法大学 2004 年硕士学位论文。
〔2〕　朱春芳："法之适用范围的立法技术研究"，华东政法大学 2004 年硕士学位论文。
〔3〕　黄建武：《法的实现——法的一种社会学分析》，中国人民大学出版社 1997 年版，第 195 页。

们可以由此获得法律保护，也可以由此承担法律义务。因此，立法者必须明确、规范地设置法的适用范围条文，使执法者和社会民众对法的适用范围一目了然，实现人们对自己行为的指引和预期。

在理论界，学者很少对法的适用范围作出明确定义，一般仅通过对其种类或内容的论述予以阐释。例如，我国台湾地区学者罗传贤从种类的角度出发，把法的适用范围理解为"适用规定，为立法时避免重复规定，而明定某种事项运行适用同样事项已有之规定，或标示出性质属于普通法或特别法之事项者，在法条中极为常见"。他把适用范围分为"规范适用范围者""表示特别法之性质者"和"表示普通法之性质者"。[1]我国学者孙潮从内容的角度介绍法的适用范围，他认为："我国法律总则对法律适用范围的规定中，一般包含了法律效力范围中的对人的效力和空间效力等内容。"[2]"法律适用范围一般涉及特定人、特定地域、特定行为、特定客体等方面，立法者只有抓住法律适用范围中的关键要素加以规定，界定才能明确有效。"[3]

具体来说，法的适用范围的具体内容，主要包括三个方面，即法的适用空间、法的适用对象和法的适用事项。

1. 法的适用空间

法的适用空间，是指法适用于什么领域。一般来说，适用空间分为域内、域内部分地区和域外。域内适用，即法适用于整个领域内。域内部分地区适用，即法并不适用于整个领域，而仅在领域部分空间内适用。如刑法通常采用较严格的域内适用，发生在外国的犯罪除非针对本国或本国公民，否则刑法不适用它。

域内部分地区适用，即法并不适用于整个领域，而仅在领域部分空间内适用。例如，联邦制国家的州的法只适用于本州；我国的自治条例和单行条例只适用于本自治地方，经济特区法只适用于本经济特区域内，即本国之法有条件地适用于领域之外，包括他国领域、公海和公共空间。

2. 法的适用对象

法的适用对象，是指法适用于什么人。这里的"人"包括自然人和法律

---

[1]　罗传贤：《立法程序与技术》，五南图书出版公司1997年版，第234页。

[2]　孙潮：《立法技术学》，浙江人民出版社1993年版，第121页。

[3]　孙潮：《立法技术学》，浙江人民出版社1993年版，第122页。

拟制人，其中法律拟制人主要指法人、国家机关、社会组织三种。一般来说，确定适用对象的原则有属人主义原则、属地主义原则、保护主义原则和以属地主义为主、属人主义和保护主义为辅之原则。

属人主义原则，即凡是本法所指向的人，不论他所处的空间位置如何，都适用本法。如一国国民无论所在何处，都适用该国之法，而位于该国的外国国民和无国籍人则不适用所在国的法。

属地主义原则，即法适用于其管辖范围内所有的人，而不问其国籍或户籍如何。如当某国人在外国时，则不适用该国之法。保护主义原则，即凡损害法所管辖范围内的利益，不论行为人的国籍、户籍或处所如何，都适用该法。以属地主义为主、属人主义和保护主义为辅之原则，由于属人主义原则和极端保护主义原则都不符合当今潮流，同时属地主义原则尽管有其长处，但难免会有"顾及不到"的地方，而以属地主义原则为主、属人主义和保护主义为辅之原则正好取其之长、弃其之短。

3. 法的适用事项

法的适用事项，是指法适用于何种事项，这是法的适用范围的重要内容之一。法调整的是人的行为，而人的行为必与一定的事项有关，所以法的适用范围就需要有一个事项范围。例如合同法只适用于与合同有关的事项，侵权行为法只适用于侵权事项，宗教法只适用于与宗教有关的事项。法对于未规范的事项不发生适用后果。

法的适用范围不仅对法本身具有重要意义，而且对人们的权益也至关重要。具体而言，法的适用范围具有以下作用：

第一，保障法的正确实施。法的适用范围说明的是该法调整的范围，包括空间、主体和事项。每一部法都有自己特定的适用范围，立法者必须在该法的适用范围内设定明确的权利和义务规范，这样，法的正确实施才有合法依据，才能得以保障。如果一部法尚未设置适用范围，或未正确设置适用范围，那么立法者就很难准确设定权利和义务规范，法也就谈不上正确实施。

第二，为人们判断某一行为是否适用于某法提供依据。每一部法都有其特定的适用范围，对发生于某地某人的某行为是否适用于该法都明确予以规定。可以说，法的适用范围直接关系到人们的权益，他们可以根据该法的适用范围对自己处于某地的某种行为是否适用该法作出判断，从而获得该法的保护，并且承担该法规定的义务。如果一部法尚未设置适用范围，或虽已设置但不为人们所了解，那么人们将会迷惑于浩然大海般的法而无所"适用"。

## 二、《条例》的适用范围

《条例》第2条规定：本条例适用于本市城区内皇岗山、芙蓉山、莲花山（以下简称"三山"）的规划、建设、利用、管理和资源保护，以及在"三山"游览、休闲、科学考察和进行文化教育等活动。

"三山"包括鸡公山、稔菇山以及田心工区，具体范围由市人民政府批准的"三山"保护规划确定。

《条例》的适用范围不仅包括《条例》所适用"三山"的规划、建设、利用、管理和资源保护，以及在"三山"游览、休闲、科学考察和进行文化教育等行为，还包括条例所适用的区域范围，即本《条例》仅在确定的皇岗山、芙蓉山、莲花山范围内以及鸡公山、稔菇山以及田心工区生效，具体范围由市人民政府批准的"三山"保护规划确定。可以看出，本《条例》适用范围包括两个方面：一是规制的行为范围；二是适用的地域范围。

1. 规制的行为范围

本《条列》举了韶关市城区内皇岗山、芙蓉山、莲花山（以下简称"三山"）的规划、建设、利用、管理和资源保护，以及在"三山"游览、休闲、科学考察和进行文化教育等活动，这里既包括政府层面上的规划与建设、利用与维护、保护与管理、保障与监督等行为受《条例》的规制，又包括在"三山"游览、休闲、科学考察和进行文化教育等社会与公众活动。

首先，规划与建设、利用与维护、保护与管理、保障与监督是政府职能部门行使的权力，纳入《条例》的规制，规范政府权力运作，防止政府权力滥用。

其次，规范社会与公众活动行为。社会组织与公众在"三山"范围内活动，要严格遵守《条例》的相关规定，违反《条例》的相关条款，将依据《条例》予以追究。

2. 适用的地域范围

《条例》第2条适用范围还包括适用的地域范围。

对于皇岗山、芙蓉山、莲花山保护区的具体范围，在《条例》起草过程中存在着多种意见，众说不一。最初，皇岗山、芙蓉山、莲花山保护区的具体范围：皇岗山东至皇岗山山脊，西至京广铁路，北至韶关北环高速及无底塘，南至京广铁路及五里亭山边；芙蓉山东至芙蓉东路、沿江路及村头村山边，西至车头村山边、太阳城及西联村山边，北至芙蓉北路及红玫路，南至村头村山边、孟洲坝水电站；莲花山东至莲花村委及东联村委山边，西至京广铁路及韶赣公路，北至莲花大道，南至京广铁路。但后来，有专家提出具体操作过程是比较复杂的，需要仔细勘测的，也有专家提出用等高线来划分范围，等等。

经过多次研究、讨论以及实地调研，结合韶关的实际情况，立法起草者最终没有采取最初明确"三山"范围四至的规定，而是采取授权政府来确定，具体范围由市人民政府批准的"三山"保护规划确定。这样的规定是基于实践中更好操作的考虑。

明确皇岗山、芙蓉山、莲花山保护范围，周边四至，避免执法过程中因执法管辖地不明产生不必要的纠纷。同时，指出皇岗山、芙蓉山、莲花山共同组合成韶关国家森林公园（原规划包括皇岗山、莲花山，面积 2746 公顷，后韶关市人大、政府决定将邻近的芙蓉山也纳入公园范围，扩大后的公园面积为 4388 公顷）。

"三山"之外，市区还有小范围的丘陵、小山绵延，为了便于管理，保护其生态环境，将鸡公山、稔菇山以及田心工区，也纳入《条例》的调整范围，具体范围由市人民政府批准的"三山"保护规划确定。

### 三、设置界标或者其他边界标识

《条例》规定"三山"四至范围的边界线应当设置界标或者其他边界标识，明确《条例》适用范围的地理边界。

界标（landmark）的基本解释是表示地界的标志，界标分为界桩和界碑两类设置。对于《条例》来说，确定地理界标、界桩标点，并在合适的位置设立界桩、边界标识牌，使边界得以清晰的控制。界标或者其他边界标识是在《条例》适用保护范围内的地理边界设立的标志，确定"三山"边界走向和"三山"位置的主要标志，用来标识"三山"保护的范围，并警示人们需谨慎行为。

界标或者其他边界标识是确定"三山"边界走向和具体位置的标志物等。

"三山"的四至范围的边界线应当设置界标或者其他边界标识，主要是人工设置人造物，如界碑、界桩、记号等。一般来说，应该在显著位置设置"三山的"四至范围的边界线，设置界标或者其他边界标识，界标或者其他边界标识设立要保证坚固、长久耐用，通常用天然石材。

设置界标或者其他边界标识在《条例》的实际执行中有着重要意义：第一，向社会公布了《条例》的保护范围、内容要求，增强了《条例》公开性和透明度，《条例》的内容适用范围、效力空间一目了然，也是起到宣传《条例》的作用。第二，便于执法的可操作性与可执行性。《条例》的效力范围仅仅限于保护范围内，执法者根据设置界标或者其他边界标识适用《条例》执法，明确、具体、可操作；三是以界标、警示牌的醒目直观和感召力，动员社会公众积极参与到"三山"保护工作中来。第三，公布了《条例》的保护范围，使社会公众周知，对违反《条例》的行为可投诉拨打举报电话，方便群众及时举报破坏"三山"的违法行为。第四，警示社会组织和民众进入《条例》的保护范围内，应该增强生态意识和行为自律意识，其行为受《条例》设置的权利与义务条款规范，不得随意在保护范围内实施《条例》禁止的行为，否则必将受到追究和查处。

当然，设置界标或者其他边界标识还有其他多方面的意义，诸如立警示标志，"三山"管理机构配合市级相关部门全面做好"三山"调查和周边环境状况分析，科学划定"三山"保护范围，规范设立保护范围的边界标志，统一、规范设置界标、交通警示牌和宣传牌等标识以及保护范围内道路警示标志，警示过往行人、车辆及其他活动，规范自己行为，防止破坏"三山"生态环境。再者，设置隔离防护。"三山"有些地方存在安全隐患或者有其他原因禁止游人进入等，在这些地方设立隔离防护设施的标识，对保护范围内有道路交通穿越的地段建设防撞护栏，并在可能直接影响游人安全的高风险区域设置应急防护设施等。

### 第三条 [基本原则]

"三山"的保护和利用应当遵循保护优先、科学规划、合理利用、统一管理、持续发展的原则。

【导读与释义】

本条是关于《条例》立法基本原则的规定。

## 一、法律原则的内涵及其意义导读

（一）法律原则的内涵

法律原则与法律规则是两种最为典型而且彼此对应的法规范形态，前者因哈特的"规则理论"已普遍为人所接受，后者也由于德沃金"原则理论"的提出而获得了广泛认同。在我国法学界，规则与原则通常均被视为"法的要素"构成。[1]法构成的基本要素有法的概念、法的原则与法的规则，法的原则作为法的构成要素，应该是近现代以后随着立法技术的进步而产生的一种结果。[2]法的原则和法律规则尽管都是法的基本要素，作为两大构成要素并存于法律规范之中，但二者存在着明显的差异，法的原则比较概括、抽象，不可以直接适用于具体个案，只能在符合形式限定与实质限定的条件下发挥其规范作用；法律规则明确具体，可操作性强直接适用于具体的案件中。

在我国，学者们一般将法律原则视为法律的基本要素之一，与法律概念、法律规则等相并列。也就是说，法律原则在我们的法学基本理论中占据着

---

〔1〕 林来梵、张卓明："论法律原则的司法适用——从规范性法学方法论角度的一个分析"，载《中国法学》2006年第2期。

〔2〕 汪全胜、张鹏："法律文本中'法的原则'条款的设置论析"，载《山东大学学报（哲学社会科学版）》2016年第6期。

"基础范畴"的地位。那么，法律原则具有什么含义呢？布莱克法律词典对其的解释是：①法律的诸多规则或学说中的根本的真理或学说，是法律的其他规则或学说的基础或来源；②确定的行为规则、程序或法律裁决、明晰的原理或前提，除非有更明晰的前提，否则不能对之证明或反驳，它们构成一个整体或整体的构成部分的实质，从属于一门科学的理论部分。[1]

法的原则在法律文本中就呈现为"法的原则"条款，就是我们所说的部门法立法的原则。目前，我国现行法律文本基本上都确立一条或几条的法的原则条款，而且随着立法技术的规范，法律文本规定法的原则条款也逐渐规范。这里值得思考的是，为什么某个或某些原则被确立为法的原则，这些法的原则的确立由什么决定？"法的原则的确立，有着一定的客观依据，不是立法者随意决定的。虽然某具体法律文件或法典中写明的法的原则系立法者主观所为，但立法者所以这样规定，是有客观依据的，是基于立法者对一定客观依据的把握和理解。如果他们对一定客观依据把握和理解全面、正确，则所规定的法的原则便正确、恰当；否则，法律中所规定的原则便会偏离该法律所应当加以贯彻的原则。"[2]

宪法在我国法律体系中居于金字塔顶端的地位，其他法律依据宪法制定，不得同宪法原则或精神抵触，所以，任何部门法所确立的"原则条款"应能从宪法的法律规定或基本原则找到直接或间接的依据。这就是我国各部门法设定"原则条款"的法律依据即"宪法规定及原则"。但各个部门法存在很大差异，部门法律规范植根于社会生活，有着不同的性质和任务，法律原则对部门法在社会生活中调节人们相互关系的行为规范进一步抽象，需要顺应社会生活的要求，反映事物本然之理，具有高度的价值共识。这时，立法者根据上位法规定或能够从既有法律及应然的法律精神、法律旨意中以及国家政策中合乎逻辑地推演出来法的原则。也就是说，法的原则是法律文本的要旨与目的的凝练，是法律规则的基础或本源，具有公理性或政策性。因此，在设定具体部门法原则条款时要考察我国宪法所确立的基本原则以及具体部门法的性质、任务。

法的原则条款不应缺失，但法的原则条款设置不可随意，要防止法的原

---

〔1〕　*Black's Law Dictionary*, sixth edition, West Publish Co. 1990, p. 1193.
〔2〕　漆多俊：《经济法基础理论》，武汉大学出版社 1993 年版，第 135 页。

则条款设置的泛滥。法的原则条款是法的纲领，是规范法的规则设置的条款。从我国法的结构规范化角度来看，法的原则条款是我国法的总则的组成部分。"法律原则应当集中表述，最好在一条中集中表述，至少是在前后相连的条款中表述，原则较多的可在条下分项表述。"[1]法的原则条款的语言表述尽可能概括、凝练、简洁，准确地抽象部门法应遵循的基本准则。法的原则条款的位置设置要科学，既然法的原则条款作为部门法整体的条款，那它就应该放在法的总则位置。更具体一点，法的原则可以确定在立法目的和立法依据之后的条款设置中。

对于法律原则，长期以来我国法学界关注较多的乃是立法政策上和法律文本中的法律原则，这些原则往往被认为仅具有道德上的象征性意义或政治上的宣示性意义。[2]根据我国学者的重要观点，原则可区分为公理性原则与政策性原则两大类。[3]但政策与原则这两个事物在法律文本上往往被混同。一般地说，任何复杂的立法法案都需要考虑政策和原则两个方面，即使是一个主要针对政策性问题的法案，也需要以一定原则来论证它的目的；另一方面，一个主要依靠原则的法案，例如反对种族歧视的法案，在对政策产生严重后果时，这种权利立法可能就不能成立。但在司法中情况却有所不同，司法更多依靠的是原则而不是政策，在一个相关法律规定得十分明确的案件中，即使该法律来自于政策，但法院仍应以原则而不是政策作为根据。[4]

法律原则是法律的价值宣示，但在法律实践中，法律原则具有重要意义。法律原则之存在有其功能与价值上的意义，从功能意义上看，法律原则构成了法律推理的权威性出发点，证成并补充法律规则；从价值意义上看，法律原则促成了民众对法律的尊重，并构成了民众权利保障的基石。

法律原则是法的构成要素之一，具有抽象性、稳定性、平衡补充性的特征，是不同于法律规则的法律规范。深入研究和掌握法律原则，不仅有利于借助立法的形式，进一步完善法律体系，保持其内部和谐，更有利于执法水平的提高，以确保法律适用的准确，全面发挥法律的调控作用。"法律原则贯

---

[1] 王腊生主编：《地方立法技术的理论与实践》，中国民主法制出版社 2007 年版，第 103 页。

[2] 林来梵、张卓明："论法律原则的司法适用——从规范性法学方法论角度的一个分析"，载《中国法学》2006 年第 2 期。

[3] 张文显：《法哲学范畴研究》，中国政法大学出版社 2001 年版，第 54 页。

[4] 庞正、杨建："法律原则核心问题论辩"，载《南京师大学报（社会科学版）》2010 年第 1 期。

穿所在法律的具体规定之中，对其他所有的法律规范都具有统摄功能"，"在法律原则基础上制定更加细密、具体的法律规则，以贯彻法律原则的内容，就是任何法律的制定乃至司法活动都必须关注的问题"。[1]可见，法的原则在立法、执法和司法过程中有着重要的意义。

　　首先，立法原则是立法者创立法律的指导思想、基本方针和出发点。立法主体在制定任何一个部门法时，都受一定的立法指导思想指导，但在法律文本中不需要将立法指导思想确定下来，而是通过法律原则、法律规则等来具体体现。那么法的原则与法的指导思想有什么区别呢？周旺生认为："立法指导思想是立法主体据以进行立法活动的重要的理论根据，是为立法活动指明方向的理性认识。它反映立法主体根据什么思想、理论立法和立什么样的法，是执政者的意识在立法上的集中体现"，而"立法基本原则是立法主体据以进行立法活动的重要准绳，是立法指导思想在立法实践中的重要体现。它反映立法主体在把立法指导思想与立法实践相结合的过程中特别注重什么，是执政者立法意识和立法制度的重要反映"。这两者的关系可概括为："立法指导思想是观念化、抽象化的立法原则，立法基本原则是规范化、具体化的主要的立法指导思想。立法指导思想要通过立法基本原则等来体现和具体化，立法基本原则须根据立法指导思想等来确定，两者紧相关联。"[2]

　　其次，法的原则是指导和规范立法、执法以及司法行为，贯穿于法律文本之中，同时又高于法律文本。国家行政机关或者司法机关执行法律法规规定必须有法所依，执法不能盲目和乱执法，不然会损害政府的形象，执法要有一定的原则。执法者必须真正了解并严格遵守法律原则，切实按法律原则和法律规则要求办事，法律原则成为执法活动中不可逾越、不容践踏的红线。

　　最后，法的原则约束司法过程。在司法过程中，法律原则是法律职业者进行法律解释和法律推理的基础或出发点，它可以克服规则的刚性，弥补成文法的漏洞、纠正法律的失误，利于个案公平的实现，并具有发展法律、增强法律的权威性等功能。一定意义上讲，法律原则已然成为法官解决疑难案件、说服当事人和公众的工具。法官以不容置疑的原则来增强司法裁判尤其是创造性裁判的公信力。与此同时，法律原则也限制着司法者面对疑难案件

---

〔1〕　谢晖、陈金钊：《法理学》，高等教育出版社 2005 年版。

〔2〕　周旺生：《立法学教程》，北京大学出版社 2006 年版，第 66 页。

时的过大的自由裁量权，捍卫了立法权与司法权分离的传统。总之，法律原则一方面浸渍着伦理价值，另一方面也极具司法意义。因此，作为一个事实描述，法律原则一直客观存在并发挥着实际效用；作为一个规范诉求，法律原则也是可欲的。[1]

尽管法的原则在立法、执法和司法过程中都起到重要的作用，但法的原则比较抽象、概括，必须在实践中具体化并且充分说理的基础上方可适用。"法律原则没有为法律条款所必要的确定性和明确性。它是塑造法律状态的纲领，需要进一步规范化后才能直接适用于具体的案件事实。需要将法律原则转变为法律规范，借助特定的典型事实将法律原则予以具体的规范化，并且据此将其确认为客观实在的有效法律。"[2]也就是说，以法的理念、历史时空、性质及任务为基础的凝练的法的原则，必须结合具体的实际情况通过说理、阐释才能将其所承载的法的价值和法的理念应用到生活中去。

**（二）《条例》基本原则的内涵**

党的十七大首次提出"建设生态文明"，将生态文明作为全面建设小康社会的奋斗目标首次写入党的政治报告，加强能源资源节约和生态环境保护，增强可持续发展能力，能够基本形成节约能源资源和保护生态环境的产业结构、增长方式、消费模式。通过不懈努力生态环境质量能够明显改善，生态文明观念能够在全社会牢固树立。明确提出把建设生态文明作为实现全面建设小康社会的五大目标之一，并首次将人与自然和谐，建设资源节约型、环境友好型社会写入党章。

党的十八大提出，树立尊重自然、顺应自然、保护自然的生态文明理念，把生态文明建设放在突出地位，融入经济建设、政治建设、文化建设、社会建设各方面和全过程，形成"五位一体"的全面布局，即经济建设、政治建设、文化建设、社会建设、生态文明建设齐抓共管，努力建设美丽中国，实现中华民族永续发展，并把优化国土空间开发格局、全面促进资源节约、加大自然生态系统和环境保护力度、加强生态文明制度建设作为生态文明建设的主要方向。由此，生态文明建设纳入中国特色社会主义事业的总布局，标

---

〔1〕 庞正、杨建："法律原则核心问题论辩"，载《南京师大学报（社会科学版）》2010年第1期。

〔2〕 [德]汉斯·J. 沃尔夫、奥托·巴霍夫、罗尔夫·施托贝尔：《行政法》（第1卷），高家伟译，商务印书馆2002年版，第257页。

志着我国社会主义现代化建设进入新的阶段，体现了中国共产党治国理政的新境界，有利于深入贯彻落实科学发展观，推动中国特色社会主义事业实现新跨越，为建设美丽中国、实现中华民族永续发展明确了奋斗方向。

党的十八大以来，习近平总书记曾多次强调生态环境关乎人的生命健康与生存发展，生态环境问题是必须加以重视的重大民生问题，强调生态文明建设的根本目的是改善人民生活环境，提高人民生活水平。生态就是民生，保护生态环境就是保障民生，改善生态环境就是改善民生。生态文明建设必须始终坚持生态民生这一根本宗旨，努力创造良好的生态环境，增进民生福祉，改善民生质量，推动民生发展。以习近平同志为核心的党中央，针对现阶段我国资源约束趋紧、环境污染严重、生态系统退化的严峻形势以及广大人民群众对良好生态环境的渴望，认真总结中华人民共和国成立以来，特别是改革开放以来我国生态环境建设和保护方面的经验教训，在全面把握我国发展能力、发展水平不平衡、不充分问题的基础上，大力推进生态文明建设，不断深化对经济社会发展与生态环境保护之间关系的认识，深刻回答生态文明建设的重大理论和实践问题，提出了一系列有关生态文明建设的新思想、新观点、新论断和新举措，形成了习近平以人民为中心的生态文明思想体系。中共中央专门出台的《中共中央国务院关于加快推进生态文明建设的意见》在"健全生态文明制度体系"中明确提出要"加快建立系统完整的生态文明制度体系，引导、规范和约束各类开发、利用、保护自然资源的行为，用制度保护生态环境"。

2018年5月，习近平在全国生态环境保护大会上明确指出，"生态文明建设是关系中华民族永续发展的根本大计"。[1]良好的生态环境是人和社会永续发展的根本基础。没有自然资源的永续利用和良好的生态环境为基础，就不可能实现人类社会的全面进步。习近平指出："走向生态文明新时代，建设美丽中国，是实现中华民族伟大复兴的中国梦的重要内容。"[2]生态文明建设是"五位一体"总体布局和"四个全面"战略布局的基础内容，生态文明体制改革事关全面深化改革的整体推进，坚持生态惠民、生态利民、生态为民，

---

〔1〕 "习近平总书记在全国生态环境保护大会上的讲话"，载《人民日报》2018年5月20日。

〔2〕 中共中央文献研究室编：《习近平关于全面深化改革论述摘编》，中央文献出版社2014年版，第107页。

重点解决损害群众健康的突出环境问题，不断满足人民日益增长的优美生态环境需要。党的十八届五中全会鲜明提出创新、协调、绿色、开放、共享的发展理念。

十九大报告指出，中国特色社会主义进入新时代，我国社会主要矛盾已经转化为人民日益增长的美好生活需要和不平衡不充分的发展之间的矛盾，发展的不平衡与不充分问题是由经济发展和环境保护之间的矛盾造成的，生态文明建设必然成为解决新时代社会主要矛盾的一个重要途径。习近平赋予生态文明以"既要金山银山也要绿水青山"的大众话语表达是对生态文明的最直观解读，"绿水青山和金山银山绝不是对立的，关键在人，关键在思路"。[1]

可见，生态文明建设受到党和政府的高度重视，关系国家和民族的前途与未来，与我们每一个公民日常生活息息相关。对于韶关来说，浈、武、北三江支撑起城市六岸腹地；北有帽峰为屏，三山葱茏，三江口气势恢宏，山、水、城环绕，二十四景点缀其间，形成了妙趣天成、别具一格的城市大环境。韶关市是一座山水城市，是一座山城，同时又是一座水城，其天然形成的"三江六岸"格局在广东省内独树一帜，拥有三江六岸的独特景观，山水城交相辉映。

近年来，韶关市委、市政府通过创建中国优秀旅游城市、国家卫生城市、国家园林城市、全国文明城市和全国生态文明建设示范市，加大了城市基础设施的建设力度，韶关市被评为"中国优秀旅游城市、国家园林城市、中国特色魅力城市"。这些都是生态文明建设的成果。其中，"三山"保护在韶关市生态文明建设中不容忽视。

市委、市政府、市人大常委会高瞻远瞩，贯彻和落实党的十八大关于精神文明的指示，加强韶关生态文明建设，作出起草"三山"保护条例的决定。在这样的生态文明建设背景下，对于韶关"三山"保护，《条例》起草者经过深入调研"三山"现状、存在的问题，借鉴兄弟地市的立法经验，经过抽象、凝练，并结合韶关实际，充分考虑与韶关的城市、水利、环保和旅游等相关规划基本协调，起草者对《条例》的基本原则作出以下规定："'三山'的保护和利用应当遵循保护优先、科学规划、合理利用、统一管理、持续发展的原则。"具体如下：

---

〔1〕 "习近平等分别参加全国人大会议一些代表团审议"，载《人民日报》2014年3月8日。

（1）要遵循保护优先的原则科学规划"三山"。保护"三山"环境是生态优先，保护先行，给子孙后代留下美好家园。所以，"三山"要坚持保护优先，在开发中保护、在保护中开发的原则，科学规划也是以保护优先为基础的规划。"三山"是韶关市城市生态文明建设的重要载体，在"三山"的开发建设过程中应以保护为前提，遵循在保护中开发的原则，重视保护"三山"生态环境，使经济、社会、生态三大效益协调发展。规划要充分考虑"三山"现有基础条件和周边良好的生态环境，在生态保护与项目建设规划时坚持保护优先，注重保持"三山"生态环境完整性及周围风貌。在开发建设过程中，须对每个项目进行环境影响评价，不允许任何形式的有损"三山"自然环境的开发行为，严禁一切破坏"三山"环境的行为发生。皇岗山、莲花山、芙蓉山是韶关市的肺，遵循生态规律，在保护优先的前提下，摒弃传统的城市化模式，坚持科学发展观，高标准编制好"三山"保护的规划，严格编制和实施"三山"保护规划，对提升韶关市的形象，促进韶关城市发展有重要意义。

韶关市总体规划突出韶关的历史文化名城与自然山水环境优势，提出"山水城市""文化名城""旅游城市"三大特征完美结合，自然、历史、人文融为一体的韶关城市特色。规划确定了与自然山水环境良好结合的组团式城市总体布局，明确提出建设"山—水—城"交织一体，人与自然和谐共存的"山水城市"。[1]在规划的具体策略上，重点突出了以"三山"大环境为背景，依托"三江六岸"绿色走廊为骨架建构城市景观框架，把自然山水之美引入城区。历史文化方面，详细理清了韶关市区历史文化资源，根据具体情况，按照文物古迹的年代与历史意义等特征将其分为六类，又针对性地提出了四种不同的保护利用方式。在三山的积极利用开发上提出了明确可行的意见，依据三山的不同特点分别定位为皇岗山度假疗养区、芙蓉山风景区、莲花山森林公园。[2]规划将生态建设目标确定为：根据韶关市区的自然条件和城市格局，以"三山""三江六岸"为绿色走廊，结合市区分布广泛的历史文化古迹，将自然生态引入城市中心地区，并通过林荫道和道路绿化将山

〔1〕吕泱："山水城市风貌与景观规划研究——以粤北中心城市韶关为例"，重庆大学2005年硕士学位论文。

〔2〕吕泱："山水城市风貌与景观规划研究——以粤北中心城市韶关为例"，重庆大学2005年硕士学位论文。

体、城市公共绿地、历史景点以及城市休闲广场串联为一体，形成完善的生态和城市绿地系统。在历史文化名城保护规划中提出充分利用韶关"三江六岸""三山"的优越条件，将一些重要的历史文化古迹纳入"三江六岸"和"三山"生态走廊中，形成连续的系统，使自然生态与文化生态相得益彰。规划也延续了总体规划与概念规划中对城市绿化与历史人文景观一贯的主动积极利用的思路。近期旅游建设规划充分利用韶关城市的自然山水环境与历史文化优势，针对不同的特点分别拟定了开发的策略与规划建设指引，将这两者有机地与市域大范围内的旅游资源相结合，共同为韶关城市发展及新的城市风貌与景观创造发挥作用。[1]

"三山"规划是韶关城市发展的重要组成部分，要与韶关市城市规划及相关上位规划相衔接，统筹规划。做到高起点、高标准做好城市森林公园总体规划，统筹整合旅游资源赋存状况、外部环境等诸多条件，在权衡项目可行性的基础上科学确定布局结构，整体考虑资源的合理配置以及效益的充分发挥，提高规划的可操作性。"三山"规划要坚持以人为本，持续发展。"三山"开发建设过程中应本着从韶关市民利益出发，以服务市民、惠及市民、满足市民休闲度假等回归自然的高品质生活需求为目标，功能分区、景点规划、基础设施、服务设施等规划都应遵循"以人为本"的理念，切实满足不同游客需求，把人性化、科学化作为贯穿城市森林公园开发过程始终的宗旨。

"三山"保护的规划要做到科学论证，科学规划，确保规划的系统性和长期性。一方面，"三山"保护的规划应与韶关市城市建设、基础设施、城市开发等各类专项规划相衔接、相贯通，将"三山"保护与韶关现代化城市建设有机融合，兼具文物保护、教育、科研、游览、生活等多项城市公共服务功能；另一方面，应结合韶关"山水城市"实际，做好与整体规划相统一的区域性保护详规。从生态角度严格控制建筑设施的规模、数量、色彩、用料、造型以及风格等，提倡以自然景观为主，就地取材，依景就势，体现原生态与自然美，坚决制止开发高污染项目。

（2）合理利用、统一管理。党的十八大明确提出，"要全面落实五位一体总体布局，把生态文明建设放在突出地位，融入经济建设、政治建设、文化

---

〔1〕 吕泱："山水城市风貌与景观规划研究——以粤北中心城市韶关为例"，重庆大学 2005 年硕士学位论文。

建设、社会建设各方面和全过程，努力建设美丽中国。"对韶关城市来说，就是构建美丽山水城市。那么，构建美丽山水城市应以"尊重自然、顺应自然、保护自然"为核心要义，秉承"道法自然、以人为本、天人合一"的理念，顺势而为，突显山水特色。打造韶关美丽山水城市规划应以"充分利用自然山水田园、森林绿化、历史文脉、山城形态等特色资源"为原则，有利于彰显与众不同的"自然山水之美""城市形态之美"。韶关美丽山水城市建设，主要是合理利用、统一管理。规划"三山"保护，同时注重加强自然环境与人文环境的结合，充分发挥韶关城市的山水环境与历史文化优势，适合新时代里城市与人们生活发展的需要，为创造韶关山水城市风貌与景观奠定了良好的生态环境基础。

韶关的"三山"和"三江"，整合市区自然山水资源和城市空间关系，形成山城江城特色突出、现代与历史交相辉映的城市风貌形态。做好系统的、整体的规划。合理对"三山"进行旅游、休闲、观光等设施的建设规划，明确"三山"周边的建筑密度、建筑限高、绿地率等控制与建设要求。将"三山"和三江自然山水作为韶关城市的"图底"，利用好"三山"和三江生态系统，建设山水交融、错落有致、富有立体感的美丽山水城市，让韶关的城市融入"三山"大自然，让市民望得见山、看得见水、记得住乡愁。

"三山"保护的目的是科学合理可持续利用，对"三山"生态环境资源因地制宜的、合理的、综合性的利用，是建立在保护基础之上的、有利于"三山"生态环境资源保护长期、健康、稳定发展的利用。"三山"范围内进行旅游开发的，一定要尊重自然规律，按照"三山"自然环境的特点，科学选择开发模式，合理选择旅游路线，严格控制旅游负荷。禁止在"三山"周边建设有污染的项目，现有的项目凡不符合环保要求的，一律要实行搬迁或关闭。旅游项目的开发必须采取有效措施，防止对生态环境影响；旅游项目的开发要严格执行环境影响评价制度和环保"三同时"制度，配套旅游区的环境保护设施，区内的宾馆、酒楼等服务业产生的废水、废气、固体废弃物要进行有效的处理，实现达标排放，以防止污染物对周边环境造成污染；要加强旅游路线中垃圾的回收处理，促进文明旅游；确保旅游设施与自然景观相协调，维护"三山"自然本色和生态功能。

"三山"的合理利用要做到生态环境保护与旅游开发的统一管理，遵循自然生态规律和人与自然和谐统一，既要充分考虑"三山"良好的生态环境资源，又要考量开发建设的经济价值，在科学规划、开发的基础上谋求生态环境的可持续。对于管理者来说做到统一管理，"三山"保护体现在防治"三山"的自然生态破坏，杜绝短期经济行为，从有利于正确处理生态建设与经济发展、局部利益与整体利益、近期利益与长远利益的关系出发，谋求三大效益协调下的持续发展，实现"三山"的生态与旅游可持续发展。

（3）持续发展。可持续发展是全世界，也是我国发展经济的主题，它的核心是充分合理利用自然资源。韶关市是广东省旅游资源最丰富、最集中、品味最高的地区之一，种类多样、组合有序、重点突出。因此，在旅游资源规划、开发和运营时，要以环境社会文化和经济的可持续发展为标准，加强旅游生态环境保护，促进旅游资源的合理开发和利用，确保旅游业的健康可持续发展。在"三山"保护规划中，应当统筹考虑当地人口、社会、经济、环境和资源的现状和发展趋势，充分考虑"三山"环境与资源对韶关城市发展的承载能力，防止因短期行为而过度开发"三山"资源，造成对"三山"环境的污染和破坏。

事实上，韶关"三山"生态环境由于经济的发展，部分地方已经遭到严重破坏。因此，规划保护应注意保护"三山"生态环境，使"三山"生态环境遵循可持续发展原则，全面综合地利用"三山"的原有自然资源，使"三山"构建成环保与绿色相结合的生态环境，达到推进低碳城市的建设目标。因此，韶关必须充分重视"三山"综合效益的发挥，实现"三山"生态、社会、经济三大效益并重，提高"三山"环境资源利用的可持续性。经济建设和社会发展的规模和速度要充分考虑"三山"生态环境的承载能力，使"三山"生态环境资源既能满足韶关市当代人经济建设和社会发展的需要，又能满足韶关市后代人对"三山"生态环境资源和生态利用要求的水平，使"三山"生态环境保护与经济建设和社会发展相互促进，共同发展。

韶关市应在绿化美化的基础上大力开展植树造林，采取强有力的措施，严禁在"三山"从事各项带有破坏生态环境的开发活动，包括采石、砍伐森林、殡葬、放牧、违章建筑等。着力建设城市公园，提高城市园林绿化水平，做到城市建设与城市绿化同时规划、同时设计、同时施工，形成建房绿一点，修一路绿一线，建一区绿一片，塑造"山在城中""城在水中""水在山中""城在绿中"的生态环境。

所以，当前和今后一个时期，韶关市应以"创新、协调、绿色、开放、共享"的发展理念为指引,秉承"保护优先、科学规划、合理利用、持续发展"的基本方针,《条例》要坚持"保护优先、科学规划、合理利用、统一管理、可持续发展"的原则,着力推进"三山"法制保护体系建设,逐步理顺"三山"管理体制机制,探索建立"三山"生态林的生态补偿机制,努力提高"三山"保护管理的能力和水平,为践行韶关市"生态文明"、打造"山水城市",造福市民作出积极的贡献。

**第四条　[建设城市森林公园]**

市人民政府应当秉持"林在城中、城在林中、融城于山、融山于城、山城相融、山水相融"的建设理念，利用"三山"自然风景资源，建设可供公众游览、休闲、科学考察和进行文化教育等活动的城市森林公园。

**【导读与释义】**

本条是关于《条例》建设城市森林公园的规定。

（一）建设"山水城市"

党的十八大明确提出"要全面落实五位一体总体布局，把生态文明建设放在突出地位，融入经济建设、政治建设、文化建设、社会建设各方面和全过程，努力建设美丽中国"。构建美丽山水城市以"尊重自然、顺应自然、保护自然"为核心要义，以"促进生产空间集约高效、生活空间宜居适度"为建设目标，保护生态空间，给子孙后代留下天蓝、地绿、水净的美好家园。构建美丽山水城市是贯彻落实国家新型城镇化建设要求的重要举措。

检讨现代后工业社会时期，城市化进程加快、环境污染加剧、交通堵塞、垃圾围城等诸多城市问题不断涌现，尤其是"大城市病"现象，党的十八大"五位一体"的总体布局和构建美丽山水城市的理念为韶关城市建设提供了一个思路。充分利用韶关"三山"环绕、三江交汇的自然环境优势，走一条建设山水融合的美丽山水城市道路。

韶关城市位置处于山间盆地，主要由浈江、武江和北江三江及其支流冲积而成。盆地内丘陵散布，地形复杂，周围地貌类型也变化较多，组合多样，除丘陵、台地、阶地、冲积平原外，还发育着喀斯特地貌以及独特的丹霞地貌。

　　韶关老城区位于浈江、武江和北江三江汇聚之处，处于皇岗、芙蓉、莲花三山围合之间，中部三江分隔，主要地貌为三江河谷冲积平原，山麓处有少量台地、阶地分布，城市建设用地绝大部分比较平坦。韶关老城区建成区海拔多在 100 米以下，2 公里以内有海拔 200 米~500 米丘陵环抱，形成一带状菱形盆地，老城区处于盆地中央，三江汇聚的河谷地带，城市建设用地绝大部分比较平坦，整体格局属于城在山中，水穿于城的盆地型山水城市。老城区所在山间盆地，地势比较低矮，有从两旁向中间河谷递降的趋势。再往外围，则有海拔 1000 米以上高山环绕，因为市域地貌上具有"三山两谷"特征，山地地形地貌丰富多样。

　　西联新城区即芙蓉新城，三面为芙蓉山脉环绕，西南向面临北江，中间为一面积约 20 平方公里的岩溶平原。芙蓉山西南侧岩溶地貌发育，平原上常有孤峰、残峰突起，溶洞、石山、石芽、漏斗、洼地遍布。点缀的石山较低矮，散布于平原上，比高一般在 100 米以下，山形突兀奇特，山体以石灰岩为主构成，不易保持水土，普通植被难于生长，这类石山总体形态类似园林盆景。石背窝水库附近为溶蚀洼地，水库为岩溶漏斗发育而成，水质良好，深藏于芙蓉山体之间。因为所处平原相对较为宽阔，平缓，山水分布比较突兀，不连贯。西联新区的山水面貌可概括为"小山片水"，是一种较为典型的喀斯特地貌，因特殊的石灰岩溶蚀作用而形成。

　　市区周围 2 公里以外即有海拔 200 米左右的丘陵，呈大致环抱之势，主要有皇岗、芙蓉、莲花三山围绕，市区内还有帽峰山、老虎岩等一些小山头零星点缀分布。皇岗山位于市中心北部 2 公里，山形峻逸挺拔，史载为郡治祖山，山顶海拔 494.4 米，为市区最高点。芙蓉、莲花二山较皇岗山低矮，分列东西，迤逦南去，山形和缓，连绵数里。近年来，随着城市的发展，三山的部分和一些小山头已经成为市区的构成要素。浈、武两江江面宽度都在 200 米上下，于老城区中心汇聚为北江后蜿蜒南去。因而市区山水尺度均非常宜人，又贴近城市，易于近人。从市区的任何一点出发，步行十分钟以内，都可以接触到自然山水。

　　韶关三江（浈江、武江和北江）、三山（皇岗山、芙蓉山、莲花山）山水交融，交相呼应、重峦迭嶂，绿树成荫，构成了山水地貌的城市地方特色。韶关这种得天独厚的山水构成环境确实为创造宜人而美好的山水城市提供了良好的物质环境基础，具有十分难得的建构山水城市风貌与景观的潜质，应借鉴"山水城市"的理念，积极打造"山水城市"。

山水城市的形成与中国传统的山水文化及山水观有着密切的关系。中国古代文化思想的核心是"天人合一"，多是围绕着人如何了解自然、融合自然这个主题展开的。正确看待山水文化与山水观，不仅仅是思想层面的问题，也是文化思想与技术相结合的问题。"山水城市"概念最早出现于 20 世纪 90 年代初，主要是为了指导城市化进程中的城市规划和城市设计而出现的，但至今尚未形成统一定义。

钱学森先生在 1990 年 7 月 31 日给清华大学吴良镛教授的信中提出了"山水城市"的理念。"山水城市"概念在钱学森提出以后，经过学界多年的探讨，虽然没有形成一个统一的定义，但山水城市的理念已经得到了大家的认同，它的核心思想也基本达成共识。顾孟潮先生把山水城市的核心思想概括为："尊重自然生态，尊重历史文化；重视现代科技，重视环境艺术；为了人民大众，面向未来发展。"[1]钱学森先生提出："社会主义中国应该建山水城市"，并积极倡导 21 世纪中国未来城市发展"山水城市"模式，引起国内普遍广泛关注和响应，对现代城市化进程、城市规划和城市设计具有重要指导意义。山水城市是未来中国城市的理想模式，也即是 21 世纪中国城市风貌与景观建构的终极目标。

"山水城市"是作为对当今时代城市建设目的的思考而产生的，是人类对其赖以生存、生活环境的思考，其主旨是追求人、自然与城市的和谐。因此作为 21 世纪中国特色城市发展模式，"山水城市"的追求是一个具有良好的生态环境、突出的城市特色、深厚的文化底蕴的理想人居环境。"山水城市"根植于中国古典传统文化和历史，同时融合了当今的"可持续发展观、生态学"等理念，具有深刻的规划内涵和时代性。"山水城市"应体现人工环境与自然环境相协调发展，其最终目的在于建立"人工环境"与"自然环境"相融合的人类聚居环境。

"山水城市"的深层含义反映出人类对其赖以生存和生活的环境的理解，它追求的是人、自然与城市的和谐，所以应该涉及人类居住环境的一切功能与环境因素，将山水城市的研究与我国古代传统的风水理论、现代的城市规划、城市设计、环境艺术等理论和科学技术的研究结合起来，将我国的城市

---

〔1〕 鲍世行、顾孟潮主编：《山水城市与建筑科学》，中国建筑工业出版社 1999 年版，第 424 页。

规划理论引向更高的层次。〔1〕"山水城市"是在现代城市理论和建设实践发展的基础上，以民族文化为内涵，以高科技技术为手段，以特定的城市地理环境为条件，创造人与自然、人与人相和谐的，具有地方特色和中国风格的，最佳人居环境的中国城市艺术空间。其要点是：①"山水城市"是人与自然，即社会与自然和谐的城市。②"山水城市"是追求人与人相和谐的城市，即理想的最佳社会环境城市。③"山水城市"是推进人类社会由宗教文化时代、科学文化时代走向艺术文化时代的人居空间。④"山水城市"不是自然经济时代的皇家园林与私家园林，而是属于全体城市居民的未来时代的艺术城市整体。〔2〕"山水城市"理念的提出反映了现代社会人们对其赖以生存、生活的城市环境的思考，对人、自然与城市的和谐发展的追求，对城市环境的一种理解与期望，体现了人们对理想城市环境的追求，对具有特色的城市未来发展模式的一种积极探索。"山水城市"不仅是要保持良好的自然生态环境，还应具有因地制宜的人工规划与设计，增加和丰富城市的人文内涵，协调好人与自然、社会的关系，塑造人与自然和谐的城市可持续发展环境。

今天韶关的城市风貌与景观理应继承与发扬这种特色，建设粤北现代山水名城。从物质基础条件来看，韶关在四个方面拥有显著优势：〔3〕①市区周围较为平坦的山间河谷盆地拥有相当的面积，随着现代科学技术的发展，韶关周围拥有足够的适宜人类社会生存发展的用地和水源。目前韶关市区风貌与景观虽然不尽如人意，少数地方也存在破坏自然环境的现象，但整体上人与自然的冲突相对不大，有利于营造人与自然和谐的城市风貌与景观。②市区建成区及周围的自然山水呈现良好的层次与格局，远近皆宜；为城市风貌与景观建设提供了极好的背景铺垫与利用基础。③韶关气候宜人，利于引导市民开展户外活动，使城市社会活动从室内自然延伸至室外，从而促进人工环境与自然环境的融合。④韶关市区及周围的自然山水类型多样，各具特色，天然具备一定的形式美，有利于在城市景观塑造中发挥匠心独运的艺术构思。

〔1〕　温春阳、周永章："山水城市理念与规划建设——以肇庆市为例"，载《规划师》2006 年第 12 期。

〔2〕　王铎、王诗鸿："'山水城市'的理论概念"，载《城市发展研究》2000 年第 6 期。

〔3〕　吕泱："山水城市风貌与景观规划研究——以粤北中心城市韶关为例"，重庆大学 2005 年硕士学位论文。

韶关市是国家园林城市，拥有丰富的自然资源以及三江六岸独特的地理环境，青山环绕，绿水映城是韶关市的真实写照。韶关市"三山"应突显山水城市特点，加大生态美城力度，持续推进城市提升工作。一是突显"三江"的绿水。充分发挥"三江"交汇的优势，临江河堤绿道、休闲区域或河堤边开设市民亲水区域，设置足够的安全保护措施，提供广大市民洗涤、戏水场所，重点围绕防洪与休闲两大功能加快河堤改造建设，形成韶关河堤建设新景观。二是彰显"三山"的青山。充分发挥市区"三山"环抱的优势，高标准规划建设"三山"生态环境保护，打造宜居和旅游于一体的"三山"生态环保带，市民休闲、健身、娱乐等的好去处。围绕保护与规划、建设与开发做文章，充分发挥生态优势，努力实现高质量发展，实现"三山"生态环境可持续发展，把韶关建成"绿水青山"的生态之城。推进芙蓉山森林公园、皇岗山森林公园、莲花山森林公园建设，打造"山水特色鲜明的岭南历史文化名城"。严格控制周边建筑，显山露水。对周边的建筑物形态、风貌、距离设定严格的标准。凡是对"山水城市"保护不利，甚至影响"山水城市"风貌的项目，不管其经济利益有多大，都坚决不批、不建。

在这样的大背景下，《条例》关于"三山"的保护充分考虑了韶关山水城市、山水交融的特色，提出秉持"林在城中、城在林中、融城于山、融山于城、山城相融、山水相融"的建设理念，打造"山水城市"，城市建设走出一条独特的模式。《条例》提出秉持"林在城中、城在林中、融城于山、融山于城、山城相融、山水相融"的建设理念是对韶关建设"山水城市"理念的落实与贯彻，《条例》的实施也必将推动韶关山水城市建设，以及"三山"的保护工作。

（二）打造城市森林公园

党的十六大提出，全面建设小康社会的目标之一就是可持续发展能力不断增强，生态环境得到改善，资源利用效率显著提高，促进人与自然的和谐，推动整个社会走上生产发展、生活富裕、生态良好的文明发展道路。为了达到这个目标，发展必须要有新思路，要注重经济发展和人口、资源、环境相协调。党的十七大将"建设生态文明"作为实现全面建设小康社会奋斗目标的新要求之一，党的十八大则把生态文明置于科学发展观"五位一体"的战略框架中。党的十八届五中全会提出了"创新、协调、绿色、开放、共享"五大发展理念。党的十八大以来，中国特色社会主义生态文明建设的成效非常显著，"全党全国贯彻绿色发展理念的自觉性和主动性显著增强，忽视生态环境保护的状况明显改变。生态文明制度体系加快形成，主体功能区制度逐步健全，国家公园体制试点积极推进。全面节约资源有效推进，能源资源消耗强度大幅下降。重大生态保护和修复工程进展顺利，森林覆盖率持续提高。生态环境治理明显加强，环境状况得到改善。引导应对气候变化国际合作，成为全球生态文明建设的重要参与者、贡献者、引领者"。[1]

党的十九大既延续了党的十八大对生态文明建设的重视，又结合绿色发展理念，尤其是习近平新时代中国特色社会主义思想，把生态文明建设提到了一个新高度，深化了生态文明建设的新理念，对绿色发展和生态文明建设进行了新部署，提出了社会主义生态文明新时代发展目标。生态文明建设与发展是当今社会发展的需要，也是未来社会发展的必然趋势。生态文明蓬勃发展的良好势头大力推进了城市林业的建设与发展，而城市森林公园作为城市生态文明建设与发展的重要载体，其建设有利于"生态文明"这一伟大战略部署的实施，在促进区域旅游业、林业发展的同时，有利于弘扬城市生态文明，助推城市生态文明建设与发展。因此，城市森林公园的建设与发展既是我国城市林业发展的需要，也是生态文明建设与发展的要求。

党的十九大提出，要加快生态文明体制改革，建设美丽中国，大力推行生态文明建设是中国"十三五"规划的一个重点方向。从"十三五"规划之人与自然的和谐发展到党的十九大之人与自然的和谐共生，再一次表明我们党建设的现代化是包含生态文明建设在内的现代化，既要创造更多物质财富和精神财富，也要提供更多的优质生态产品，以此主动适应社会主要矛盾的转化和人民日益增长的优美生态环境需要。坚持问题导向，逐步形成节约资源和保护环境的空间格局、产业结构、生产方式、生活方式，还自然以宁静、和谐、美丽。为此，提出要大力推进绿色发展，要着力解决突出的环境问题，要加大生态系统保护力度，要改革生态环境监管体制。这充分表明，中国特色社会主义生态文明建设从认识到实践都发生了历史性、转折性和全局性变化。

高质量的生态环境在建设现代化城市过程中是不能忽视的，对于加强城

---

〔1〕　习近平：《决胜全面建成小康社会 夺取新时代中国特色社会主义伟大胜利——在中国共产党第十九次全国代表大会上的报告》，人民出版社 2017 年版，第 5~6 页。

市生态文明建设来说，创建国家森林城市方兴未艾，势头强劲，打造城市森林公园引起国内多个城市的关注。城市森林公园是城市社会公益开发性公园，以特定城市为依托，以本地市民为主要服务主体，为其提供以森林生态旅游为主题的场所，满足其假日郊游、回归自然等户外活动需求，具有发展潜力大、可操作性强和影响范围广等特点。森林公园作为城市森林生态系统的一部分，在维护城市生态系统平衡、净化空气、过滤尘埃、消除噪声和调节气候等方面发挥着重要作用，同时还兼有人与自然和谐共处的重要载体，与美化城市、提高城市地价和优化营商环境等综合功能。

现代生态城市发展摸索中，越来越注重生态城市建设，人们越来越认识到森林对改善城市环境质量、保护人类健康的重要性，20世纪60年代中，北欧一些科学家根据现代城市出现的弊端，提出将森林引入城市，使城市坐落在森林中的理念。所谓城市森林公园是位于城市或离城市不超过一小时经济距离范围内，面积在2公顷以上，通过保留、模仿或修复地域性景观来构建主要环境，以保护、营建具有地域性、物种多样化和自我演替能力的森林生态系统来改善城市生态系统，同时提供与森林生态过程相和谐的休闲、娱乐、健身、游览和体验等活动的公共园林。[1]

森林公园是具有一定规模和质量的森林风景资源和环境条件，可以开展森林旅游，并按法定程序申报批准的森林地域。[2]森林公园的建设，在城市化进程中对改善城市生态环境能起到重要的作用。森林公园是城市的"肺"，对于改善城市生态环境具有重要的作用和意义，是城市生态系统的重要组成部分，不仅为人们提供休闲、娱乐和度假的场所，而且有净化空气、防止污染、调节气候的作用，具有森林生态系统的功能。森林公园因其拥有良好的生态环境和丰富的景观资源，经过多年的发展，森林公园旅游已成为我国旅游产业的重要组成部分，森林公园也就成为人们游览观光、休闲度假和运动疗养的主要旅游目的地。

现代意义上的城市公园概念起源于美国，由美国19世纪下半叶最著名的规划师和风景园林师奥姆斯特德提出，他提出的城市公园设计六大原则即：①保护自然景观，某些情况下自然景观需要加以恢复或进一步加以强调；②除

[1] 国卿、王英雷："试论城市森林公园概念的界定"，载《黑龙江科技信息》2011年第35期。
[2] 陈戈、夏正楷、俞晖："森林公园的概念、类型与功能"，载《林业资源管理》2001年第3期。

了在非常有限的范围内，尽可能避免规则式设计；③保持公园中心区的草坪或草地；④选用乡土树种；⑤路网规划应成流畅的曲线，并形成循环系统；⑥全园靠主要道路划分不同区域。奥姆斯特德被认为是美国风景园林学的奠基人，他提出的城市公园设计六大原则的理念深深影响了之后一个世纪的城市公园设计。众所周知的纽约中央公园，就是奥姆斯特德主持设计的城市公园的杰出代表作。

城市公园不同于城市森林公园。城市公园的景观风貌相较城市森林公园来说，则更为精巧、美观、整洁，提供的活动空间也更多元，整体功能偏重于满足人们不同的活动需求。植物配植往往讲究的是垂直与水平方向层次的变化，植物品种选择也侧重不同季节的观赏特性，并且往往会留出大片的活动草坪。即使有些城市公园会有意识地划出自然林地区域，它与完全以近自然林为基底的城市森林公园还是有所区别。城市森林公园的主体是近自然林系统的营造，关注食物链、生态链的完整度。从地下、地表至灌丛、树梢营造不同的生态环境。人更多的是作为观察者及其生态效益的受益者，换而言之，城市森林公园并不为人提供更多视觉上的刺激，整体环境是自然而质朴的。

城市森林公园是城市公园和城区的森林公园的有机结合，兼具二者的特质。城市森林公园是位于城市或城郊范围内，具有一定面积，以森林植物景观为主体，为提高城市绿地多元功能而建造的更高层次的绿化形式，通过保留、模仿或修复等手段形成地带性森林结构群落景观，同时为城市居民提供以自然景观为特色的休闲、娱乐、健身、游览、生态体验等活动的城市公共园林。城市森林公园不同于城市公园，也与远离城市的森林公园有着较大的差别。城市森林公园既是城市绿地系统的重要组成部分，又是城市生态系统中的关键组成部分，是具有森林生态系统和城市公园双重功能的城市基础设施。[1]

城市森林公园位于城市建成区内，与城市联系密切，具有一定的森林生态系统功能，还具备休闲活动、运动健身等活动空间。所以，城市森林公园具备森林的景观外貌及结构特征，营建具有地域性、物种多样性和自我演替

---

〔1〕　张无敌、丁琨："城市森林公园在现代城市建设中的作用"，载《农业与技术》2006 年第 4 期，第 7~8 页。

能力的森林生态系统，能够改善城市生态环境，发挥森林生态服务功能，同时兼顾休闲、游憩、健身、科普等功能，满足广大市民森林游憩、观光、游览、休闲、健身、科普教育和生态文化体验等社会需求。

现代城市森林公园是位于城市当中并以粗放的森林景观为主的城市公共绿地，同时为市民提供以森林景观为特色的游憩休闲场所。随着生态城市的建设，城市森林公园以其独特的生态优势成为城市生态绿地建设的新导向。城市森林公园应结合其所在城市特色进行设计，以森林文化、宣传森林生态知识结合特色场地文化，形成"城市+森林"的模式。所谓城市森林公园，既是城市绿化的主要组成部分，又是城市生态系统中最关键、最重要的组成部分，是具有森林生态系统和城市公园双重功能的城市基础设施。所以，在进行城市规划、设计、建设时，若忽视了森林公园的规划、设计、建设，这对城市的建设和发展将是十分不利的。

城市森林公园在现代城市发展中有重要功能。城市森林公园的主要功能有：①改善城市居民的生活环境，为市民提供休闲、娱乐、度假等方面的场所，以此达到市民安居乐业之目的，从而有助于社会治安的好转。②森林公园不但能减少城市周围的大气污染、噪声污染，而且在净化饮用水源上有独到的功能。每公顷森林每年能吸附 6.8 吨灰尘，有些森林植被还能有效地吸附硫氢化物、氮氧化物等有毒物质。③森林植被的独特功能恰恰在于它能利用二氧化碳，并使之转化为氧气。每公顷阔叶林每天所释放的氧气足够 1000 人的日需氧量。④森林还是良好的消音器，50 米宽的森林公园树木带可使交通噪音减少 20 分贝~30 分贝。⑤森林植被有助于增加空气中的水分含量，对调节气候起着非常重要的作用。从以上几点分析不难看出，城市森林公园在改善城市生态环境中确实起到了必不可少的重要作用。

对于韶关来说，建设城市森林公园具有良好的物质基础和外在条件。韶关森林资源丰富，韶关是一个"八山一水一分田"的山区市，拥有丰富的森林资源和森林生态系统，素有"南岭生物基因库"和"珠江三角洲生态屏障"之称。近年来，韶关市开展了森林碳汇造林、乡村绿化美化、森林（湿地公园）建设等林业重点生态工程建设，实施了城区扩容提升三年行动计划，为创建国家森林城市打下了扎实的基础。韶关辖区内森林和野生动植物资源丰富，森林生态系统保持良性循环，生态优势独特，森林生态系统稳定，生态旅游资源丰富，生态建设成效明显，森林覆盖率、林地面积、活立木蓄积量和自然保护区面积均居广东省各地级市首位。

韶关地处广东省"一核一带一区"区域发展新格局中的北部生态发展区，生态区位重要，为贯彻落实党的十九大精神和习近平总书记关于生态文明建设系列重要讲话精神，围绕"建设生态之城、品质之城、幸福之城"总体目标，以"城市、森林、民生"为主题，以建设美丽幸福韶关为主线，积极主动融入珠三角，筑牢广东南岭山地森林及生物多样性生态屏障，充分发挥该市丰富的森林资源和绿水青山优势，利用蕴含良好的森林生态系统和森林景观的自然条件，深入实施"森林进城、森林围城"战略，大力推进建设广东绿色生态第一市、全国文明城市、粤北生态特别保护区、全国绿化模范城市和新农村建设，努力构建以森林植被为主体的国土生态安全体系，切实改善生态环境，努力实现人与自然和谐相处，促进经济社会全面协调可持续发展，进一步提高"森林之市、生态韶关"的城市生态品位，韶关市积极创建国家森林城市，并制定了《韶关市创建国家森林城市工作方案》。韶关市高度重视创建国家森林城市工作，构建"政府主导、群众参与、部门配合、上下联动、整体推进"的创建机制，形成各部门联动、全社会共建的"创森"工作大格局，力争2022年成功创建国家森林城市。

创建国家森林城市，"三山"就是重要的物质基础条件，不可或缺。我国森林公园发展背景多以国有林场为基础，因此，关于森林公园的一般概念大多延续了国有林场转型为旅游实体的改革思路。韶关也不例外，韶关市森林公园起源于"三山"的国有和集体林场，近些年，因韶关社会经济发展、城市化运动不断推进，原本离城市较远的"三山"森林公园也逐渐进入城市区，成为事实上的城市森林公园。

但现代城市建设如火如荼，为了防止破坏韶关市的生态环境品质，以"三山"为基础规划城市森林公园就变得尤为重要。韶关城市森林公园建设应该加强顶层设计和总体定位，树立生态文明理念，探索新时代城市森林公园特色之路。

正是基于以上考虑，《条例》规定：利用"三山"自然风景资源，建设可供公众游览、休闲、科学考察和进行文化教育等活动的城市森林公园。

### 第五条　[市、区政府及部门职责]

市人民政府应当将"三山"保护工作纳入国民经济和社会发展规划，将"三山"保护所需经费列入市本级预算，统筹协调"三山"保护工作。

市林业主管部门负责"三山"保护的监督管理工作。市城乡建设管理、自然资源、生态环境、文化旅游、公安、财政等有关部门按照各自职责，协同做好"三山"保护的相关工作。

浈江区、武江区和曲江区人民政府在辖区内协助做好"三山"保护工作。

## 【导读与释义】

本条是关于《条例》授权政府及部门职责的规定。

（一）《条例》将"三山"保护工作国民经济和社会发展规划，所需经费列入市本级预算

《地方各级人民代表大会和地方各级人民政府组织法》第 59 条第（五）项规定了地方政府的公共管理职权管理范围："……（五）执行国民经济和社会发展计划、预算，管理本行政区域内的经济、教育、科学、文化、卫生、体育事业、环境和资源保护、城乡建设事业和财政、民政、公安、民族事务、司法行政、监察、计划生育等行政工作；……"那么，市人民政府应当将"三山"保护工作纳入国民经济和社会发展规划，这就明确了"三山"保护工作是市政府及下级政府以及管理部门的职能权限所在，有管理的义务。

但仅将"三山"保护工作纳入国民经济和社会发展规划，还远远不够。因为，"三山"保护工作需要大量的人力、财力作为开展工作的保障。目前"三山"保护工作没有专项保护经费，使保护工作不能系统地、全面地、规范地开展。许多基础性工作因资金短缺而受到影响，极大地制约了"三山"保护的规划与建设、开发与管理、保障与监督工作等。

　　"三山"保护工作是一项公益事业，世界各国经验表明，作为社会公益性事业，政府财政拨款是保护区建设与管理的主要经济来源。一方面，对于"三山"保护来说，长期以来，由于保护工作资金投入严重不足，极大地制约了"三山"保护事业的发展。另一方面，韶关市属于欠发达地区，韶关市地方财政比较紧张，"三山"保护日常运行经费投入不足，严重影响了对生物多样性和自然资源的有效保护。

　　《条例》将"三山"保护经费列入各级政府的财政预算，具有重要意义，解决了"三山"保护所需要经费的后顾之忧。"三山"保护经费列入预算具有现实意义。一是可以摸清"三山"公共资源的实际情况，对"三山"管理的资源情况做全面统计，在此基础上建立统一的"三山"资源管理制度；二是由有关专家组成的评估机构要按市场经济发展的要求对"三山"管理经费需求情况以及"三山"的发展情况进行评估，包括对"三山"职能机构的设置、人员编制、人员经费进行分析，在此基础上确定"三山"管理经费支出的基本框架；三是通过预算促使"三山"管理建立项目库，实行滚动预算，促使"三山"通过项目的形式，有规划、有步骤地开发、建设和保护。四是有助于社会监督，现代社会强调信息公开制度，公共预算向社会公开，"三山"保护所需经费列入市本级预算也不例外。"三山"保护所需经费列入市本级预算要经过市人大审批后向社会公开，利于民众监督，确保预算经费专款专用。

　　所以，《条例》规定："市人民政府应当将'三山'保护工作纳入国民经济和社会发展规划，将'三山'保护所需经费列入市本级预算，统筹协调'三山'保护工作，意在强化政府管理'三山'的职能与经费保障。"

　　（二）明确政府主管部门"三山"保护的职责

　　党的十八大把法治政府基本建成确立为到2020年全面建成小康社会的重要目标之一，意义重大、影响深远、任务艰巨。十八届三中全会决定要求，在省市县三级全面推行政府权力清单制度，通过对各级政府部门的职责清理，切实解决政府的越位、缺位与错位问题，依法取消不符合全面深化改革要求的行政权力，落实必须由政府行使的权力，优化权力在政府内部的纵向横向配置，公开每一项权力的依据和运行流程，为推进机构编制管理科学化、规范化、法制化夯实基础。省级政府2015年年底前、市县两级政府2016年年底前基本完成政府工作部门、依法承担行政职能的事业单位权责清单的公布工作。

十九大报告要求全面依法治国，必须坚持厉行法治，推进科学立法、严格执法、公正司法、全民守法。为此，全国人大及其常委会和有立法权的国家机关要担负起宪法实施职责，深入推进科学立法、民主立法，依法立法；全国人大及其常委会要加强对宪法和法律实施情况的监督检查，健全监督机制和程序，坚决纠正违宪违法行为；地方各级人大及其常委会要依法行使职权，保证宪法和法律在本行政区域内得到遵守和执行。

党的十八大、十九大报告中法治政府的理念强调政府法治，各级政府作为国家权力机关的执行机关和国家行政机关，负有严格贯彻实施宪法和法律的重要职责，要规范政府行为，切实做到严格规范、公正文明执法，维护公共利益、人民权益和社会秩序。政府及部门职责法定，严格依法履责。2018年，国务院关于落实《政府工作报告》重点工作部门分工的意见（国发〔2018〕9号）要求全面加强政府自身建设，全面推进依宪施政、依法行政。严格遵守宪法法律，加快建设法治政府，把政府活动全面纳入法制轨道。坚持严格规范公正文明执法，有权不可任性，用权必受监督。

党的十八大、十九大报告中强调依法治国、法治政府，那么，依法治国要求国家应当"依法律而治"，国家的行政应当受到法律的制约，在行政权层面上则体现为依法行政、职权法定，因此实际上是使得行政活动得到法律依据。政府权力行使必须明确按照职权法定的原则即"无法律即无行政"，严格遵循法律优先和法律保留原则，行政权力行使和重大决策做到有法可依。

法治的政府理念应当是坚持"有限的政府"原则，即法治政府要求政府必须是有限的，有限政府主要体现在两个方面：第一，行政职权的行使是有限的，不能依靠行政主体及其工作人员简单拍拍脑袋，必须严格依照"法"的规定；第二，行政权所产生的责任是有限的，即不属于行政职范围的事项无须承担相应的法律后果。

有限政府理念要求政府的职权是法定的，即职权法定。职权法定即政府的权力是法所设定的，政府的权力是有限的，是具体的、明确的。职权法定在现代国家治理理念中具有里程碑式的意义，这一理念是对有限政府的具体化，意味着政府权力的行使及责任都需要由"法"预先设置。职权法定是指行政机关所行使的职权必须有法律规定，任何机关不得超越法律的授权。其特点包括：行政机关的创设具有法律依据，行政机关的权力来源于法律授权，行政机关在权限范围内行使权力符合法律的规定，即主体合法性、授权明确性和权力行使的合法性或主体法定、适用法定和程序法定。

职权法定作为政府权力的根本规范，其核心内涵可以概括为三个方面：①行政职权的取得必须依法，没有法律的依据，行政职权就没有其存在的合理性，也就失去了对抗其他组织或者个人的强制力和优先性。职权的法定渊源有三种，一是行政机关依法成立时即合法取得的权力，这是行政机关固有的权利；二是由法律、法规或者规章特别授予；三是由有权的行政机关依照法律的规定委托的权力。②行政职权的行使必须依法，包括适用条件、程序、处理方式等必须严格依照法律的规定，拥有法定职权的行政机关、组织及其成员，必须严格按照授权法规定职权范围、行为方式及程序，谨慎地行使自己手中的职权。③违反法定职权必须承担责任。没有法定的职权而作出的行政行为是无效的行政行为，这样的行政行为不可能在现实生活中产生实际的效果，也不可能实现作出这一行政行为的行政机关、组织或者个人所欲达到的目的。行政机关、组织及其成员超越其所拥有的职权的范围、违反法定的程序和行为方式，所作出的行政行为也是无效的，有关行政机关或者人民法院可以在依法提起的行政复议及行政诉讼中撤销这类行政行为。行政机关、组织及其成员违反行为职权对行政管理相对一方造成损害的，按照《国家赔偿法》的规定，应当由行为的作出机关承担赔偿责任，具体参与该违法行为的个人有过错或者严重过失的，依照法律、法规或者规章的规定，还要承担内部的行政责任。有限政府和职权法定促使法治改革的终极目的就是强调权责清单的法治化属性，通过系统化的法治权责清单建设，让实施权责清单的政府及其职能部门明确监督权责清单，权责清单的内容实际上完全依附于法律，权力和责任的具体内容完全依照法律规定，政府职能部门做到权力行使必须有清单。

党的十八届三中、四中全会公报中相继提及了权责清单制度，这直接促成中央与地方各级政府全面开展和大力推行该项制度。党的十八届三中全会提出，推行地方各级政府及其工作部门权责清单制度，依法公开权力运行流程。在新时代全面深化改革的背景下，推行权责清单制度，实际上是权力运行的外部保障，既是对权力的约束，也是对权力运行及其理念的强化。权责清单的出现实际上是通过权力整合的方式，对已经过法律法规规定的行政权力进行整理和归纳，将其放置在统一的规范性文件之中，也即依据法律、法规对行政权进行细化。[1]权责清单实际上是中央和地方各级行政机关在具体的行政管理过程中对行政职权的整合所形成的"清单",是法律法规所规定的行政机关从种类数量、条件程序、监督制约等角度对权力的具体化,是源于对现有法律所规定的行政权力进行审查、分析、整理的过程,其实质上是准立法行为。[2]

权责清单制度的提出是"将权力关进制度笼子""让权力在阳光下运行"的制度实践,中央设立权责清单的出发点便是配置更加完善和明晰的权责配置网络,协调各个权力,使之合理有效地运行。[3]对于权责清单而言,其实施有助于推进依法行政和责任政府理论与实践的进一步发展,让政府能够分门别类、条理清晰地明确自己法定职权和政府责任,政府该做什么、不该做什么,政府的权力到底有多大,行政权力行使的情况如何,有没有越权或滥用权力等,违法行为应当承担法律责任,形成违法行为与法律责任之间的逻辑联系。当然,权责清单的设定不能随意进行,权责清单的设定必须符合法律法规,不得与法律法规相抵触,当权责清单与法律法规相冲突时必须优先适用法律法规。

通过权责清单的制度形式,法律确定政府权力及其运行的边界、范围,既能够使政府权力合法、合理地运行,政府职能更好地发挥,又能够消除权力的"暗箱操作",从源头上杜绝权力滋生腐败。同时,更是在法治政府的建设过程中为政府行使权力注入新的法治理念。通过设置权责清单制度,摸清了行政权力家底,明确划定政府权力范围,廓清了法律法规规定得概括、模糊的方面,使得政府权责更加清晰,也让行政主体和行政相对人都能一目了然。细化后的权责清单要求行政机关必须履行职权和职责,并且告诉行政主体,这就是你的权力行使范围,在此范围的,行政主体有权也有责任去行使,而不属于其范围的,则不能行使,否则将被依法追究法律责任,从而减少了行政机关越权行政、违法行政、不作为等可能性,最大限度地避免了越权或监管缺位等现象的发生,从根本上或源头上控制和规范行政权。权责清单制度为从制度上规制权力,将权力关进制度的笼子,有着重要的意义。权责清

---

〔1〕 方涧、邢昕:"论权力清单与职权法定的内在逻辑",载《广西政法管理干部学院学报》2016年第9期。

〔2〕 林孝文:"地方政府权力清单法律效力研究",载《政治与法律》2015年第7期。

〔3〕 刘同君、李晶晶:"法治政府视野下的权力清单制度分析",载《法学杂志》2015年第10期。

单制度可以界定公职人员的权力范围，将权力限定在一个固定的边界和范围内，有利于解决由于权力界定模糊而造成的权力滥用和腐败；从公众视角来看，政府权责的明晰有利于公众知情权和监督权的行使；从规制政府权力的角度来看，政府权责的明晰有助于我国法治政府建设；政府权力的公开、透明，能够防止政府权力的滥用，对于推进我国治理体系和治理能力现代化建设具有重要意义。

在地方层面上，以地方性法规形式对权责清单的内容予以法制化。对地方政府权责清单法制化比较简易的路径有两种方式：一是地方政府规章的形式，二是地方性法规的形式。但地方性法规不同于政府规章对行政权力进行的控制和监督。

地方性法规设定权责清单界定地方权力机关对行政权的监督，是以地方性法规的形式对权责清单内容进行法制化，可以充分体现地方人民的意志，可以有效发挥地方权力机关的监督作用。而且，以地方性法规的形式体现权责清单内容，可以作为行政诉讼的依据，如果行政主体不按照权责清单内容认真履行，行政相对人可以提起行政诉讼，权责清单的内容将作为法院审理行政案件的裁判依据，以更好地发挥司法权对行政权的监督。地方性法规要对权责清单制度实施情况规定更为具体的法律责任，对超越权责清单范围、未按权力行使流程图行使行政权力等的各种违法行为，苛以严格法律责任；对侵害行政相对人合法权益的行为，规定具体的救济程序。

但地方政府规章和地方性法规相比，地方性法规可以较好的方式发挥作用。因为，地方政府规章设定权责清单制度属于自己规范自己，地方政府往往有自身利益，甚至存在利益寻租的行为，所以，对有代表民意的权力机关设定政府的权责清单比较好。

《条例》规定：市林业主管部门负责"三山"保护的监督管理工作。市城乡建设管理、自然资源、生态环境、文化旅游、公安、财政等有关部门按照各自职责，协同做好"三山"保护的相关工作。浈江区、武江区和曲江区人民政府在辖区内协助做好"三山"保护工作，是根据2015年修订后的《立法法》赋予了设区市地方立法权。

所谓地方立法权，是指有立法权的地方国家机关，按照宪法和法律的规定或者授权，根据本地区的政治、经济、文化生活的特点，制定、修改、废止地方性法规和地方规章的活动。这一活动，使地方立法主体在本区域的管辖范围内能够创制出规范性的法律文本。[1]地方立法主体在本区域的管辖范围通过创制规范性的法律文本苛以地方政府义务，明确地方政府的职责。

1982 年 12 月 4 日第五届全国人民代表大会第五次会议通过的，由全国人民代表大会公告公布施行的《宪法》第 100 条规定："省、直辖市的人民代表大会和它们的常务委员会，在不同宪法、法律、行政法规相抵触的前提下，可以制定地方性法规，报全国人民代表大会常务委员会备案。"2000 年 3 月 15 日第九届全国人民代表大会第三次会议通过的《立法法》第 63 条（2015 年《立法法》修正案第 72 条——笔者注）规定，"省、自治区、直辖市的人民代表大会及其常务委员会根据本行政区域的具体情况和实际需要，在不同宪法、法律、行政法规相抵触的前提下，可以制定地方性法规。"[2]2015 年 3 月 15 日第十二届全国人民代表大会第三次会议修正的《立法法》（以下简称《立法法》）第 72 条第 2 款规定："设区的市的人民代表大会及其常务委员会根据本市的具体情况和实际需要，在不同宪法、法律、行政法规和本省、自治区的地方性法规相抵触的前提下，可以对城乡建设与管理、环境保护、历史文化保护等方面的事项制定地方性法规，法律对设区的市制定地方性法规的事项另有规定的，从其规定。设区的市的地方性法规须报省、自治区的人民代表大会常务委员会批准后施行。省、自治区的人民代表大会常务委员会对报请批准的地方性法规，应当对其合法性进行审查，同宪法、法律、行政法规和本省、自治区的地方性法规不抵触的，应当在四个月内予以批准。"第73 条规定："地方性法规可以就下列事项作出规定：（一）为执行法律、行政法规的规定，需要根据本行政区域的实际情况作具体规定的事项；（二）属于地方性事务需要制定地方性法规的事项。除本法第八条规定的事项外，其他事项国家尚未制定法律或者行政法规的，省、自治区、直辖市和设区的市、自治州根据本地方的具体情况和实际需要，可以先制定地方性法规。在国家制定的法律或者行政法规生效后，地方性法规同法律或者行政法规相抵触的规定无效，制定机关应当及时予以修改或者废止。设区的市、自治州根据本条第一款、第二款制定地方性法规，限于本法第七十二条第二款规定的事项。制定地方性法规，对上位法已经明确规定的内容，一般不作重复性规定。"

[1] 汤唯等：《地方立法的民主化与科学化构想》，北京大学出版社 2006 年版，第 1 页。
[2] 杨临宏：《立法法原理与制度》，云南大学出版社 2011 年版，第 98 页。

韶关市作为设区市，广东省人大常委会于 2015 年 5 月 28 日根据《立法法》的规定赋予韶关市人大常委会地方立法权，为韶关市地方立法机关取得地方立法权提供了法律上依据。从《立法法》关于设区市地方立法权规定的内容来看，韶关市地方立法机关的立法权的法定性主要体现在以下几个方面：①不得同宪法、法律、行政法规和本省、自治区的地方性法规相抵触；②仅局限于"城乡建设与管理、环境保护、历史文化保护"等三个具体领域，其他领域由于没有法律上依据而不享有地方立法权；③为执行法律、行政法规的规定，需要根据本行政区域的实际情况作具体规定的事项；④属于地方性事务需要制定地方性法规的事项；⑤除《立法法》第 8 条规定的事项外，其他事项国家尚未制定法律或者行政法规的，设区的市、自治州根据本地方的具体情况和实际需要，可以先制定地方性法规。

《条例》也是对国务院《法治政府建设实施纲要（2015-2020 年）》的具体落实和实施。国务院颁布的《法治政府建设实施纲要（2015-2020 年）》明确要求法治政府建设的总体目标是：经过坚持不懈的努力，到 2020 年基本建成职能科学、权责法定、执法严明、公开公正、廉洁高效、守法诚信的法治政府。大力推行权责清单、责任清单、负面清单制度并实行动态管理。在全面梳理、清理调整、审核确认、优化流程的基础上，将政府职能、法律依据、实施主体、职责权限、管理流程、监督方式等事项以权责清单的形式向社会公开，逐一厘清与行政权力相对应的责任事项、责任主体、责任方式。

（三）《条例》明确林业主管部门"三山"保护的法定职责

森林资源是人类最宝贵的财富之一，在维持和改善人类赖以生存的自然生态环境、提供人类生活、生产所需等方面作出了巨大贡献，其所带来的社会效益、生态效益和经济效益是不可估量的。森林资源既然有巨大的效益，就需要人们对其采取必要的保护性措施并大力促进其更新、再生。森林资源的利用活动包括各种林业生产、经营活动，如要求有关森林经营单位和组织制定森林经营方案，确定林种和用途，规范森林、林木和林地使用权的转让活动等。森林资源的保护是具有公益性的，国家应当采取必要的保护措施，防范个人的、局部的私利对森林资源的侵占；森林资源的保护也具有多样性，国家应当采取措施对发挥生态效益的森林，以及野生动植物资源等实行特殊的保护。同时，保护措施也是多方面的，包括对人为破坏行为的防范措施，如设置森林公安、护林员、木材检查站等，对盗伐、滥伐森林或者林木的行为予以制止，对木材的运输进行管理和监督；对自然灾害、病虫害等森林损害的防范；对采伐活动的限制，如采伐许可证制度等；一些经济扶植、补偿措施，如造林长期贷款，征收育林费，建立林业基金、森林生态效益补偿基金、征用或者占用林地需缴纳森林植被恢复费等。可以说，多方面、多层次的、有效的保护是森林资源利用的前提。

如果森林资源没有严格、有效的保护、合理利用和及时更新，尤其在当今生产力水平高速发展、人口迅速膨胀、自然资源开发过度的情况下，将会迅速枯竭，并会严重危及人类的生存环境。近些年来，森林资源所能够提供的相关产品也远远满足不了国内庞大的经济规模的需求，乱砍滥伐、侵占林地等违法行为时有发生，森林火灾、病虫害也较为严重，这些"人祸""天灾"，也严重威胁我国的森林资源。这些都充分说明，严格保护森林资源，对森林资源的合理利用和及时更新实行管理和监督是一项十分必要的工作，也是造福国家和人民，并荫及子孙后代的一项长期的、艰巨的任务。

所有这些都需要通过立法赋予政府法定职责保护、管理和监督森林资源，这是维护人类切身利益的重要手段。对于森林资源的保护、利用有其正当性，职能法定化是依法治国的基本要求，是国家和社会发展的需要，需要通过立法赋予政府及政府职能部门保护森林资源的法定职责，即政府保护森林资源的法定职责与功能用法律法规的形式明确和固定下来。立法的形式确定政府职责，厘清政府职能部门的职责，政府及其职能部门就负有保护森林资源的法定职责与义务，政府及其职能部门未履行相应的义务才会产生法律意义上的"责任"。政府责任实质上是一个追责体系，因此，在立法过程中，厘清不同职能部门的监管职责是关键。政府职责具有法定性、明确性和强制性等特点。这种法律上的义务是由政策和法律明确规定的，具有明示性、规范性、权威性，政府不履行政府职责就构成政府失职，应当承担相应的法律责任。

《森林法》赋予各级林业主管部门是森林资源的管理和监督机构，对森林资源的保护、利用，实行管理和监督，《森林法》赋予各级林业主管部门的主要职责。对森林资源的保护、利用和更新活动进行管理和监督，就需要各级林业主管部门依据法律、法规的规定，制定相应的办法和制度，将这些行为纳入依法管理的轨道，使森林资源在有效保护、合理利用和及时更新这一良性循环中实现森林可持续发展和永续利用。各级林业主管部门对森林经营管理中的行为依法具有监督和管理的职责。《森林法》同时也赋予了林业主管部门相应的执法权，林业主管部门对违反《森林法》的行为依法采取相应措施，予以处理。

《条例》依据《森林法》，并结合"三山"的实际情况，规定了政府及林业主管部门及其他相关部门的职责："市人民政府应当将'三山'保护工作纳入国民经济和社会发展规划，将'三山'保护所需经费列入市本级预算，统筹协调'三山'保护工作；市林业主管部门负责'三山'保护的监督管理工作。市城乡建设管理、自然资源、生态环境、文化旅游、公安、财政等有关部门按照各自职责，协同做好'三山'保护的相关工作；浈江区、武江区和曲江区人民政府在辖区内协助做好'三山'保护工作。"

《条例》这样规定，一是贯彻落实党的十八大、十九大的法治政府的精神，建设法治政府于法有据，政府及其主管部门、管理机构行使"三山"管理职能是法律上的依据，职责是法定的，来自地方法规的授权。《条例》明确规定了市、县两级人民政府，市林业主管部门对"三山"保护的职责，以及有关部门按照各自职责，协同做好"三山"保护的相关工作。有利于充分发挥各相关职能部门的作用，做到监督管理于法有据，对"三山"保护的政府职责明确，便于操作。

《条例》这样规定，有助于政府及林业主管部门履行职责，对乱作为或不作为的行为承担法定责任。按照现在立法公开的原则，《条例》向社会各界公布，政府及其主管部门、管理机构关于"三山"保护的权责清单往往都被置于市人大常委会、市及武江区、浈江区政府等政府机关的门户网站，其中"三山"保护的权责实施依据、责任事项、追责情形都非常清楚，权力运行的关节点、内部管理的薄弱点一目了然，这便于行政相对人和其他社会公众更直接地了解行政机关的权责所在。

第六条　[管理机构职责]

"三山"保护管理机构负责"三山"的日常保护和管理工作，履行以下职责：

（一）参与编制"三山"保护规划；

（二）参与组织、实施和监督"三山"自然、人文资源的管理与利用；

（三）制定"三山"保护管理制度，开展日常巡查管理工作；

（四）组织开展"三山"保护的宣传教育活动；

（五）配合有关主管部门做好"三山"保护的相关工作；

（六）市人民政府赋予的其他职责。

【导读与释义】

本条是关于"三山"管理机构的职责。

**一、授权具有公共管理职能的社会组织管理权限的必然性**

资本主义国家初期信奉"管的最少的政府是最好的政府"，推行自由放任的政策，国家只承担"守夜人"的角色。正如亚当·斯密所说，最好的政府，就是最廉价的、最无为而治的政府。所以，国家或政府的职能应当限制在相当狭窄的范围内，如国防、司法和公共事业[1]。受这种理念支配，资本主义国家初期国家行政主要停留于秩序行政，国家的主要职能是维持社会秩序、国防、外交等，社会发展由"看不见的手"的市场推动运行。但由于市场经济本身所具有的"盲目性"等缺陷，导致"市场失灵"。政府不得不介入市场进行政府干预，行政机关的管理职能得到全面扩张，国家行政由消极的秩序行政逐渐走向积极的福利行政、给付行政。

---

[1]　[英]亚当·斯密：《国民财富的性质和原因的研究》（下卷），郭大力、王亚南译，商务印书馆1972年版，第252~253页。

给付国家或福利国家背景下，国家不仅应该保障个人自由，而且还应为个人提供充分的生存条件或福利保障，以促进个人幸福，随着服务行政的兴起，国家在社会生活中充当了越来越重要的角色，国家提供从摇篮到坟墓的服务。福利行政、给付行政充分发展的结果导致了政府管理公共事物范畴的逐步扩大，政府职能迅速扩张，政府权力大为膨胀，行政干预社会、经济的力度得到全面加强，出现"行政国"现象。政府职能扩张也带来一系列的负面影响，诸如政府财政困难、机构臃肿、人员繁多、效率低下等现象，即"政府失灵"。政府一方面面临满足民众对公共服务需求质与量的日增，另一方面面临政府财政危机等困境。

为了解决政府危机，满足民众对公共服务需求，受西方发达资本主义国家兴起的新公共管理理论、治理理论等理论影响，20世纪70年代以来，以英国撒切尔政府为首的政府率先进行公共行政改革。到20世纪后期，西方各国纷纷掀起一股行政改革浪潮，形成了一场持续至今的新公共管理运动，其重要价值导向之一是实现由"以政府为中心"的重管制模式向"以满足人民的需求为中心"的公共服务模式转变。这场运动以"改进公共服务质量和效率"为目标，放松管制和实行民营化策略，实现政府"瘦身运动"和"苗条国家"。

公共行政改革打破了国家行政机关垄断行政职权的局面，具有公共事务管理职能的组织可能被授予其他新兴的新型行政管理权限。原来国家行政机关所垄断的行政职能逐渐向社会转移，特定社会组织开始承担起部分公共行政职能，即社会组织亦可履行原本只有行政机关享有的公共责任，实现公共目标，向社会提供公共物品和服务的过程中所体现出来的功效与作用。社会组织多体现为非政府组织，伴随公共行政改革过程，政府行政职能转变以及公民对公共管理事务的参与，公共行政的内涵发生了重大转变。国家行政机关已不是唯一的公共行政主体，各种非政府组织甚至是私人也可以成为公共行政主体。社会组织甚至是私人也可以成为公共行政主体是公共行政改革以及政府行政职能转变的必然结果，正如昂格尔所言"日益明显的是这些组织以准公共方式行使的，影响其内部成员生活的权力使人们更难保持国家行为与私人行为的区别"。[1]由于行政活动的广泛性及复杂性，某项行政事务可能

---

[1] [美]昂格尔：《现代社会中的法律》，吴玉章、周汉华译，中国政法大学出版社1994年版，第118页。

由非行政机关的社会组织管理的情形有不少，法律、法规授权的组织在实践中大量且广泛存在。

在我国，习惯用"法律、法规授权的组织"来指代行政机关以外的行使行政权的社会组织，这些社会组织行使公共管理职能，授权主体通过法律、法规、规章授权权力转移到具有公共管理职能的社会组织。法律、法规授权的组织是指依具体法律、法规授权而行使特定行政职能的非国家机关组织。所以，我国的"法律、法规授权的组织"应当被理解为"通过法律、法规授权获得权力的组织"。即授权主体制定相关法律、法规授权，"法律、法规"是授权媒介，授权社会组织行使一定的公共权力，享有一定的公共管理权限，具有行政主体资格。

"法律、法规授权的具有管理公共事务职能的组织"（简称"法定公共职能组织"），是中国特有的立法术语[1]。在立法规范结构中，"法律、法规授权的具有管理公共事务职能的组织"和"法律、法规授权的具有公共事务管理职能的组织"两种称谓并用，其无实质差别，用以指称享有特定的行政管理权限和公法上权利义务的新型行政主体。[2]"法律、法规授权的具有管理公共事务职能的组织"最初出现在我国的《行政诉讼法》中，后来"法律、法规授权的组织"的称谓见于《国家赔偿法》和《行政诉讼法》及其司法解释以及国务院及其部门和地方政府关于行政执法资格的规范性文件中。2014年修订后的《行政诉讼法》第2条第2款规定："前款所称行政行为，包括法律、法规、规章授权的组织作出的行政行为。"但该条款在《行政诉讼法》中是一个孤立的存在，根据现行行政法规范体系无法对"法律、法规授权的组织"的含义作出清晰的界定。行政法学和行政诉讼法学上的"法律、法规授权的组织"，是指依具体法律、法规授权而行使特定行政职能的非国家机关组织。在我国，"法律、法规授权的组织"不仅是学术用语，而且是法律概念，其作为一种独立的行政主体，得到了我国相关法律的承认。比如，《行政处罚法》第17条规定："法律、法规授权的具有公共事务职能的组织可以在法定授权范围内实施行政处罚。"

---

[1] 于立深："法定公共职能组织的资格、权能及其改革"，载《华东政法大学学报》2016年第6期。
[2] 于立深："法定公共职能组织的资格、权能及其改革"，载《华东政法大学学报》2016年第6期。

## 二、法律、法规授权组织的内涵

社会组织很多，但不是说什么社会组织都可以通过法律、法规授权，具有公共管理职能，享有行政主体资格。法律、法规授权的组织主要有以下几种：

（1）事业组织。事业组织是指为国家创造或改善生产条件，从事工农业生产服务活动，不以盈利为目的的单位。

（2）社会团体。社会团体虽然不是行政机关，不属于行政系统，但法律、法规往往授权它们行使某些行政职能，如各种行业协会，它们有依法律、法规的授权管理本行业的某些行政事务的权力。

（3）基层群众性自治组织。基层群众性自治组织是指城市和农村按居民、村民居住的地区设立的居民委员会和村民委员会。

（4）企业组织。企业组织主要是行政管理的对象，但在特定情况下，法律、法规也可授权其行使一定行政职权。

（5）各种技术检验、鉴定机构。对一些需要运用专门知识、专门技能、专门设备进行检验鉴定的事务，法律、法规通常授权由一些有关的技术性机构办理。

这几种类型的组织在享有公共事务职能时具有如下四个特征：

（1）从实务经验上判断，法定公共职能组织作为被授权的行政主体须同时具备四个条件。①办公经费（主要）来自国家财政经费，并实行或者比照实施公务员编制，其人员须接受公务员纪律处分的约束。②具有管理公共事务的独立能力和独立范围，其针对的是行政机关剩余的公共事务。③有法律或法规的专门授权。④具有公共事务管理职能的组织不是行政机关或其分支机构、内设机构及派出机关或机构。市场经营组织虽然可能被授予一定的行政权，可以作为法律授权或委托组织，例如商业银行可以收缴少量假币或者被委托行政罚款，具有行政主体资格，但是这并不表明商业银行是公共职能组织，其获得的仅仅是一项特别授权而已。[1]

（2）在性质上，法定公共职能组织的内涵和外延更狭窄，它是一种新型的行政管理主体，虽然其权限也来源于授权，但是其本身是独立于行政机关

---

〔1〕　于立深："法定公共职能组织的资格、权能及其改革"，载《华东政法大学学报》2016 年第 6 期。

的公共组织。

（3）法定公共职能组织排除了行政机关及其内部机构。有学者认为法律授权组织的行政职权并非来源于宪法和组织法，而是来自于有权机关以法律法规或规章形式的授权，授权对象主要包括事业单位、社会团体、基层群众性自治组织、工会、共青团和妇联，还包括行政机关的内设机构和派出机构。在实务中，法律授权组织虽然是执法机构，但通常不是行政机关，也有地方政府将内设机构、分支机构和派出机构排除在授权组织之外。

（4）法律授权组织通常涉及行政执法资格和行政被告身份等问题，而法定公共职能组织更具有行政组织法意义，不局限于行政执法或者诉讼法意义。法定公共职能组织是与行政机关平行的新型机构，其源于公务存在的特殊性，而法律授权组织是为了解决公务执行的便利性和便宜性。

法律、法规授权的组织是我国行政法上造出的概念，是指根据法律、法规的规定，可以以自己的名义从事行政管理活动、参加行政复议和行政诉讼并承担相应法律责任的非政府组织，被授权的组织享有法律、法规所授予的特定的行政职权，属于行政主体。例如，《行政处罚法》规定法律、法规授权的具有社会公共管理职能的社会组织可以在授权范围内行使行政处罚权。允许全国人大通过制定基本法律授权的具有社会公共管理职能的社会组织和特定社会组织行使行政处罚权。

这种授权，在本质上是国家权力机关配置行政权，通过法律、法规的形式授权特定社会组织行使公共权力，承担法律责任。"法律、法规授权的组织"所享有的权力是国家行政权，是一种国家公权力；授权主体在授权以后，就不再继续享有相同的权力，而是拥有对授权对象行使行政行为的监督权。特定组织获得授权的方式有两种，一种是全国人大及其常委会以立法的方式进行授权，一种是其他有权机关通过制定法规、规章的方式授权。例如，《行政处罚法》第17条规定："法律、法规授权的具有管理公共事务职能的组织可以在法定的授权内实施行政处罚权。"本《条例》"授权市人民政府设立的'三山'保护管理机构负责'三山'的日常保护和管理工作，履行以下职责"，属于地方法规授权情形。

法律、法规授权组织的法律地位体现在以下三个方面：①被授权组织在行使法律、法规所授职权时，享有与行政机关相同的行政主体地位。②被授权组织以自己的名义行使法律、法规所授职权，并承担相应法律后果。③被授权组织在执行其被授职权以外的自身职能时，不享有行政权，不具有行政主体的地位。

这里还需要指出的是，实践中，不仅有法律、法规授权组织，还有委托组织。例如《行政处罚法》第18条规定："行政机关依照法律、法规或者规章的规定，可以在其法定权限内委托符合本法第十九条规定条件的组织实施行政处罚。行政机关不得委托其他组织或者个人实施行政处罚。委托行政机关对受委托的组织实施行政处罚的行为应当负责监督，并对该行为的后果承担法律责任。受委托组织在委托范围内，以委托行政机关名义实施行政处罚；不得再委托其他任何组织或者个人实施行政处罚。"第19条规定："受委托组织必须符合以下条件：（一）依法成立的管理公共事务的事业组织；（二）具有熟悉有关法律、法规、规章和业务的工作人员；（三）对违法行为需要进行技术检查或者技术鉴定的，应当有条件组织进行相应的技术检查或者技术鉴定。"

法律、法规授权的组织和行政机关委托的组织的区别：

两类组织的共同点：①都是非政府组织。不是国家机关，是国家机关以外的社会组织。②都具有管理公共事务的职能。如果这个组织不具有这个职能，就没有必要授权或者委托它行使行政权。比如读者在国家图书馆实施行政违法行为，因为国家图书馆的管理具有公共性，法律就应当授予国家图书馆一定的行政权进行干涉。如果学生在学校图书馆里面捣乱，学校可以根据学校纪律进行处理，没有必要行使行政权。两类组织的不同点：①权力来源不同。一个来源于法律、法规的授权，一个来源于行政机关的委托。②行使权力的名义不同。法律、法规授权的组织以自己的名义行使权力，行政机关委托的组织以委托机关的名义行使权力。③承担责任的主体不同。法律、法规授权的组织自己承担责任，行政机关委托的组织不承担责任，其行为由委托机关承担责任。④组织的性质不同。法律、法规授权组织既可以是企业组织，也可以是事业组织。行政机关委托的组织只能是事业组织。行政的公共性和企业组织的盈利性是水火不容的，所以被委托的组织不能是企业组织。但是，企业组织可以被授权，这是在迫不得已的情况下，比如行政机关改制为企业，遗留下来的行政权，或者是特大型企业内部有一些公共的事务。

### 三、《条例》授权市人民政府设立的"三山"保护管理机构的具体职责

根据党的十八届三中、四中全会决定的精神，一方面，通过推进权力清

单制度，进一步明确政府、市场、社会在社会治理体制中的作用边界，在此基础上进一步优化党委与政府之间，各级政府之间以及政府各部门之间的权力配置，形成有效的运行机制，增强社会管理的合力；另一方面，长期受到抑制的市场力量和社会力量还不足以发挥应有的作用，需要一个培育和逐步承接政府转移职能的过程，加快形成党委领导、政府负责、社会协同、公众参与、法治保障的社会治理体制。

《条例》第5条明确规定政府以及政府之间、整治职能部门之间的职责，《条例》第6条规定了承接政府转移职能的机构——"三山"管理机构的职责。《条例》第6条规定："市人民政府设立的'三山'保护管理机构负责'三山'的日常保护和管理工作，履行以下职责：（一）参与编制'三山'保护规划；（二）参与组织、实施和监督'三山'自然、人文资源的管理与利用；（三）制定'三山'保护管理制度，开展日常巡查管理工作；（四）组织开展'三山'保护的宣传教育活动；（五）配合有关主管部门做好'三山'保护的相关工作；（六）市人民政府赋予的其他职责。"

《条例》通过地方法规的形式授权市人民政府设立的"三山"保护管理机构享有六项公共权力：

（一）参与编制"三山"保护规划

总体规划是在一定区域内，根据国家社会经济可持续发展的要求和当地自然、经济、社会条件，对土地的开发、利用、治理、保护在空间上、时间上所做的总体安排和布局。专项规划是指国务院有关部门、设区的市级以上地方人民政府及其有关部门，对其组织编制的工业、农业、畜牧业、林业、能源、水利、交通、城市建设、旅游、自然资源开发的有关规划，简称为专项规划。专项规划是针对国民经济和社会发展的重点领域和薄弱环节、关系全局的重大问题编制的规划，是总体规划的若干主要方面、重点领域的展开、深化和具体化，必须符合总体规划的总体要求，并与总体规划相衔接。

韶关市有总体规划，如《韶关市城市总体规划（2015-2035年）》已获省里批准，而"三山"保护规划是一项专项计划，"三山"保护的专项规划要符合韶关市的总体规划。对于"三山"保护规划而言，涉及多个部门，如自然资源局、林业局等，多部门在市政府领导下协调一致，编制"三山"保护规划。就"三山"保护管理机构来说，它事实上享有和履行管理"三山"职能，最清楚如何保护"三山"。所以，《条例》这里规定，对于制定保护

"三山"规划的活动，"三山"保护管理机构享有参与编制的权利，最大限度地把主管业务部门的意见反馈到保护规划中，使规划更有可操作性和可执行性。

（二）参与组织、实施和监督"三山"自然、人文资源的管理与利用

所谓自然资源就是自然界赋予或前人留下的，可直接或间接用于满足人类需要的所有有形之物与无形之物。资源可分为自然资源与经济资源，能满足人类需要的整个自然界都是自然资源，它包括空气、水、土地、森林、草原、野生生物、各种矿物和能源等。自然资源为人类提供生存、发展和享受的物质与空间。社会的发展和科学技术的进步，需要开发和利用越来越多的自然资源。"三山"的自然资源包括森林、山岭、溪流、湿地、地质遗迹、野生动植物等。所称人文资源，是指人类社会所创造的、具有特定历史意义与价值的物质和精神成果的总和，包括古文化遗址、古建筑、近现代重要史迹和代表性建筑、宗教活动场所、非物质文化遗产等。"三山"的人文资源众多，包括芙蓉古刹、蓉山丹灶、矿业遗迹、韶阳楼、莲峰樵唱、莲峰清韵、"舜帝南巡奏韶乐"的虞帝祠等。

无论是"三山"自然还是人文资源，"三山"管理机构都有义务和责任参与组织、实施和监督自然资源和人文资源的管理与利用；这一款明确"三山"管理机构的职责和义务，具有可操作性和可执行性。

（三）制定"三山"保护管理制度，开展日常巡查管理工作

《条例》属于立法规范，不可能面面俱到，"三山"管理机构负责具体管理。而现代管理需要规则导向，制度先行。为贯彻落实《条例》，"三山"管理机构结合实际情况，进一步落实责任，"三山"管理机构建立健全具体"三山"保护的管理规章制度和日常巡查制度。这样，有利于将"三山"保护落实到实处，避免保护流于形式。

（四）组织开展"三山"保护的宣传教育活动

"三山"是韶关城市的"肺"，韶关市民休闲娱乐的好去处，保护"三山"必须深入民心，让每一个人都行动起来，自觉地参与到"三山"保护的队伍中来。"三山"管理机构有义务组织开展保护"三山"宣传教育活动，组织开展生物多样性科普宣教活动，助力韶关市创建森林城市。

（五）配合有关主管部门做好"三山"保护的相关工作

"三山"保护是一个综合的、系统的工程，涉及多个政府主管部门，包括

上级主管部门。"三山"管理机构作为基层的具体的管理机构，直接管理"三山"更熟悉情况、更了解"三山"如何保护。《条例》规定"三山"管理机构有义务配合有关主管部门做好"三山"保护的相关工作，职责明确，避免职责不清，相互推诿。

（六）市人民政府赋予的其他职责

本款作为兜底条款，市政府根据实际情况和发展的需要，可以授权"三山"管理机构部分公共职能，这样的条款设计具有周延性，留足余地，防止对于新涌现的事务管理职能的推诿和职责缺失。

**第七条** ［生态保护补偿制度］

市人民政府应当加大对"三山"保护的政策扶持，建立生态保护补偿制度，依法维护村集体和村民合法权益。

**【导读与释义】**

本条是关于建立生态补偿制度，维护村集体和村民合法权益的规定。

生态是人类生存的基础及活动的载体，是一切存在物的总和，同时也是人类发展的物质来源。生态安全具有生态系统的整体性、生态破坏的不可逆性和生态恢复的长期性等，任何局部环境的破坏，都有可能引发全局性的灾难，生态一旦遭到破坏，要想解决就要在实践和经济上付出很高的代价。党的十八大报告将生态文明建设置于社会主义建设的突出位置，将生态文明建设与经济、政治、文化、社会建设统一于中华民族永续发展的总布局中。这是我党第一次将生态文明建设写入执政治国的总体部署，形成了国家发展的"五位一体"战略。为了生态建设的需要，不可避免地会牺牲某种经济利益，根据"谁受益、谁负担"原则，受益者应该给予生态保护者一定经济利益的补偿，即生态补偿。生态补偿通过激励积极的生态保护行为和为生态利益牺牲经济利益的消极生态保护行为，不仅能够平衡生态保护地区的生态利益和经济利益，而且能为生态保护地区的可持续发展提供资金等保障，从而改善生态环境，使生态保护地区成为生态保护的特定受益群体。生态保护补偿是调动各方积极性、保护好生态环境的重要手段，是生态文明制度建设的重要内容。党的十八大和十八届三中、四中、五中全会精神，强调牢固树立创新、协调、绿色、开放、共享的发展理念，按照党中央、国务院决策部署，不断完善转移支付制度，探索建立多元化生态保护补偿机制，逐步扩大补偿范围，合理提高补偿标准，有效调动全社会参与生态环境保护的积极性，促进生态文明建设迈上新台阶。

生态保护补偿包括重点领域补偿、重点区域补偿和地区间补偿。

重点领域包括森林、草原、湿地、荒漠、海洋、水流、耕地七大领域。森林生态保护补偿的重点是健全公益林补偿标准动态调整机制。草原生态保护补偿的重点是合理提高退牧还草工程标准和新一轮草原生态保护补助奖励政策。湿地生态保护补偿的重点是通过退耕还湿试点探索建立湿地生态效益补偿制度。荒漠生态保护补偿的重点是开展沙化土地封禁保护试点，研究制定鼓励社会力量参与防沙治沙的政策措施。海洋生态保护补偿的重点是完善现有补偿制度，研究建立国家级海洋自然保护区、海洋特别保护区生态保护补偿制度。水流生态保护补偿的重点是在重要的水功能区全面开展生态保护补偿。耕地生态保护补偿的重点是完善耕地保护补偿制度，建立以绿色生态为导向的农业生态治理补贴制度。

重点区域补偿包括重点生态功能区和禁止开发区。重点生态功能区生态保护补偿的重点是继续推进生态保护补偿试点示范，统筹各类补偿资金，探索综合性补偿办法。划定并严守生态保护红线，研究制定相关生态保护补偿政策。禁止开发区生态保护补偿的重点是健全国家级自然保护区、世界文化自然遗产、国家级风景名胜区、国家森林公园和国家地质公园生态保护补偿政策。将青藏高原等重要生态屏障作为开展生态保护补偿的重点区域。将生态保护补偿作为建立国家公园体制试点的重要内容。

地区间补偿主要是继续推进南水北调中线工程水源区对口支援、新安江水环境生态补偿试点，推动在京津冀水源涵养区、广西广东九洲江、福建广东汀江—韩江、江西广东东江、云南贵州广西广东西江等区域开展跨地区生态保护补偿试点。研究制定以地方补偿为主、中央财政给予支持的横向生态保护补偿机制办法。

对于韶关市"三山"来说，生态保护补偿包括重点领域补偿，主要是森林生态保护补偿，重点区域补偿主要是生态功能区，对于"三山"而言主要就是生态功能区内的森林生态保护补偿。森林生态保护补偿对于"三山"来说，操作起来是比较困难的，因为"三山"范围内森林资源产权比较复杂，存在着国有林场基础上转变的森林公园，国有产权，还存在政府租用农民集体林地上的集体产权。

无论集体产权森林资源还是国有产权森林资源生态保护补偿，首先，都应坚持一定原则：①"权责统一、合理补偿。谁受益、谁补偿。"科学界定保护者与受益者权利义务，推进生态保护补偿标准体系和沟通协调平台建设，加快形成受益者付费、保护者得到合理补偿的运行机制。②政府主导、社会参与。发挥政府对生态环境保护的主导作用，加强制度建设，完善法规政策，创新体制机制，拓宽补偿渠道，通过经济、法律等手段，加大政府购买服务力度，引导社会公众积极参与。

其次，建立健全林业生态效益的补偿机制。在人类的历史发展过程当中，森林是人类的养育者，人类离不开森林，二者互相依存，缺一不可。从法律上规定对森林资源实行保护性措施，对于保护森林资源以及促进林业的发展，具有十分重大的现实意义和深远的历史意义。

森林效益包括经济效益、生态效益和社会效益 三个方面。森林是国家的宝贵资源，它不但能提供木材和其他林产品等经济效益，对人类生存、生育、居住、活动以及在人的心理、情绪、感觉、教育等方面所产生的社会效益，而且具有涵养水源、防风固沙、保持水土、调节气候、改善环境和防治空气污染等多种生态效益。"三山"范围内的森林覆盖大多数是防护林和特种用途林，大都属于生态公益林。

生态公益林建设取得了很大的成绩，但这些森林资源只有生态和社会效益，主要是为了保持水土、涵养水源、调节气候、美化环境等服务，无法进行市场交换，造林营林的投入无法通过市场交换得到回收和补偿。如果国家对经营这部分森林资源再没有补偿，就会产生"少数人投入，全社会受益"，"相对贫困地区投资，相对富裕地区受益"的不合理现象。

由于生态公益林不能砍伐利用，其建设和经营需要国家财政支持，在财政困难的情况下，生态林建设经营者无经营收入，又得不到经济补偿，有关的管理机构普遍处于经营困难。因此，有必要建立生态效益补偿机制解决这一问题。生态公益林的生产经营者的劳动成果服务于全社会，其损失补偿应由政府负责统筹，建立森林生态效益补偿机制，补偿生产经营者，是取之于民、用之于民。保证从事林业生态公益事业建设的林场职工和农民有持久投入的积极性和承受能力，使林业生态公益事业正常运转，持续、快速、健康发展。

森林生态效益补偿金是一项服务社会、受益全民的公益事业；是提高生态环境效能，转变经济增长方式，提高人民生活质量，实现国民经济可持续发展的重要基础。用立法的形式确定建立森林生态效益补偿金制度，是我国在社会主义市场经济条件下，实现经济建设与环境保护协调发展的一项决策。

发展森林资源，不但有巨大的经济效益，其生态效益方面的功用更是难以估量，为此要制定灵活高效的补偿标准，合理利用资金。为促使林业的进一步发展，保护森林的生态效益，必须进一步完善我国生态效益的补偿体系。在接受中央和广东省补助的同时，韶关市政府、武江区、浈江区政府应根据实际情况制定相应的生态补偿标准，同时建立激励机制，实施基本补偿之外的绩效补偿，从深层次上激发林农的经营潜力。要制定多元化的补偿方案，构建以资金补偿为主的多种补偿方式并存的生态效益补偿制度。健全国家和地方公益林补偿标准动态调整机制；完善以政府购买服务为主的公益林管护机制；合理安排停止天然林商业性采伐补助奖励资金。

但实践中，"三山"生态补偿机制有序推进生态保护补偿机制建设，取得了阶段性进展。但总体看，生态保护补偿的范围仍然偏小、标准偏低，保护者和受益者良性互动的体制机制尚不完善，存在诸多困难，农民的合法权益得不到全面的保障，特别是补偿资金筹措艰难，渠道非常单一，出现经费不足补偿不到位的情况。

目前，生态补偿主要是靠政策机制，国务院办公厅2016年5月13日正式发布实施《关于健全生态保护补偿机制的意见》（以下简称《意见》）（国办发〔2016〕31号），指导各省、市健全生态保护补偿机制，但是广东省生态补偿机制涉及补偿的标准、程序、方式等内容，对政府和接受补偿者的权利义务及法律责任规定非常简单，生态补偿行为没有持续性，不能更好维护环境资源生态价值的持续性。对资金使用过程中发生的违法行为只是规定追究相应的法律责任，对生态补偿行为没有实质的保障作用。

有一点需要指出的是，韶关市属于欠发达地区，经济不够活跃，政府财政紧张，对于生态补偿经费往往力不从心。但韶关市广东省的生态功能区，需要努力地积极争取广东省在生态保护补偿方面的经费，解决现有经费不足问题是当务之急。事实上，早在2012年，广东省财政厅便制定了《广东省生态保护补偿办法》，广东省原环保厅也表示，正组织开展"广东省生态补偿机制与政策研究"。2018年，广东省委提出以构建"一核一带一区"区域发展格局为重点，加快推动区域协调发展。改变传统思维，转变固有思路，突破行政区划局限，全面实施以功能区为引领的区域发展新战略，形成由珠三角核心区、沿海经济带、北部生态发展区构成的发展新格局，把粤北山区建设成为生态发展区，以生态优先和绿色发展为引领，在高水平保护中实现高质量发展。

在这样的政策大的背景下，韶关市按照广东省实施主体功能区规划的要求并结合韶关市的实际，积极探索建立生态保护补偿机制，争取广东省财政不断加大对生态保护的投入力度，通过转移支付对韶关市的重点生态功能区给予适当补偿，有效调动其保护生态环境的积极性，促进韶关市经济发展与生态环境相协调，可持续发展水平不断提高。

在全面推行依法治国背景下，就是要将法治理念运用到"五位一体"总布局建设的每一个方面，建设立体式的法律体系，培育、践行法治思维，充分说明了生态文明建设无疑是全面推行依法治国的应有之义。"三山"保护应紧紧抓住这个时代的契机，积极做好生态保护、水源涵养方面，适度开发一些旅游休闲产业，争取广东省财政更多的生态补偿经费。通过地方立法的形式，走法治的道路，确定建立生态保护补偿制度，建设生态法治文明。毋庸置疑，生态文明法治建设精神内核与诸项举措都与依法治国客观要求相一致，生态文明建设应当法制化、规范化。

《条例》规定：市人民政府应当加大对"三山"保护的政策扶持，建立生态保护补偿制度，依法维护村集体和村民因保护活动受损的合法权益。这样地方性法规形式明确规定建立生态保护补偿制度，依法维护村集体和村民因保护活动受损的合法权益，落实了国家和广东省关于生态补偿机制的精神，对韶关市制定生态补偿政策起着引领和推动作用，但《条例》这条规定还是过于简单、不易操作，还需通过市政府及主管部门，制定更加明确、具体的生态补偿，才可能落实生态保护补偿制度，依法维护村集体和村民因保护活动受损的合法权益。

"三山"的范围内林地产权比较复杂，是1993年经原国家林业部批准在国营韶关林场基础上建立的国家级森林公园，原规划包括皇岗山、莲花山，面积2746公顷，现韶关市人大、政府决定将邻近的芙蓉山也纳入公园范围，扩大后的公园面积为4388公顷，范围包括市区皇岗山、莲花山、芙蓉山。

但芙蓉山部分林地的产权性质不是国有的，而是集体的。根据韶关市政府工作会议纪要［2017］36号及韶关市武江区人民政府文件韶武府［2107］35号有关文件，将武江区芙蓉山部分集体林地通过租赁方式，划入韶关国家森林公园经营管理，合理保护和利用芙蓉山区域森林资源，发挥芙蓉山森林资源、社会、经济和生态等多种功能效益，落实"绿水青山就是金山银山"

的理念，并经村民会议表决通过。也就是说芙蓉山范围内存在集体和个人依法享有的林木所有权和其他合法权益。

保护林农及承包造林的集体和个人的合法权益，直接关系到林农和承包造林的集体和个人的生产积极性，而且也关系到保护森林资源及林业生产持续、稳定、协调发展和国家的长治久安。农业法对农业承包合同及农民的合法权益问题作了较为详细具体的规定，即"集体所有的或者国家所有由农业集体经济组织使用的土地、山岭、草原、荒地、滩涂、水面可以由个人或者集体承包从事农业生产。国有和集体所有的宜林荒山荒地可以由个人或者集体承包造林。个人或者集体的承包经营权，受法律保护。发包方和承包方应当订立农业承包合同，约定双方的权利和义务"。"国家鼓励个人或者集体对荒山、荒地、荒滩进行承包开发、治理，并保护承包人的合法权益。""国家保护农民和农业生产经营组织的合法财产不受侵犯。"

所以，本条规定："市人民政府应当加大对'三山'保护的政策扶持，建立生态保护补偿制度，依法维护村集体和村民合法权益。"这里，《条例》明确指出依法维护村集体和村民合法权益，针对"三山"范围内集体林地和村民合法权益，通过生态补偿机制给予立法上的保护。

### 第八条　[社会监督]

任何单位和个人有权举报、投诉破坏"三山"自然环境、人文景观和公共设施的行为。

"三山"保护管理机构应当建立监督举报制度，向社会公布举报信箱、投诉电话等联系方式，接到举报、投诉后应当及时处理。

## 【导读与释义】

本条是关于单位和公民个人监督权的规定

### 一、任何单位和个人对"三山"保护都有权监督权

1. 对国家机关及工作人员的监督权

我国宪法明确赋予公民监督权这一基本权利，并对公民监督权作出了原则性的规定。《宪法》总纲第 2 条第 1 款规定："中华人民共和国的一切权力属于人民。"第 3 款规定："人民依照法律规定，通过各种途径和形式，管理国家事务，管理经济和文化事业，管理社会事务。"这明确表明了我国遵循人民主权的原则，为公民监督提供了逻辑上的前提。现行《宪法》第 27 条第 2 款规定："一切国家机关和国家工作人员必须依靠人民的支持，经常保持同人民的密切联系，倾听人民的意见和建议，接受人民的监督，努力为人民服务。"第 41 条第 1 款更明确规定："中华人民共和国公民对于任何国家机关和国家工作人员，有提出批评和建议的权利；对于任何国家机关和国家工作人员的违法失职行为，有向有关国家机关提出申诉、控告或者检举的权利，但是不得捏造或者歪曲事实进行诬告陷害。"这些宪法规范从基本政治制度和公民权利角度无疑确立了人民的监督权。

"国家的一切权力属于人民"这一逻辑起点，公民对国家机关的活动和国

家机关工作人员的行为实施监督。监督权作为我国宪法赋予公民的一项基本权利，这既是公民参与民主政治的有效途径，也是人民主权原则的具体体现。公民监督权是公民参政过程中的一项不可或缺的内容，是国家权力监督体系中最具有活力的一种监督。监督权的法理基础是人民主权，它与公民选举权、被选举权、言论自由、重大事项的决定权和公决权等权利一样，是公民当家做主，参与管理国家和社会事务的权利。但公民监督权有自身的独特特点。

概括地讲，公民监督权的特点主要有以下几点：①公民监督权主体的广泛性。公民监督主体具有不特定性，不仅分布广泛，而且人数众多，遍布各个地区和不同行业。②公民监督活动的主动性。公民行使监督权，就其知道的线索积极向有关机关反映，基本上是为了维护自己、他人和社会的合法权益，具有主动性。③公民监督权内容的全面性。其监督内容既包括国家机关及其工作人员的职务违法行为，又可以包括职务行为以外的违法行为。④公民监督权方式的多样性。在我国民主政治中，公民可以自由选择书面或口头、显名或匿名等其认为合适的方式进行监督，行使监督权。既可以直接批评和监督国家机关及其工作人员，也可以通过大众传媒等多种方式来实施监督。

2. 对其他违法或不良行为的监督权

公民监督权是公民一项基本宪法权利，主要是针对国家机关及其工作人员的监督权，但除了国家机关及其工作人员的违法失职行为以外，还有其他违法或不良行为，公民一样有权利同违法或不良行为做斗争。

因为社会主义民主的本质和核心是人民当家做主，是最大多数人享有的最广泛的民主，国家一切权力属于人民。人民有权利通过各种途径和形式来参与社会与政治生活，通过各种途径和形式参与管理国家事务，管理经济和文化事业，管理社会事务。公民要勇于行使监督权，为了国家和人民的利益，要敢于同违法或不良行为进行斗争，勇于使用宪法和法律赋予的监督权。当然，公民必须采取合法方式，坚持实事求是的原则，不能干扰正常的公务活动和社会的、集体的、他人的合法权利与自由。

《条例》规定：任何单位和个人有权举报、投诉破坏"三山"自然环境、人文景观和公共设施的行为，正是考虑到公民的监督权，实行民主监督，对破坏"三山"自然环境、人文景观和公共设施的行为，任何单位和个人有权举报、投诉。这样规定既有利于改进促使"三山"管理机构更好地保护好"三山"，也有助于激发广大公民关心"三山"保护工作，体现主人翁精神。

## 二、举报、投诉破坏"三山"的违法行为是一项监督权利

我国《宪法》第 2 条明确规定:"中华人民共和国的一切权力属于人民。人民行使国家权力的机关是全国人民代表大会和地方各级人民代表大会。人民依照法律规定,通过各种途径和形式,管理国家事务,管理经济和文化事业,管理社会事务。"第 27 条第 2 款更是进一步规定:"一切国家机关和国家工作人员必须依靠人民的支持,经常保持同人民的密切联系,倾听人民的意见和建议、接受人民的监督、努力为人民服务。"

党的十七大报告提出要"加快推进以改善民生为重点的社会建设",其中重要的任务之一就是"完善社会管理,维护社会安定团结",并逐渐形成"党委领导、政府负责、社会协同、公众参与"的社会管理新格局。十八大报告则进一步提出要"充分发挥群众参与社会管理的基础作用","加强和创新社会管理,加快形成","党委领导、政府负责、社会协同、公众参与、法治保障"的社会管理体制,在社会管理的领域公众参与已成为一个重要的组成部分。

从我国宪法规定和党的十七大报告、十八大报告的内容可以看出,人民是国家的主人,有权参与管理国家事务,管理经济和文化事业,管理社会事务,在社会管理的领域公众参与是社会管理新格局。那么,对于国家权力的行使,国家事务的管理,经济和文化事业的管理,社会事务的管理,人民享有参与权与监督权,对于国家权力违法行使以及破坏国家事务、经济和文化事业、社会事务的管理的,人民享有举报的权利。举报是公民主动向有关国家机关报告违法的线索和情况,并请求依法查处的行为,它是公民行使监督权的具体表现。

举报权是公民所享有的一种受宪法保护的民主权利,任何公民都有权将自己了解和掌握的违法情况和线索向有关国家机关举报,任何单位和个人都无权阻拦、压制和干涉公民举报权的行使。举报人可以自由选择具名或匿名、书面或口头、电话交谈或当面交谈、径直举报或请人代转等自己认为合适的方式进行举报。

## 三、建立举报制度,便于举报权的实现

举报是公民的基本权利,维护和促进公民举报权的行使是举报制度建设

和完善的逻辑起点。举报人提出举报材料并不意味着监督行为的结束，在举报后直至作出处理的整个过程，公民都有权监督。举报人有权要求相关单位对自己提供的举报材料及时进行处理，对于处理的进程及处理的结果，举报人具有优先知情权。举报人要求查询处理结果，受理举报机关必须予以答复。因此，相关单位应该建立起举报制度，方便公民举报权利的实现。

首先，应健全举报受理机构。举报受理机构是受理举报的专门机构，它的设立是完善举报制度的组织保证。同时，举报机构应向社会公布工作人员名单、举报电话等，以便于人民群众举报知悉。

其次，完善举报制度。举报权作为公民的一项权利，必需依赖制度的具体化才能得到真实的保障与实现。通过制度，在举报人和举报受理机构之间必须形成一种良性的关系，才能真正保障举报权的实现。所以，为使公民的举报线索能够得到及时受理，举报材料能够得到认真的审查，举报案件能够得到及时处理，举报受理机构应该建立和完善举报制度。

具体包括以下制度：①受理。接受举报时，应根据举报人不同的方式对举报的有关线索和情况，做好记录，整理举报材料。②审查。举报机构接受举报后，要对举报材料认真审查。审查举报材料的具体内容和真实性并分别作出处理，对于举报材料具体明确、准确性较高的送有关机关并督促其及时处理，对于没有价值或不真实的举报材料，应不予采用。③回复。举报机构对每一个举报人除匿名、化名或不知道通讯地址等无法答复之外，都要回复举报人。④保密。在对举报案件的受理、审查和奖励举报人等过程中，对举报人的身份要绝对保密，维护举报人合法权益。⑤期限。根据举报案件的不同特点，明确规定举报的受理、审查、回复的期限，保证举报材料得到准确、及时的处理。

为保证举报机构有效地开展工作，应赋予举报机构以举报受理权、审查权、催办督促权、奖惩建议权等基本职权，同时，应建立举报人有获得奖励的制度，即有奖举报制度。有奖举报，也就是指行政主体为了公共利益，通过制定规范性文件或其他方式，公开承诺对提供特定信息的公民给予一定物质利益的行为。

举报是公民对国家、对社会具有强烈责任感的体现。通过发挥举报制度的作用，可以大大地节约国家的监督成本，提高社会监督的质量和效率。而且举报人为了举报还要承担相当大的风险，因此对于因为举报所耗费的交通、住宿、通讯、邮寄等费用，以及因举报所造成的误工费用，举报人都可以向受理举报机关要求补偿，但必须以举报案件属实并经查处为必须支出费用为限。对于有明确规定对举报者给予奖励的，举报人在案件审结后，有权要求有关单位兑现奖励。

《条例》规定："'三山'保护管理机构应当建立监督举报制度，向社会公布举报信箱、投诉电话等联系方式，接到举报、投诉后应当及时处理"，是对公民举报权的落实和具体化。"三山"保护范围很大，"三山"管理机构人员编制和经费都有限，单靠"三山"管理机构的力量是单薄的。通过建立监督举报制度，充分调动广大市民的监督积极性，通过举报的形式和破坏"三山"生态环境的违法行为作斗争，更好地保护"三山"的生态环境。

**第九条** ［鼓励行为］

鼓励、支持和引导单位和个人通过投资、捐赠、提供志愿服务、种植纪念树、营造纪念林等方式参与"三山"保护活动。

公众在"三山"保护范围内游览、观赏、休憩等活动应当遵守社会公德，举止文明，遵守"三山"保护的制度规定，爱护环境和公共设施。

**【导读与释义】**

本条是关于引导社会公众参与"三山"保护的规定。

**一、《条例》贯彻落实生态文明建设的精神**

党的十八大报告指出，大力推进生态文明建设，建设生态文明，是关系人民福祉、关乎民族未来的长远大计。面对资源约束趋紧、环境污染严重、生态系统退化的严峻形势，必须树立尊重自然、顺应自然、保护自然的生态文明理念，把生态文明建设放在突出地位，融入经济建设、政治建设、文化建设、社会建设各方面和全过程，努力建设美丽中国，实现中华民族永续发展。党的十八大从新的历史起点出发，作出"大力推进生态文明建设"的战略决策，描绘了今后相当长一个时期我国生态文明建设的宏伟蓝图，并把生态文明建设作为建设中国特色社会主义五位一体总布局的重要内容，这是努力建设美丽中国，实现中华民族和谐发展的重要战略部署，意义重大而深远。

党的十九大报告中，习近平总书记提出"树立和践行绿水青山就是金山银山"的理念，并将"树立和践行绿水青山就是金山银山"写入了中国共产党的党代会报告，且在表述中与"坚持节约资源和保护环境的基本国策"一并，成为新时代中国特色社会主义生态文明建设的思想和基本方略。同时，党的十九大通过的《中国共产党章程（修正案）》，强化和凸显了"增强绿水青山就是金山银山的意识"的表述。

十八大报告、十九大报告深入贯彻与落实，在全党全社会牢固树立社会主义生态文明观、同心同德建设美丽中国、开创社会主义生态文明新时代。新时代建设富强、民主、文明、和谐、美丽的社会主义现代化强国，我们每一个人都应该为生态文明建设的实现作出自己的独特贡献。

《条例》规定：鼓励、支持和引导单位和个人通过投资、捐赠、提供志愿服务、种植纪念树、营造纪念林等方式参与"三山"保护活动，正是贯彻落实党的十八大报告、十九大报告所提倡的生态文明建设精神的具体要求，每一个韶关市市民都应该积极参加到保护"三山"保护活动中来，通过自己的方式作出自己的贡献。

## 二、《条例》中这个条款内容指引人们规范自己的行为

党的十八届三中全会通过了《中共中央关于全面深化改革若干重大问题的决定》，要求推进法治中国建设。《中共中央关于全面深化改革若干重大问题的决定》指出要完善立法工作机制和程序，扩大公众有序参与，充分听取各方面意见，使法律准确反映经济社会发展要求，更好协调利益关系，发挥立法的指引和推动作用。对于地方立法来说，要充分发挥地方立法在全面深化改革中的指引和推动作用，

从理论上讲，法的作用主要表现在以下几个方面：指引作用、规范作用、调节作用、保障作用、制约作用和推动作用。也就是说，任何一部法对经济社会都有指引作用、规范作用、调节作用、保障作用、制约作用和推动作用。这些作用发挥的强弱，取决于法的内容。过去，我们强调的是法的规范作用、调节作用、保障作用和制约作用，法的指引作用、推动作用发挥得不够。现阶段，强调发挥法的指引作用、推动作用，是新形势新任务的要求，是对法治建设与经济社会发展关系认识的深化，是改进党的领导方式、全面深化改革的迫切需要，具有鲜明的时代性、针对性。强调发挥法的指引作用、推动作用，就是要让法发挥上述作用的同时，更加突出地发挥法的指引作用和推动作用。因此，我们的立法思维和立法方法要有所转变，立法的条款要强调发挥法的指引作用和推动作用。

法的指引作用是法的规范作用之一。是指法律作为一种行为规范，为人

们提供某种行为模式，指引人们可以这样行为、必须这样行为或不得这样行为，从而对行为者本人的行为产生影响。法通过规定人们在法律上的权利和义务以及违反这种规定所承担的法律责任，来指引人们的行为。也就是说，法的指引功能（作用）是通过规定人们的权利和义务来实现的，它涉及的对象主要是指本人的行为。

根据法律调整的特点，法发生指引作用的方式有两类：①确定性指引。通过命令性规范和禁止性规范，指明人们必须做出什么行为和不得做出什么行为。②选择性指引，通过授权性规范，指明人们有权决定做出一定行为。确定性指引的作用在于保证一种基本的法律秩序，选择性指引则基鼓励人们在这种秩序内发挥自己的主动性、创造性。

《条例》规定：鼓励、支持和引导单位和个人通过投资、捐赠、提供志愿服务、种植纪念树、营造纪念林等方式参与"三山"保护活动。公众在"三山"范围内游览、观赏、休憩等活动应当践行社会主义核心价值观，遵守社会公德，举止文明，遵守"三山"保护的制度规定，爱护环境和公共设施。这些内容的规定指引人们通过积极的行为参加到保护"三山"的活动中来，树立社会主义核心价值观。人们在"三山"范围内游览、观赏、休憩时，应以良好的社会公德规范自己的行为。

### 三、强调践行社会主义核心价值观，遵守"三山"保护的制度规定

《中共中央关于全面推进依法治国若干重大问题的决定》指出，坚持依法治国和以德治国相结合，国家和社会治理需要法律和道德共同发挥作用。国家和社会治理需要法律和道德共同发挥作用，但仅仅靠发挥法律的规范作用还是不够的，道德的教化一样有着重要作用，法律和道德是相辅相成、相得益彰的。国家和社会治理需要坚持法治和德治相结合，法治和德治两手抓，法治建设和德治建设共同推进。

所以，《条例》规定：遵守社会公德，举止文明。道德层面上教化人们在"三山"范围内的行为文明，自觉遵守社会公德，遵守"三山"保护的规章制度。通过弘扬中华传统美德，深入开展社会公德教育，弘扬公序良俗，引导教育人们讲道德，为社会治理提供一种道德教化的支持，提高整个社会的公民精神状况和文明素质，促进人们自觉认同和遵循社会规范，养成良好的

行为素养。

习近平总书记指出："培育和弘扬核心价值观，有效整合社会意识，是社会系统得以正常运转，社会秩序得以有效维护的重要途径，是国家治理体系和治理能力的重要方面。"[1]核心价值观对于一个社会及其治理来说是必不可少的。[2]社会主义核心价值观提供了社会治理所需要的价值内容。社会主义核心价值观中的富强、民主、文明、和谐为社会治理提供方向引导和力量保障；社会层面的自由、平等、公正和法治为其提供了信念前提。其中，自由是社会治理的最高原则，公正是社会治理的核心价值诉求；爱国、敬业、诚信、友善为社会治理提供了良好的情感基础和价值认同，既能培育公民道德，又能优化社会关系，从而引导形成良好的社会秩序。社会主义核心价值观的提出为当前要进行的社会治理创新提供了一种正确的价值取向和舆论引导。把社会主义核心价值观看作社会治理的主要内容和人民参与社会治理的行动准则，促进社会治理模式的价值取向在诸多方面都发生转变。公民要参与社会治理，而这正需要加强社会主义核心价值观的现实指导作用。

正是基于这样的考虑，《条例》规定公众在"三山"范围内活动应当践行社会主义核心价值观，通过社会主义核心价值观引导市民自觉凝聚共识、形成合力，用社会主义核心价值观引导人们参与保护"三山"良好的生态环境。

---

〔1〕 习近平："把培育和弘扬社会主义核心价值观作为凝魂聚气强基固本的基础工程"，载《人民日报》2014 年 2 月 24 日。

〔2〕 胡宝荣、李强："论社会主义核心价值观在社会治理中的作用"，载《中国特色社会主义研究》2014 年第 2 期。

**第十条**　[保护规划编制]

市林业主管部门应当会同自然资源、城乡建设管理、生态环境、文化旅游等主管部门及浈江区、武江区、曲江区人民政府、"三山"保护管理机构组织编制"三山"保护规划，经市城乡规划委员会审议后，由市人民政府批准实施。

"三山"保护规划应当划定"三山"保护范围，符合城市总体规划，与其他专项规划相衔接，并纳入控制性详细规划。

## 【导读与释义】

本条是关于编制"三山"保护规划的规定

### 一、多部门协调，共同履行保护职责

党的十九大提出新时代中国特色社会主义思想，强调经济建设、政治建设、文化建设、社会建设和生态文明建设"五位一体"的总体布局，"创新、协调、绿色、开放、共享"五大发展理念，以及"人与自然是生命共同体……提供更多优质生态产品以满足人民日益增长的优美生态环境需要"等理念要求，明确把坚持人与自然和谐共生作为国家发展的基本方略。面对当前大规模、高速度的城镇化进程，面对日趋严重的各种"城市病"与生态环境问题，面对生态文明建设、绿色发展、"绿水青山就是金山银山"的理念要求，我国需走出一条既要发展又不破坏生态、保护环境、人与自然和谐共生的城镇化道路。

各级环保部门积极贯彻落实党中央、国务院关于生态保护工作的一系列重大决策部署，加大生态保护力度。但总体上，我国生态恶化趋势尚未得到根本扭转，生态保护与开发建设活动的矛盾依然突出，生态安全形势依然

严峻。

生态环境保护是一个系统工程，仅仅凭借环保部门自身力量还远远不够，环保部门在履行指导、协调、监督生态保护工作职责时，还存在以下体制机制和管理上的突出问题：一是统一监管的管理体制不健全。目前仍按生态要素分别设置生态保护管理机构，难以对生态系统实施整体性保护。由于权责一致的统一管理体制和协调联动机制尚未建立，未能实现所有者和监管者分离以及一件事情由一个部门负责，直接影响生态保护效果。二是全社会共同监督的机制尚未建立。部分地方领导干部保护生态环境的意识较为薄弱，还未牢固树立尊重自然、顺应自然、保护自然的理念。社会公众参与生态保护和监管的机制有待健全，企业生态保护和监管责任还不明确，部分地方环保部门履行生态监管职能时只能单打独斗、被动应对。

所以，《条例》在制度设计上，充分考虑了"三山"保护的特殊性，"三山"保护必须有多部门参与，各司其职、分工执行，并成为有关政府部门管理工作的组成部分，"三山"保护规划由多个政府职能部门协调配合编制保护规划。但《条例》没有设计由环保部门牵头编制规划，而是林业部门牵头编制规划，这里是基于《条例》的立法主旨以及"三山"的主管部门与"三山"的特性等因素考虑的。《条例》保护"三山"更大程度出发点是保护好"三山"的生态自然资源，打造城市森林公园，为韶关市提供良好的生态屏障，为韶关市民提供一个休闲的场所。森林资源保护凸显重要位置，而林业局是"三山"的主管部门。所以，《条例》规定：市林业主管部门应当会同自然资源、城乡建设管理、生态环境、文化旅游等主管部门及浈江区、武江区、曲江区人民政府和三山"保护管理机构组织编制"三山"保护规划。

## 二、保护规划编制要经过市政府批准

"三山"是一个宏大的系统工程，涉及韶关的城市经济、生态、资源、人口、教育、科技等诸多因素，具有复杂性、长期性、公益性、整体性的特点。"三山"保护也牵涉到多个行业、多个部门、多个利益主体，需要统筹规划，协调配合，才能确保"三山"保护有效实施。"三山"保护规划是使"三山"保护与韶关的城市经济、社会发展相协调，对"三山"保护与韶关市区的城市经济发展做的空间和时间上的合理的统筹安排，其目的是"三山"保护与韶关市区的城市经济发展与市区人民美好生活向往相协调。

约束可能破坏"三山"的行为，改善"三山"生态环境，防止"三山"资源遭受破坏，保障"三山"保护活动有章可循、统一协调，促进"三山"资源保护与韶关城市经济和社会的可持续良性互动发展，从整体上、战略上和统筹规划上担负着对"三山"保护活动的规范与指引。《环境保护法》规定，国家制定的环境保护规划必须纳入国民经济和社会发展计划；县级以上人民政府环境保护行政主管部门，应当会同有关部门对管辖范围内的环境状况进行调查和评价，拟订环境保护规划，经计划部门综合平衡后，报同级人民政府批准实施。

对于"三山"保护规划，借鉴了《环境保护法》的这一条规定，编制"三山"保护规划，经市城乡规划委员会审议后，由市人民政府批准实施。《条例》对这一条款的设计充分考虑了"三山"保护规划实施的规范性、有效性和可操作性，"三山"保护规划要符合法定程序，有经过民主协商的过程，以及上级主管部门的批准程序，即"经市城乡规划委员会审议后，由市人民政府批准实施"。

### 三、"三山"保护规划应当符合城市总体规划

城市总体规划是指，城市人民政府依据国民经济和社会发展规划以及当地的自然环境、资源条件、历史情况、现状特点，统筹兼顾、综合部署，为确定城市的规模和发展方向，实现城市的经济和社会发展目标，合理利用城市土地，协调城市空间布局等所做的一定期限内的综合部署和具体安排。城市总体规划是城市规划编制工作的第一阶段，也是城市建设和管理的依据。根据国家对城市发展和建设方针、经济技术政策、国民经济和社会发展的长远规划，在区域规划和合理组织区域城镇体系的基础上，按城市自身建设条件和现状特点，合理制定城市经济和社会发展目标，确定城市的发展性质、规模和建设标准，安排城市用地的功能分区和各项建设的总体布局，布置城市道路和交通运输系统，选定规划定额指标，制定规划实施步骤和措施。最终使城市工作、居住、交通和游憩四大功能活动相互协调发展。总体规划期限一般为 20 年，建设规划一般为 5 年，建设规划是总体规划的组成部分，是实施总体规划的阶段性规划。

专项规划是指国务院有关部门、设区的市级以上地方人民政府及其有关部门，对其组织编制的工业、农业、畜牧业、林业、能源、水利、交通、城市建设、旅游、自然资源开发的有关规划，简称为专项规划。专项规划是以国民经济和社会发展特定领域为对象编制的规划，是总体规划在特定领域的细化，也是政府指导该领域发展以及审批、核准重大项目，安排政府投资和财政支出预算，制定特定领域相关政策的依据。专项规划是针对国民经济和社会发展的重点领域和薄弱环节、关系全局的重大问题编制的规划，是总体规划的若干主要方面、重点领域的展开、深化和具体化，必须符合总体规划的总体要求，并与总体规划相衔接。

总体规划是国民经济和社会发展的战略性、纲领性、综合性规划，是编制本级和下级专项规划、区域规划以及制定有关政策和年度计划的依据，其他规划要符合总体规划的要求。"三山"保护规划是韶关城市关于"三山"的专项规划，所以，《条例》设计"三山"保护规划应当符合城市总体规划。

"三山"保护规划作为专项规划，仅仅是对"三山"保护的一个方面，涉及"三山"的专项规划还可能有交通规划、城市建设规划、旅游规划等其他专项规划。所以，《条例》设计必须考虑"三山"需要与其他专项规划相衔接。因为各专项规划在基础数据、规划内容、成果表达等方面存在不一致，如果不相互衔接，规划随意性较大，有造成各区域、各部门编制的环境保护规划相互脱节、相互矛盾和冲突的现象。实践中，很难操作和执行。所以，《条例》规定："三山"保护规划应与其他专项规划相衔接。

## 四、"三山"保护规划应纳入控制性详细规划

我国的城市规划包括总体规划和详细规划两种，详细规划又进一步分为控制性详细规划和修建性详细规划。其中，控制性详细规划是指以经批准的城市总体规划或分区规划为依据，对建设地区的土地使用性质、使用强度、道路、工程管线和配套设施以及空间环境等控制要求作出的规划。从内容和功能看，它直接影响着城市的形态和规划范围内各地块的主要用途、建筑密度、建筑高度、容积率、绿地率等实质性规划条件。也正因为如此，控制性详细规划才成为各种利益主体博弈最为激烈、最容易被城乡规划执法者改变的领域。可以说，管好控制性详细规划也就管好了整个城市规划。

《城乡规划法》首次明确了控制性详细规划的法律地位和作用，其中第37条第1款规定："在城市、镇规划区内以划拨方式提供国有土地使用权的建设项目，经有关部门批准、核准、备案后，建设单位应当向城市、县人民政府城乡规划主管部门提出建设用地规划许可申请，由城市、县人民政府城乡规划主管部门依据控制性详细规划核定建设用地的位置、面积、允许建设的范围，核发建设用地规划许可证。"第38条第1款规定："在城市、镇规划区内以出让方式提供国有土地使用权的，在国有土地使用权出让前，城市、县人民政府城乡规划主管部门应当依据控制性详细规划，提出出让地块的位置、使用性质、开发强度等规划条件，作为国有土地使用权出让合同的组成部分。未确定规划条件的地块，不得出让国有土地使用权。"

《城乡规划法》第19条规定，控制性详细规划必须由城市（镇）人民政府规划行政主管部门组织编制，经本级人民政府批准，报本级人大常委会和上级人民政府备案；第48条规定，控制性详细规划的修改须向原审批机关申请，并报原审批机关批准。《城乡规划法》第60条规定，对未依法组织编制控制性详细规划的城市人民政府规划行政主管部门要依法给予处分。同时，《城乡规划法》强调要加强人民代表大会对规划实施的监督作用，对政府、规划编制单位和建设单位的违法行为要依法进行处罚，并且明确了对违法行为给予处罚的范围和额度。《城市规划编制办法》第22条至第24条规定，根据城市规划的深化和管理的需要，一般应当编制控制性详细规划，以控制建设用地性质，使用强度和空间环境，作为城市规划管理的依据，并指导修建性详细规划的编制。

可以看出，《城乡规划法》《城市规划编制办法》一方面对控制性详细规划的编制组织、审批和修改程序更加严格，另一方面提高了控制性详细规划的法定地位，在为控制性详细规划编制提供有效的制度保障的同时，也对控制性详细规划编制的科学性和合理性提出了更高要求，各类专项规划要符合控制性详细规划。

"三山"保护规划属于专项规划，专项规划主管部门在组织编制控制性详细规划和进行规划管理时应当符合城市总体规划，与其他专项规划相衔接，并纳入控制性详细规划，"三山"保护规划也不例外，一样要纳入控制性详细规划。

还一点需要指出的是，《条例》这一条的设计也借鉴了兄弟地市相关的条款设置，并做了调整，比如，借鉴广东省江门市的《江门市市区山体保护条例》中的"第11条市城乡规划主管部门应当会同市国土资源、林业、园林和环境保护等主管部门编制市区山体保护规划。国土、气象、地震、水文、环境保护等主管部门应当根据编制市区山体保护规划的需要，及时提供勘察、测绘、气象、地震、水文、环境等基础资料。市区山体保护规划应当符合城市总体规划，与其他专项规划相衔接，并纳入控制性详细规划。"

**第十一条　[规划编制程序]**

"三山"保护规划编制过程中，市林业主管部门应当依法将规划草案予以公告，并采取论证会、听证会或者其他方式征求专家和公众的意见。公告的时间不得少于三十日。

市人民政府在批准"三山"保护规划前，应当报市人民代表大会常务委员会进行审议，并对常委会组成人员的审议意见进行研究处理。

市人民政府批准"三山"保护规划后，应当向社会公布，并报市人民代表大会常务委员会备案。

经批准的"三山"保护规划，不得擅自变更；因保护和建设确需调整的，应当按照原批准程序办理，并报市人民代表大会常务委员会备案。

**【导读与释义】**

本条是"三山"保护规划编制的规定。

**一、明确牵头责任主体，保障公众的知情权、参与权、与监督权**

法律、法规并未明确规划编制机关负有组织实施规划的责任，但实施中遇到无部门牵头协调和制定分解落实方案的问题。所以，"三山"保护规划过程，首先明确市林业主管部门负责，实际上是赋权市林业主管部门既是牵头部门，同时也苛以责任。

法律赋予人民群众有对规划制定和实施的知情权、参与权、监督权，"三山"与韶关市民生活环境密切相关，"三山"保护规划编制将会极大地引起韶关市民的关注热情，规划编制需要尊重韶关市民的知情权、参与权与监督权，体现"三山"保护规划编制过程的民主性、科学性与公众的参与性。广泛的韶关市民参与的目标是为了编制更好的"三山"保护规划方案和"三山"保护规划的实施。因此，"三山"保护规划应广泛吸收韶关社会各界意见，更加注重"三山"保护规划编制的民主性。一是"三山"保护规划在编制之前，通过在指定网站、报纸等媒体公示"三山"保护规划草案，广泛听取群众意见；二是通过征集韶关市人大代表、政协委员和相关领域专家的意见和建议，确定"三山"保护规划的多目标体系和重点。

"三山"保护规划编制阶段，应保障公众的广泛参与，通过市林业主管部门在指定的网站挂网、报纸上刊登公告等形式。"三山"与韶关市民生活环境密切相关，"三山"保护规划编制将会极大地引起韶关市民的关注热情，规划编制需要尊重韶关市民的知情权与参与权，体现"三山"保护规划编制过程的民主性、科学性与公众的参与性。

广泛的市民参与的目标是为了编制更好的"三山"保护规划方案和"三山"保护规划的实施。因为只有让公众积极参与"三山"保护规划编制和实施，才能使市民了解和理解"三山"保护规划的由来及真实内容，使他们能够自觉自愿地协助与支持"三山"政府保护规划行为。因此，"三山"保护规划应广泛吸收韶关社会各界意见，更加注重"三山"保护规划编制的民主性。一方面是"三山"保护规划在编制之前，通过在指定网站、报纸等媒体公示"三山"保护规划草案，保护规划草案向社会公布。依照上位法以及惯例，公告的时间不得少于30日，广泛听取群众意见；二是通过征集韶关市人大代表、政协委员和相关领域专家的意见和建议，确定"三山"保护规划的多目标体系和重点。

起草草案过程中，对于涉及民众切身利益的有关问题，可以通过调查问卷等形式调查和摸底民意，对专业性问题以及对民众可能产生不利的影响，应邀请专家、学者组成的评委会进行专题论证、邀请相关利害关系人举行听证会或者以其他方式征求专家和公众的意见，涉及行业性或企业的利益应该听取行业或企业的意见。

《条例》设计这一款的制度也是参考和借鉴了《城乡规划法》第26条的规定。我国《城乡规划法》第26条规定："城乡规划报送审批前，组织编制机关应当依法将城乡规划草案予以公告，并采取论证会、听证会或者其他方式征求专家和公众的意见。公告的时间不得少于三十日。组织编制机关应当充分考虑专家和公众的意见，并在报送审批的材料中附具意见采纳情况及理由。"

　　《条例》这一款从制度上保证了韶关市民参与"三山"保护规划的制定，韶关市市民参与不仅进行了价值的选择，也提供了事实信息，可以弥补市林业主管部门等在制定"三山"保护规划时的不足，也有助于增加"三山"保护规划的可接受度，为"三山"保护规划正当性奠定基础。当然，"三山"保护规划市民参与、专家意见等需要以书面的方式提出，并说明理由和事实依据、必要性等内容。在市民和专家意见之间，一般来说，居民参与的比例比较大，则比较难达成共识，效率也相对低下；而专家和精英的参与则有较强的针对性。[1]"三山"规划主管部门主要通过走访、问卷调查、座谈会的方式进行规划调研和资料准备，对市民和专家意见或建议进行研究和答复，不采用告知理由，最终确定"三山"保护规划。

**二、规范规划的审批程序，保证规划编制过程的科学性与合法性。**

　　为了规范规划的编制行为，应遵循法定的规划编制程序，严格规划编制过程，形成科学化、民主化、规范化的编制程序。"三山"规划编制机构不仅应当严格履行"起草、征求意见、论证、批准、公布"等前期工作，而且规划的编制报批、变更也应严格遵循报批程序，以提高规划质量与合法性。

　　《条例》规定，市人民政府在批准"三山"保护规划前，应当报市人民代表大会常务委员会进行审议；市人民政府批准"三山"保护规划后，应当向社会公布，并报市人民代表大会常务委员会备案；经批准的"三山"保护规划，不得擅自变更；因保护和建设确需调整的，应当按照原批准程序办理，并报市人民代表大会常务委员会备案。这些具体内容一方面强化"三山"规划编制的法定程序，也是加强政府和人大常委会对"三山"规划编制、变更的监督，保证"三山"规划编制的质量以及"三山"保护规划的严肃性与稳定性。

　　《条例》设计这一款的制度也是参考和借鉴了上位法及省内兄弟地市的立法经验。2008年施行的《城乡规划法》对规划编制和变更的程序性规定，比如《城乡规划法》第7条规定，经依法批准的城乡规划，是城乡建设和规划管理的依据，未经法定程序不得修改；第16条规定，省、自治区人民政府组织编制的省域城镇体系规划，城市、县人民政府组织编制的总体规划，在报上一级人民政府审批前，应当先经本级人民代表大会常务委员会审议，常务

---

　　〔1〕　黄宇菲："论城市规划中的行政听证程序"，载《广西社会科学》2005年第5期，第74~76页。

委员会组成人员的审议意见交由本级人民政府研究处理。规划的组织编制机关报送审批省域城镇体系规划、城市总体规划或者镇总体规划，应当将本级人民代表大会常务委员会组成人员或者镇人民代表大会代表的审议意见和根据审议意见修改规划的情况一并报送；第19条规定，城市人民政府城乡规划主管部门根据城市总体规划的要求，组织编制城市的控制性详细规划，经本级人民政府批准后，报本级人民代表大会常务委员会和上一级人民政府备案。

同时，也借鉴了广东省江门市《江门市市区山体保护条例》中的第12条规定，在市区山体保护规划编制过程中，市城乡规划主管部门应当依法将规划草案予以公告，并采取论证会、听证会或者其他方式征求专家和公众的意见。公告的时间不得少于30日。市人民政府在批准市区山体保护规划前，应当报市人民代表大会常务委员会进行审议，并对常委会组成人员的审议意见进行研究处理。市人民政府批准市区山体保护规划后，应当向社会公布，并报市人民代表大会常务委员会备案。海南省三亚市《三亚市白鹭公园保护管理规定》中的第7条规定，市园林行政管理部门应当会同市规划、土地等有关行政管理部门，根据城市总体规划、土地利用总体规划、绿地系统规划，组织编制白鹭公园规划，报市人民政府批准后实施，并在批准后的30个工作日内报市人民代表大会常务委员会备案。经批准的白鹭公园规划不得擅自变更。确需变更的，应当依照法定程序报批和备案。第8条规定，市人民代表大会常务委员会可以听取和审议市人民政府关于白鹭公园规划管理的专项工作报告，常务委员会组成人员的审议意见交由市人民政府研究处理。常务委员会认为必要时，可以对专项工作报告作出相应决议。

### 第十二条 ［开发建设项目监管］

"三山"保护范围内的开发建设活动应当符合"三山"保护规划，禁止未经规划许可或违反规划许可修建建筑物、构筑物。

在"三山"保护范围内的建筑物和建设项目，其高度、色彩和建筑风格等应当与周围景观和环境相协调。建设单位、施工单位在"三山"保护范围内的开发建设活动，应当采取有效措施保护"三山"地质地貌、森林植被、文物古迹等自然、人文资源，自觉接受"三山"保护管理机构的管理。

**【导读与释义】**

本条是"三山"保护范围内的开发建设活动的规定。

**一、《条例》规范"三山"范围内的开发建设活动，落实《城乡规划法》和《广东省城乡规划条例》的精神**

制度的生命力在于严格执行，《条例》落实《城乡规划法》和《广东省城乡规划条例》的精神，规范"三山"范围内的开发建设活动。《条例》规定科学编制"三山"保护规划，"三山"范围内的开发建设活动要符合"三山"保护的专项规划。《条例》这样的制度设计是充分发挥地方立法的引领和推动功能，规范"三山"范围内的开发建设活动，不仅要符合《城乡规划法》和《广东省城乡规划条例》，而且要符合"三山"保护专项规划。

《条例》属于地方法规，依法享有设定行政许可的权限。《行政许可法》规定，"全国人大制定的法律可以设定行政许可；法律没有设定许可时，行政法规也可以设定行政许可；尚未制定法律、行政法规的，地方性法规可以设定行政许可。"但《条例》并没设定行政许可，《城乡规划法》和《广东省城乡规划条例》对违法建筑及其法律责任规定得清晰明了，依据《城乡规划法》和《广东省城乡规划条例》足可以规范"三山"范围内的开发建设活动，没有必要单独再设定行政许可的事项。比如，《城乡规划法》第64条规定，未取得建设工程规划许可证或者未按照建设工程规划许可证的规定进行建设的，由县级以上地方人民政府城乡规划主管部门责令停止建设；尚可采取改正措施消除对规划实施的影响的，限期改正，处建设工程造价5%以上10%以下的罚款；无法采取改正措施消除影响的，限期拆除，不能拆除的，没收实物或者违法收入，可以并处建设工程造价10%以下的罚款。再者，违法建筑物、构筑物和设施是指建筑物、构筑物和设施本身是违法的，违反有关建设规划、土地使用、城市容貌标准、环境卫生标准，以及其他行政管理方面的法律、行政法规。[1]

《条例》是《城乡规划法》和《广东省城乡规划条例》的精神，强调"三山"范围内的开发建设活动，禁止未经规划许可或违反规划许可修建建筑物、构筑物，未经规划许可或违反规划许可修建建筑物、构筑物，构成违法建筑。所谓违法建筑是指未领取建设工程规划许可证、临时建设工程规划许可证或乡村建设规划许可证，擅自建设或不按规划建设且未能补办合法手续的建筑物、构筑物和其他设施及超过批准期限不拆除的临时建筑。违法建筑一般包括：①未取得建设工程规划许可证或者未按照建设工程规划许可证的规定进行建设，无法采取改正措施消除影响的建筑；②在乡、村庄规划区内未取得乡村建设规划许可证或者未按照乡村建设规划许可证的规定进行建设，未能补办合法手续的建筑；③未经批准进行建设的临时建筑，未按照批准内容建设的临时建筑，超过批准期限不拆除的临时建筑；④违反法律、法规规定的其他建筑。

这些年韶关市城市化进程加快，"三山"已慢慢由城市郊区融入主城区，经济价值彰显。加之，韶关市本来土地紧张，受利益驱动，违法建筑屡见不见，屡打不败。违法建设是城乡治理中的一大顽疾，从实践情况来看，违法建筑量多面广，行政强制拆迁难度很大。而且，违法建设设计简单，成本低廉，行为人根据自身需要随心所欲搭建的，根本不顾规划要求和安全的考虑，严重影响"三山"生态环境保护。尤其是韶关市这些年城市面积迅速扩张，土地紧张。所以，《条例》制度设计禁止"三山"范围内违法建筑，禁止未经规划许可或违反规划许可修建建筑物、构筑物，衔接和落实《城乡规划法》和《广东省城乡规划条例》的内容与精神。

---

[1]　乔晓阳主编：《中华人民共和国行政强制法解读》，中国法制出版社2011年版，第145页。

## 二、"三山"范围内的建筑物和建设项目要与周边环境协调

党的十八大报告指出,"把生态文明建设放在突出地位,融入经济建设、政治建设、文化建设、社会建设各方面和全过程,努力建设美丽中国,实现中华民族永续发展",生态文明建设受到高度的重视。"三山"范围内生态环境保护,也包括积极的建设,因为"三山"发展应协调考虑生态效益和社会效益,促进自然环境可持续发展,不可能忽视经济效益。"三山"范围内生态环境的日常维护包括,对必要的管理场所、方便游人的厕所、历史古迹等建筑和人造景观加以修复保护。这些"三山"范围内的建筑物和建设项目也是不可缺少的硬件设施,承载着旅游接待、景区管理等综合服务功能。在设计中,要考虑这些建筑周围的环境整治和绿化,通过彰显、衬托、隐蔽、协调、装饰等处理方法,根据自然资源的性质与特色构建丰富多样的建筑风格,使建筑与"三山"环境融为一体。

我们知道,发展和环境是一对不可协调的矛盾体,"三山"范围内的建筑物和建设项目不可避免会对"三山"自然景致及环境生态产生一定的负面效应。而且随着人们生活品质的提高,旅游已成为了人们休闲的重要方式,市民与游客数量的不断增加,市场需求的增加迫切要求"三山"管理机构不断提升服务水平,加大开发力度,"三山"范围内的建筑物和建设项目与"三山"的环境保护之间的紧张关系会加剧。

如何协调二者关系,实现"三山"范围内的建筑物和建设项目与"三山"自然环境之间互利共生、和谐统一的理念,最大限度地削弱相互之间的矛盾,化矛盾为共生,是值得研究的课题。也就是说,在生态文化旅游大环境下,景区建筑设计也在考虑环境的生态承载力,[1]这种设计理念在生态旅游区体现得比较突出,其建筑设计不仅要考虑实用与审美功能,还要求与自然相协调,达到"物我交融"的和谐状态。[2]建筑物风格应该与周围的风景相协调,把建筑物的艺术风格与景的意境完美地融合起来,对景观起着烘托、

---

〔1〕 张瑛:《中国少数民族地区旅游公共管理研究》,中央民族大学出版社 2008 年版,第 320～325 页。

〔2〕 全华:《生态旅游区建设的理论与实践》,商务印书馆 2007 年版,第 122 页～126 页。

渲染、点缀作用。[1]与自然环境和谐交融，一方面体现为对"三山"自然景观的保护，另一方面努力使之成为传承和展现韶关城市文化的载体，力求"三山"范围内建筑与自然环境的和谐共生，有效缓解发展与环境之间的紧张，实现生态的可持续发展，促进建筑与自然环境和谐。建筑物与周边环境协调也是"三山"生态良性发展必由之路，因为建筑无论是与自然环境相协调，还是与人文环境相得益彰，创新的、打破现有模式局限的建筑设计反过来又会引领新的旅游行为和旅游发展。[2]

### 三、"三山"范围内的开发建设活动应采取保护措施，接受监督

受利益驱动等因素影响，为了追求眼前和局部的利益，个别企业和单位无视国家法律法规，存在盲目开发、过度开发、无序开发等现象，甚至开发建设活动未采取有效措施，导致山体滑坡、森林被毁破坏生态环境的问题。"三山"范围内的任何开发建设活动，都应坚持先规划、后开发、重管理，在科学规划的指导下进行开发利用的原则，开发建设采取合理有效措施，保障"三山"自然环境不受到人为的破坏，自觉接受"三山"保护管理机构的监督。

"三山"范围内的任何开发建设活动都需要依据相关法律、法规，对检查发现的违法开发建设活动或未采取有效保护措施的进行专项整治。对于开发建设活动造成重大生态破坏的，要依法追究相关单位和人员的责任。

本条借鉴了《国家级森林公园管理办法》第13条第1款规定："国家级森林公园内的建设项目应当符合总体规划的要求，其选址、规模、风格和色彩等应当与周边景观与环境相协调，相应的废水、废物处理和防火设施应当同时设计、同时施工、同时使用。"

---

〔1〕 桂先群："论森林公园建筑风格对景观生态的影响"，载《中国林业》2003年第2期。

〔2〕 鲍小莉："自然景观旅游区的建筑设计——以广东南昆山十字水生态度假村为例"，载《华中建筑》2010年第1期，第47~50页。

### 第十三条　［禁止建设］

"三山"保护范围内不得建设破坏森林资源和景观、妨碍游览、污染环境的工程设施，不得设立各类开发区；不得建设宾馆、招待所、培训中心、疗养院以及与"三山"森林风景资源保护无关的其他建筑物。已经建设的，应当按照"三山"保护规划逐步迁出。

### 【导读与释义】

本条是"三山"保护范围内不得进行违反规定的建设的规定。

《条例》力促"三山"打造韶关市城市森林公园，向着城市森林公园的方向塑造。[1]"三山"为韶关城市提供了天然"氧吧"，是韶关市民休闲、娱乐等重要场所，"三山"也调节韶关市区自然环境、涵养水源、保持水土的重要生态资源，但随着韶关市城镇化的加速推进，城市开发建设活动日益增多，建设用地紧张，有可能占用和开发"三山"范围内土地。因此，为了更好地保护和利用"三山"生态资源，《条例》应对"三山"范围内的资源开发利用和建设活动管理作出一定的限制，提供明确规范指引，利于保护"三山"自然环境。

保护"三山"的目的不是单纯的保护，保护的目的是利用"三山"的生态自然资源更好地造福韶关市民，在法律法规范围内合理地开发和利用"三山"资源是允许的，韶关的"三山"毕竟不是禁止开发区。[2]但"三山"的

---

〔1〕《森林公园总体设计规范》中对其进行了详细分区，具体分为游览、游乐区、狩猎区、野营区、接待服务区、生态保护区、生产经营区、行政管理区、居民生活区以及休养和疗养区等功能区，其中生态保护区指以涵养水源、保持水土、维护公园生态环境为主要功能的区域。

〔2〕2006年颁布的《国民经济和社会发展第十一个五年规划纲要》（以下简称《纲要》）指出："禁止开发区域是指依法设立的各类自然保护区域。要依据法律法规规定和相关规划实行强制性保护，控制人为因素对自然生态的干扰，严禁不符合主体功能定位的开发活动。"且直接衔接现有文化与自然遗产管理体系，将既有自然保护区、风景名胜区、森林公园、地质公园等保护区域作为确定禁止开发区的依据。

开发与利用是禁止以集聚人口和经济为目的的工业化、城镇化开发活动，开发与利用的目的是为了更好地保护"三山"，更好地利用"三山"资源造福韶关市民，开发利用与保护是相辅相成、相得益彰的。韶关是欠发达地方，财政实力有限，对"三山"投入不足，但"三山"通过发展旅游、观光、休闲、度假等特色产业获得门票及其他相关收入寻求自身的发展，通过自身的发展不仅造福市民，而且可以更多地投入保护。"三山"保护是为韶关城市建设与韶关市民美好生活提供助力的共赢路径，避免因为设立"三山"保护范围而制约了韶关的自身发展，从而拖累地方发展，变成甩不掉、不愿碰的包袱。

《条例》规定："三山"范围内不得建设破坏森林资源和景观、妨碍游览、污染环境的工程设施，不得设立各类开发区；不得建设宾馆、招待所、培训中心、疗养院以及与"三山"森林风景资源保护无关的其他建筑物。已经建设的，应当按照"三山"保护规划逐步迁出。《条例》这条规定是禁止进行不利于"三山"生态环境保护的任何开发活动，明确、具体规定下来，便于操作和执行。

同时，《条例》参考和借鉴了上位法以及兄弟地市的立法经验：具体包括：①《环境保护法》规定，在国务院、国务院有关部门和省、自治区、直辖市人民政府规定的风景名胜区、自然保护区和其他需要特别保护的区域内，不得建设污染环境的工业生产设施。②《自然保护区条例》第 32 条第 1 款规定："在自然保护区的核心区和缓冲区内，不得建设任何生产设施。在自然保护区的实验区内，不得建设污染环境、破坏资源或者景观的生产设施；建设其他项目，其污染物排放不得超过国家和地方规定的污染物排放标准。在自然保护区的实验区内已经建成的设施，其污染物排放超过国家和地方规定的排放标准的，应当限期治理；造成损害的，必须采取补救措施。"第 32 条第 2 款规定："在自然保护区的外围保护地带建设的项目，不得损害自然保护区内的环境质量；已造成损害的，应当限期治理。"③《风景名胜区规划规范》规定、在保护培育规划中应包括生态保护区、自然景观保护区、史迹保护区、风景恢复区、风景游览区和发展控制区等；生态保护区指风景区内有科学研究价值或其他保存价值的生物种群及其环境的一类区域，禁止游人进入，不得搞任何建筑设施，严禁机动交通工具及其设施进入。

本条借鉴了《广东省森林公园管理条例》第 17 条的规定："森林公园内

不得建设破坏森林资源和景观、妨碍游览、污染环境的工程设施，不得设立各类开发区；森林公园生态保护区和游览区内不得建设宾馆、招待所、培训中心、疗养院以及与森林风景资源保护无关的其他建筑物。已经建设的，应当按照森林公园总体规划逐步迁出。规划区内建设项目的选址和设计方案，应当经林业行政主管部门审查同意后，按照国家基本建设程序报城乡规划建设行政主管部门审批。建设工程设施，需要将林地转为非林业建设用地的，应当依法办理建设用地审批手续。建设项目竣工后，由城乡规划建设行政主管部门会同林业行政主管部门验收合格，方可投入使用。"

**第十四条**　[周边控制]

"三山"周边新建的建（构）筑物高度、区域建筑密度，其建筑风格、色彩等应当与"三山"的自然环境和景观相协调。

**【导读与释义】**

本条是"三山"周边新建建（构）筑物的相关规定。

2013 年 12 月 12 日至 13 日在北京举行的中央城镇化工作会议文件中指出："要依托现有山水脉络等独特风光，让城市融入大自然，让居民望得见山、看得见水、记得住乡愁；要尽快把每个城市特别是特大城市开发边界划定，把城市放在大自然中，把绿水青山留给城市居民；要注意保留村庄原始风貌，慎砍树、不填湖、少拆房，尽可能在原有村庄形态上改善居民生活条件；要传承文化，发展有历史记忆、地域特色、民族特点的美丽城镇。"遵循这种以"要以人为本"的理念，建筑物的自然景观设计尽量满足人对自然生态、文化内涵、游览休息的综合需求，充分发挥新物质、新技术条件作用下的新形式和新风格，完成自然与艺术及传统与创新的协调统一。

现代城市环境是一个有机整体，组成部分较多，新的建筑物作为一个独立的构造物，应融入外部环境中去，使其有机地融合在一起，实现整体城市景观和谐。而且在现代社会，人们对建筑物的关注和审美不仅局限于建筑物本身，更多地关注建筑物与周边的环境和谐。新的建筑物作为韶关城市自然人文景观，应充分结合周边环境整体考虑，注意城市人文景观与自然景观之间的协调。建筑物离不开其所处的环境，环境则是建筑所依存的条件，新建的建筑物高度、造型和风格要体现与周边环境保持协调、和谐的关系。因此，建筑创造不但要满足使用功能，还要与周围环境相适应，体现一定的城市特色，这对保持城市空间环境的协调与和谐尤为重要。

　　新建的建筑物是韶关城市在不断发展的过程中沉积下来，也是韶关城市凸显自我风貌特征的重要载体。当然，新建的建筑物要与自然环境协调，在很大程度上要受自然环境的制约和影响。"三山"周边开发新建的建筑物，能够体现韶关市"山、水、城"景观交融特色，周围的建筑物高度对其整体环境和视觉美感起着非常重要的作用。空间环境与视觉环境是周边环境的重要考量，在周边环境规划时考虑到"三山"自然景观视线等，新增建筑物时与"三山"之间保持足够的缓冲距离，突出"三山"自然生态景观和山水交融的地方城市特色，努力形成独特的森林城市与山水城市的比较优势，保持粤北地方城市鲜明的特色和魅力。

　　"三山"是韶关的自然景色，建筑物是韶关的人工景观，现代城市理念强调自然景观的首要地位，人工景观次位。"山水城市"是韶关的特色，因此，韶关新的建筑物在规划设计和建设时，要避免喧宾夺主，注重建筑物的人工景观与自然景观、自然生态相融合，彰显韶关"三水交融"的城市特色。新建的建筑物要充分考虑"三山"延绵山峦的自然环境，控制新建的建（构）筑物高度、区域建筑密度，按照"三山"自然地形来布置建筑物的高度、区域建筑密度，形成高低错落、层叠延展、群峦叠嶂的，与"三山"和谐的景观效果。

　　韶关"三山"丘陵起伏地形变化为韶关城市居民提供了可资观赏的自然资源与休闲愉悦精神的多样化自然景观资源，"三山"与韶关浈江、武江、北江交相辉映，山水城市特色明显。"三山"周边新建的建筑物应巧妙地利用"三山"的地形，与周边建筑和谐共生，依照"三山"地形差异进行新的建筑布局，应当控制新建的建（构）筑物高度、区域建筑密度，确保建筑物错落有致的效果，使建筑与"三山"自然景观相协调、融入环境、衬托环境，审美上有着独特的风格和魅力。

　　在韶关"三山"的山地丘陵生态环境中，浈江、武江、和北江三江汇流的自然地形赋予了韶关山水城市形态。韶关城市的景观设计中应体现人本原则，考虑顺应自然地貌、山水的形态进行新的建筑物空间的布置与规划，景观视廊沿线对新的建筑进行高度和密度控制，"三山"自然景观视线敏感位置应尽量避免体量高大、突兀的建筑物。新的建筑物在视线与形态上与"三山"自然景观相互融合、相互开放、相互渗透，以此塑造韶关山水与城市景观的和谐统一。

　　韶关是典型的"山水城市"，新的建筑物尽量减少对"三山"自然环境与"山水城市"特色的破坏，使建筑物更好地融入"三山"的自然环境，实现"望得见山、看得见水、记得住乡愁"的愿景。沿"三山"周边区域新建的建（构）筑物建筑物自身景观和韶关"三山""山水城市"有着密切的联系，因此，在景观设计时，应充分考虑"三山"独特的自然环境以及韶关"山水交融"的城市特色，建筑风格、色彩等尊重"三山"的地域环境与地域特色，建筑物设计应注重建筑物本身与周围环境之间的关系，把握建筑物景观的风格、色彩、外貌特征，把建筑物的风格、色彩融入周边的自然环境中去，实现人文景观与自然景观的协调和融合、和谐统一。

但随着韶关城市化发展和城镇建设中的不断深入，如果不尊重"三山"自然环境，控制新的建筑物高度与密度，照搬大城市建设模式，必然造成建造大量的现代高层建筑遮挡"三山"自然景观风貌，很容易破坏韶关山水交融的城市形象，挡住市民视野，在韶关城区内看不到"三山"的存在，韶关"山水交融"的城市特色不够彰显。这样，不仅影响韶关山水城市形象，而且破坏韶关自然景观与人为景观和谐与协调的统一。所以，必须对韶关城区新建的建筑高度、密度进行合理的控制和引导，塑造韶关特有的城市风貌特色和整体和谐的城市景观。

因此，对于韶关山水交融的城市特色，新建的建筑物景观的规划与设计应充分契合韶关山水城市的先天禀赋，彰显"三山"与"三江"交融的景观特色，设计要素上予以体现山水城市，即"显山露水"，突出人工环境与自然环境的对景、借景关系。也就是说，韶关城市新的建筑景观设计要体现为人工景观顺应"三山"自然形态，符合以人为本的需求以及"人工—自然"景观的相互辉映三方面。

新的建筑应保持"三山"自然景观对于韶关城市景观的天然影响，体现与自然山水之美之间的结合与辉映，控制新建的建（构）筑物高度、区域建筑密度，避免高密建筑物对"三山"自然景观的蔽挡，形成韶关城市建筑与"三山"自然环境间相互穿插、对景的景观，体现人与自然的和谐。新的建筑物发挥城市山水景观资源优势，形成"三山"自然环境与城市建筑人工环境相互依存、相互因借的景观生成机制，塑造山水韶关的城市形象。

本条借鉴了《广东省森林公园管理条例》第18条第1款的规定："森林公园建筑物的高度、色彩和建筑风格等应当与景观相协调，在游览区未经批准不得擅自建设人文景观或者景点。"

### 第十五条 ［林木保护］

"三山"保护范围内的林木资源不得擅自砍伐；因人工营造的纯林改造、修筑游客安全防护设施和步行游览观光道路需要砍伐的，依照有关法律、法规的规定办理相关手续。

### 【导读与释义】

本条是"三山"保护范围内的林木资源保护的规定。

### 一、《条例》通过地方立法保护"三山"林木资源

党的十八大把生态文明建设纳入到中国特色社会主义事业"五位一体"的总体布局，并在党的十八届五中全会提出"创新、协调、绿色、开放、共享"的五大发展理念，十九大报告更是提出必须树立"绿水青山就是金山银山"的理念，可见保护生态资源受到党和国家高度的重视。但城市化水平的提高以及城市的大面积建设不断压缩着森林资源的生存空间，一方面，城市开发所需的空间通常会经由森林资源的不合理开采与乱砍滥伐来扩增，另一方面，城市建筑行业等的发展将森林资源作为其基本原材料的主要开采源头，很多森林资源开采人员不顾国家与地区的森林资源开采条例肆意开采，开采周期远远短于森林的自我恢复周期，导致森林资源遭到大面积破坏，自我恢复能力降低。[1]

"三山"森林资源是韶关市区重要的自然资源，为韶关市民提供休闲、休憩的重要场所，并对韶关市区的环境起到良好的保护和调节作用，是韶关市生态环境重要的屏障。在韶关城区城市化建设的过程中需要大量的建设用地，

---

[1] 刘国波："可持续发展下的森林资源保护与管理探究"，载《农技服务》2016第9期。

但韶关城市因山地丘陵制约，城市发展用地紧张。而韶关城市化进度需要大量征地，在征地过程中难免破坏林业用地，甚至出现将林业用地变为建设用地的行为，直接破坏了林木资源的储存和管理。健全的法律法规和管理机构是加强林业资源管理的基础，目前虽然我国已经设置了林业管理部门，但是各个科室、办事人员各行其道、各自为政，各自的责任界限也没有明确的规定，没有形成权责分明的管理制度，在日常管理中存在推诿扯皮的现象，加之目前没有行之有效的问责制度，此种状况严重降低了林业资源管理的效果和效率。另外，虽然我国有《森林法》等法律规范，但是地方和中央立法没有形成统一、协调的规范，地方立法中存在很多不合理的地方，导致林业资源管理制度存在漏洞，[1]森林资源地方立法保护具有重要意义。

再者，韶关市作为省委省政府确定的粤北生态功能区的核心地带，韶关市委市政府着力打造全省首个全域国家森林城市地级市，以"创建国家森林城市，建设生态善美韶关"为主题，按照"一核七星、三屏六廊"的整体空间布局，突出"点、线、面"有机结合，融入自然森林理论、森林康养等绿色、低碳现代城市发展需求，展现"山水岭南名城、宜居活力韶关"的国家森林城市特色风貌。

国家森林城市是指在市域范围内形成以森林和树木为主体、城乡一体、稳定健康的城市森林生态系统，服务于城市居民身心健康，且各项建设指标达到规定标准并经国家授牌的城市。韶关作为全省"一核一带一区"中北部生态发展区的中坚力，是国家第一批生态文明建设先行示范区和粤北生态屏障。韶关市政府于2018年3月提交创建森林城市申请并获国家林业和草原局备案，成立了创建森林城市工作领导小组，组织开展了"森林城市森林惠民"系列主题宣传活动，并组织创森绿地森林资源本底调查，科学编制《韶关市国家森林城市建设总体规划》，于2019年2月22日获得国家级专家评审通过，将力争在2021年获得"国家森林城市"称号。韶关市创建国家森林城市总体规划提出的指导思想正确，建设理念先进，建设目标清晰，对打造绿色发展韶关样板、实现高水平保护和发展具有重要指导意义。规划在深入分析韶关市创建国家森林城市现状的基础上，准确把握自然资源本底、经济发展水平和人文历史积淀特点，提出的总体布局和建设任务符合实际，建设工程

---

〔1〕　张雄："林业资源管理中存在的问题及其对策分析"，载《南方农业》2018年第17期。

设置合理、内容全面、重点突出、措施可行，具有较强的针对性和可操作性。

基于此，《条例》规定："三山"范围内的林木资源不得擅自砍伐，通过地方立法保护"三山"森林资源，为创造韶关国家森林城市，打造城市公园，保护韶关城区生态环境服务。

## 二、《条例》通过地方立法规范"三山"林木资源砍伐手续

森林资源属于可再生自然资源，其不仅具有保护环境、调节气候、净化空气、涵养水源的作用，还可以作为木材资源被开发，服务于人们的日常生活，创造经济效益。但现实中，人们更多地为了追逐利益，加上管理机构受人力、物力等条件制约，对森林资源的监管工作落实很难到位，林木资源乱砍滥伐与偷伐森林资源进行倒卖获利现象时有发生，破坏了森林资源维护自然生态平衡的作用，产生资源被破坏的问题，且森林资源的过度开发也会引发自然灾害。这并不意味着不可以砍伐森林资源，而是要统筹与协调好森林保护和森林资源开发利用之间的关系，既要保护现存的林木资源与营造新的森林资源，又根据森林生态环境规律和开发建设需要，适度砍伐部分林木资源，实现森林资源保护与利用的良性循环。只有保证森林砍伐数量的合理性，加大对乱砍滥伐与偷伐林木违法行为的惩治等，才能保证森林遵循自然规律，真正起到森林保护与利用二者兼得的效果。

基于这样的考虑，为了保护"三山"的森林资源又要避免乱砍滥伐与偷伐林木的现象发生。《条例》规定，因人工营造的纯林改造、修筑游客安全防护设施和步行游览观光道路需要砍伐的，应当征得'三山'保护管理机构同意，并依照有关法律、法规的规定办理相关手续。

"三山"基本都是被森林资源所覆盖，客观地说，林木资源保护比较好，森林覆盖以经济速生林桉树以及松树等居多。但因人工营造的纯林改造、修筑游客安全防护设施和步行游览观光道路，适度砍伐是符合现实需要的。为实现"三山"范围内森林采伐和森林保护之间的相对协调，一方面遵循生态规律，合理适度采伐，是对森林资源的有效保护。森林采伐过程中，需要遵循森林成长规律以及根据客观需要，并依此适当采伐。在森林采伐过程中，科学确定采伐量，有序适度采伐，从而保护森林资源，提高森林资源的可持续再生能力以及实现森林资源的观赏性。另一方面科学的采伐方法是保护森

林资源的重要手段。要结合重新造林、留住少量树木等具体情况需求，确定采伐的具体方法，要充分考虑树木结构以及生态资源有效保护等各种因素，不断提高森林资源最优化开发质量。同时选择性采伐森林资源，充分考虑树木的成熟度、生态环境要求以及树木的病害等各种情况，从而正确处理好经济效益和环境效益之间的有机统一，促进生态系统实现良性循环。

　　但"三山"森林资源砍伐不能过于注重短期经济利益，从而导致森林资源过度采伐，破坏"三山"森林资源等情况的发生。对"三山"森林资源的砍伐必须加强管理。

　　首先，"三山"森林资源砍伐应当征得"三山"保护管理机构同意。对"三山"的森林资源应加强整体规划管理，明确"三山"保护的管理机构，合理确定森林采伐任务。"三山"森林资源砍伐应当征得"三山"保护管理机构同意，其实质也是确定管理机构的具体法律责任，具有监管的义务。"三山"保护管理机构要进一步健全和完善关于"三山"森林资源采伐方面的制度规定，严格按照原则办事，全面掌握"三山"森林资源情况，给森林资源营造良好的成长空间和环境，科学确定森林采伐具体目标和限制任务以及营造新的林木，定期对采伐量进行检查考核，对乱砍滥伐林木的行为进行及时制止，引导公众积极参与到"三山"森林保护监督过程中来，提高监管水平，采用说服教育等方式提高森林保护意识，超越了"三山"保护管理机构的职责范围，"三山"管理机构应立即向相关单位报告。

　　"三山"保护管理机构应该合理开发和利用森林资源。对"三山"范围内森林资源的开发应当依循一定的计划和步骤，采伐应当按照科学合理的原则，进行科学的系统的分析与计算，合理准确地分析其计算数据，结合不同树木生产特点科学有序种植和开采，最终确定"三山"森林资源采伐的具体数量、区域以及持续开展更新森林资源和种植替代性经济林、观赏林等活动，从而更好地提高"三山"森林资源的开发、利用以及满足旅游等现实需要。适度合理地采伐，能使"三山"森林资源得到最大程度的保护，而过量的采伐，会造成对"三山"森林资源的极大浪费。

　　当然，对森林资源的保护并不意味着不采伐，反而科学合理的采伐是为进一步保护森林资源，采伐必须采用科学的采伐手段和履行法定的程序。采伐不能把树木全部伐光，必须保留少量的树木起到保护的作用，森林资源进行选择性开采，合理调整森林资源的布局。不能出现破坏性、毁灭性采伐，必须发挥森林的防风固沙作用，减少水土流失，坚持森林资源的可持续利用和发展。对森林资源合理的采伐，既能提升经济效益，还能最大程度上保护森林资源。

但是整体上看，省委省政府将韶关定位为粤北生态功能区，"三山"保护管理机构更侧重的是对森林资源的保护，而不是采伐。否则，会因国家对于森林采伐方面的制度还不够健全，在监管和惩处力度方面还相对偏弱，对森林资源的采伐量缺乏科学的计算分析，导致"三山"森林资源滥伐现象常有涌现。长此以往，对韶关城市化进程、经济社会发展、生态环境保护等方面都将产生很大的危害。

其次，"三山"森林资源砍伐必须符合法定程序。《森林法》第 31 条规定："采伐森林和林木须遵守下列规定：（一）成熟的用材林应当根据不同情况，分别采取择伐、皆伐和渐伐方式，皆伐应当严格控制，并在采伐的当年或者次年内完成更新造林；（二）防护林和特种用途林中的国防林、母树林、环境保护林、风景林，只准进行抚育和更新性质的采伐；（三）特种用途林中的名胜古迹和革命纪念地的林木、自然保护区的森林，严禁采伐。"第 32 条规定："采伐林木必须申请采伐许可证，按许可证的规定进行采伐；农村居民采伐自留地和房前屋后个人所有的零星林木除外。国有林业企业事业单位、机关、团体、部队、学校和其他国有企业事业单位采伐林木，由所在地县级以上林业主管部门依照有关规定审核发放采伐许可证。铁路、公路的护路林和城镇林木的更新采伐，由有关主管部门依照有关规定审核发放采伐许可证。农村集体经济组织采伐林木，由县级林业主管部门依照有关规定审核发放采伐许可证。农村居民采伐自留山和个人承包集体的林木，由县级林业主管部门或者其委托的乡、镇人民政府依照有关规定审核发放采伐许可证。农村居民采伐自留山和个人承包集体的林木，由县级林业主管部门或者其委托的乡、镇人民政府依照有关规定审核发放采伐许可证。采伐以生产竹材为主要目的的竹林，适用以上各款规定。"第 33 条规定："审核发放采伐许可证的部门，不得超过批准的年采伐限额发放采伐许可证。"第 34 条规定："国有林业企业事业单位申请采伐许可证时，必须提出伐区调查设计文件。其他单位申请采伐许可证时，必须提出有关采伐的目的、地点、林种、林况、面积、蓄积、方式和更新措施等内容的文件。对伐区作业不符合规定的单位，发放采伐许可证的部门有权收缴采伐许可证，中止其采伐，直到纠正为止。"第 35 条规定："采伐林木的单位或者个人，必须按照采伐许可证规定的面积、株数、树种、期限完成更新造林任务，更新造林的面积和株数不得少于采伐的面积和株数。"

《森林法实施条例》第30条规定："申请林木采伐许可证，除应当提交申请采伐林木的所有权证书或者使用权证书外，还应当按照下列规定提交其他有关证明文件：（一）国有林业企业事业单位还应当提交采伐区调查设计文件和上年度采伐更新验收证明；（二）其他单位还应当提交包括采伐林木的目的、地点、林种、林况、面积、蓄积量、方式和更新措施等内容的文件；（三）个人还应当提交包括采伐林木的地点、面积、树种、株数、蓄积量、更新时间等内容的文件。因扑救森林火灾、防洪抢险等紧急情况需要采伐林木的，组织抢险的单位或者部门应当自紧急情况结束之日起30日内，将采伐林木的情况报告当地县级以上人民政府林业主管部门。"第31条规定："有下列情形之一的，不得核发林木采伐许可证：（一）防护林和特种用途林进行非抚育或者非更新性质的采伐的，或者采伐封山育林期、封山育林区内的林木的；（二）上年度采伐后未完成更新造林任务的；（三）上年度发生重大滥伐案件、森林火灾或者大面积严重森林病虫害，未采取预防和改进措施的。林木采伐许可证的式样由国务院林业主管部门规定，由省、自治区、直辖市人民政府林业主管部门印制。"第32条规定："除森林法已有明确规定的外，林木采伐许可证按照下列规定权限核发：（一）县属国有林场，由所在地的县级人民政府林业主管部门核发；（二）省、自治区、直辖市和设区的市、自治州所属的国有林业企业事业单位、其他国有企业事业单位，由所在地的省、自治区、直辖市人民政府林业主管部门核发；（三）重点林区的国有林业企业事业单位，由国务院林业主管部门核发。"

可见，我国《森林法》以及《森林法实施条例》对森林资源砍伐的砍伐作了明确的、具体的规定。"三山"范围内的森林资源砍伐，必须严格遵照执行，否则，将受到法律的追究。

### 第十六条　　［护林防火责任］

"三山"保护管理机构应当划定护林责任区，配备专职或兼职护林员。

"三山"保护管理机构应当建立护林防火责任制度，配备防火设施、设备，设置防火标志牌，划定禁火区和防火责任区，制定森林防火应急预案，定期开展防火检查，消除火灾隐患。

### 【导读与释义】

本条是"三山"保护管理机构护林防火责任的规定。

### 一、《条例》强调划定责任区和配备护林员

森林保护工作也是一项群众性很强的工作，涉及的单位和部门很多，需要多方面的协调和配合。为了更好地落实"三山"保护责任制，"三山"保护范围内，林业主管部门或"三山"管理机构应当划定护林责任区，责任区域内，明确"谁来负、负什么、怎么负"，进行分级负责、层层落实。划定护林责任区，有条件的地方要配备专职的护林员，不具备配备专职护林员条件的可以配备兼职的护林员。

在责任区内明确每个护林员的管护责任，签订护林合同，落实护林员管护责任，开展联合护林活动，在所划定的护林责任区内管理森林、保护森林。护林员可以由林业主管部门或者"三山"管理机构委任。护林员分为专职和兼职两种。护林员的主要职责有以下三个方面：一是巡护森林和管护森林，掌握林内的情况，随时排除一切有害于森林的因素。二是制止破坏森林资源的行为，如制止非法盗伐林木的行为、违反规定将火源带入林区的行为等。对造成森林资源破坏的，护林员有权要求当地有关部门处理。三是对造成森林资源破坏的单位或者个人，护林员有权送交或者报告当地有关部门，并有

权要求有关部门处理。对妨碍护林人员执行护林任务并造成护林人员受到伤害的，应当依法追究责任。在实践中，经常发生违法破坏森林资源的行为人妨碍护林人员履行护林任务并且伤害护林员的情况。对妨碍护林人员执行护林任务、伤害护林人员的行为，应当依照有关法律规定追究责任；对护林人员造成伤害的，应当依照国家有关规定给予医疗、抚恤。

## 二、《条例》强调森林防火，建立护林防火责任制度

所谓森林防火，是指对森林、林木火灾的预防和扑救。森林火灾对森林资源的危害极大，据统计，从 1949 年至 1990 年，我国平均每年发生森林火灾 15 000 多次，受害面积年均 90 多万公顷，火灾发生率（每 10 万公顷森林火灾次数）为 11.1 次，平均每年森林火灾受害率（火灾受害面积与全国森林面积的千分比）为 7.06‰。我国是世界上森林火灾多发的国家之一。由于森林火灾能在短时间内破坏大面积的森林，造成严重的财产损失和人身伤亡，而发生的森林火灾有 95% 以上是人为因素造成的，因此森林防火要从各级领导和责任上加以重视，做好宣传工作、发动群众工作，采取有效措施，从强化对生产用火、生活用火以及其他非生产用火活动的管理等方面着手，尽可能减少火灾发生，所以规定对森林火灾的预防和扑救需要做哪些方面的工作是十分必要的。

近几年来，森林火灾在韶关时有发生，森林防火工作还存在很多薄弱环节和不可忽视的问题。森林火灾是一种破坏率高、突发性强、破坏面积大和扑救难度极高的灾害事故，对生态环境和森林资源具有重要的影响。而"三山"基本上森林覆盖，森林防火不可掉以轻心。2018 年，韶关市人大常委会出台了《韶关市野外用火管理条例》并广泛宣传，预防与惩治并用，取得了理想的效果。作为特别法，《韶关市野外用火管理条例》专门针对野外用火作了详尽的规定。就"三山"保护条例来说，仅在"三山"范围内适用，用一条规范护林防火有其必要性。

"三山"国家森林公园的前身就是在国有林场和集体林场基础上演变而来，护林防火工作一直以来都是"三山"管理机构的重心工作。但是长期以来，我国的护林防火工作比较落后，导致现阶段防火工作存在较多的问题。比如，护林防火责任不明晰，林区管理人员的防火意识不强，经费投入不够、

人员不足，等等。加之"三山"范围内墓地众多以及多年来形成的祭祀风俗习惯使得"三山"范围内防火形势不容忽视。

森林火灾发生主要有自然原因和人为原因两类。自然原因是由于气候因素所引起的火灾而非人为的，像雷电会产生火花导致枯死的树木燃烧，从而引发火灾。人为原因很多，凭借着火灾的火源差异，可以将其分为生活用火和生产用火两类。生活用火多指野餐、吸烟、放火等；生产用火多指工业生产用火、废物处理、机车喷火等。

引起火灾最重要的还是人为原因，由自然原因而导致森林火灾的发生，是比较少见的现象。相关人士曾统计出，森林火灾中，只有不足1%概率是由自然原因引起的。例如，经常发生的火灾是雷雨的产物。在雷雨天气里，打雷会产生很大的电火花，在森林资源丰富的地方，到处都是易燃物。这些易燃物一旦与电火花接触，就会诱发火灾，形成不可估计的损失。[1]人为原因是森林火灾发生的罪魁祸首。其原因也可以分为两种，主要是用火疏忽以及人为纵火。其中，用火疏忽也可以分为生产用火和生活用火两种。生产用火可以分为烧荒、烧灰积肥以及牧场用火、工业生产用火、废物处理、机车喷火等；生活用火主要是指吸烟、野餐、放火、祭祀以及取暖等。无论是人们的疏忽还是生产生活用火都极易发生森林火灾。除此之外，人为纵火也会产生极其严重的后果。[2]

既然人为的原因是森林火灾的主要原因，那么，针对人为火灾的主要措施还是预防，从人的角度出发，强化防火意识、明确责任，加大森林防火的宣传力度及进入林区火源控制，从源头上遏制火源进入林区才是预防森林火灾的根本措施。所以，《条例》规定："三山"保护管理机构应当划定护林责任区，配备专职或兼职护林员，"三山"保护管理机构应当建立护林防火责任制度，将防火责任管理精细化、制度化。加强防火控制，就必须切实落实森林防火的责任，做到"责任到人、责任到位"。"划定护林责任区、配备专职或兼职护林员、建立护林防火责任制度"等都是《条例》设计责任制的具体制度体现。在做到明确具体责任的基础上，保证森林防火工作责任的落实，火灾产生的原因与防火责任挂钩，责任区、责任人、责任制度，一目了然，

---

[1] 熊让："护林防火技术在森林资源管理及保护中的应用"，载《南方农业》2015年第27期。
[2] 熊让："护林防火技术在森林资源管理及保护中的应用"，载《南方农业》2015年第27期。

防止火灾发生后推诿责任，实践中便于《条例》的操作性和可执行性。责任区、责任人、责任制度的精细化管理，能够促使"三山"保护管理机构工作人员对防火工作更加尽职尽责。尤其对"三山"来说，明确具体责任格外重要，因为"三山"国家森林公园的森林所属错综复杂，通常国有林与集体林混合在一起，这增加了进行护林防火工作的难度，导致出现对林区管理不规范的问题，并且对林区的管理只是流于表面，一旦真正出现森林火灾的情况后，通常找不到具体的负责人，对由于管理人员疏于职守而产生的火灾事件也通常是"从轻处理"。这将更加致使管理人员在具体的工作当中敷衍、懈怠的态度，不能真正对护林防火工作抱有认真负责的态度。[1]

仅仅规定责任制是不够的，还需要制度设计上细化责任制度。《条例》规定："三山"保护管理机构应当建立护林防火责任制度，配备防火设施、设备，设置防火标志牌，划定禁火区和防火责任区，制定森林防火应急预案，定期开展防火检查，消除火灾隐患。这些都是制度设计上具体的细化责任制，增强了《条例》的可操作、可执行性。这些具体细化的制度在《森林法》及《森林法实施条例》《广东省森林防火条例》《广东省森林公园管理条例》《广东省森林保护管理条例》《韶关市野外用火管理办法》等法律法规中都有所涉及。这里《条例》的规定效力范围仅限于"三山"范围内，不与上位法相抵触，更细化更具体，增强了地方法规的特色性和可针对性，与其他法律法规形成严密的制度体系，有助于全面预防"三山"范围内森林火灾的隐患。

特别需要指出的是，《条例》规定："配备防火设施、设备，设置防火标志牌，划定禁火区和防火责任区，制定森林防火应急预案，定期开展防火检查"，这些都需要人力和财力的保障，才能真正将制度落实到地，因为森林防火工作不仅要有科学、有效、可行的预防与应急方案，更需要配备全面的防火设备以及人员配置，在林区设置防火设施。森林防火设施的状况是预防和控制森林火灾能力的标志之一，没有足够数量和较高质量的防火设施，一旦发生火灾，就不可能及时发现和组织扑救。要在林区建设的森林防火设施主要是：设置火情瞭望台，开设防火隔离带或者营造防火林带，配备防火交通运输工具、探火灭火器械和通信器械等，在重点林区修筑防火道路，建立防火物资储备仓库，建立森林火险监测和预报站（点）。森林防火基础设施建

---

〔1〕　刘义希："新形势下如何做好护林防火工作"，载《中国林业》2012 年第 8 期。

设，要同林区开发建设总体设计和大面积造林设计结合起来，作为一项系统工程，统一规划、统一施工、统筹安排。

拥有一支具备高超的专业素质与防火责任心的队伍对快速有效地控制火情具有促进作用。我国应加强对防火队伍的建设，对林区的工作人员进行长期的、有针对性的培训，加强其对护林防火方面理论知识的学习，并经常组织进行防火演习的实验活动，使得在真正发生火情的时候相关人员能够做到紧张有序，科学快速地对火情进行控制。[1]但就"三山"管理机构来说，着力推进森林防火专业队伍建设，切实做好森林火灾的预防和扑救工作，也是应急对策。

保护森林，预防和扑救森林火灾是森林法规定公民应尽的义务。任何单位和个人一旦发现森林火灾，必须立即扑救，并及时向当地人民政府或者森林防火指挥部报告。在发生森林火灾时，当地人民政府或者森林防火指挥部都要按照森林法的规定，立即组织当地军民尽力扑救，将损失减少到最低限度，同时要尽快将火情逐级报告省级以上森林防火指挥部或者林业主管部门，以便及时组织力量扑灭森林火灾。扑救森林火灾时，气象部门应当做好与火灾有关的气象预报；铁路、交通、民航等部门应优先提供交通运输工具；邮电部门应保证通信的畅通；民政部门应妥善安置灾民；公安部门应及时查处森林火灾案件，加强治安管理；商业、粮食、供销、物资、卫生等部门应做好物资供应和医疗救护等工作。对扑救森林火灾负伤、致残、牺牲的职工给予医疗、抚恤，这有利于调动人们参加扑救森林火灾的行动。

"三山"管理机构应当根据韶关的自然条件和火灾发生规律，规定森林防火期；在森林防火期内出现高温、干旱、大风等高火险天气时，可以划定森林防火戒严区，规定森林防火戒严期。森林防火期、森林防火戒严区和森林防火戒严期应当公布，使进入"三山"范围内所有市民和外来人员都知道，并按有关规定执行。在森林防火期内，要做好防火的各种准备工作，特别要禁止野外用火，这是森林防火期的基本规定，除因特殊情况按规定经批准用火外，都要严格执行这一规定。所谓特殊情况，主要是指烧荒、烧草场、烧山造林和火烧防火隔离带等生产性用火。

再者，森林防火仅靠灭火器是不够的，灭火器很难应对比较大型的森林

---

[1] 孟凌川："对完善现阶段护林防火工作的措施分析"，载《农民致富之友》2016年第6期。

火灾，使得一旦发生森林火灾则不具备良好的应对设施，造成严重的损失。"三山"管理机构应根据实际需要在"三山"范围内大面积林区增加护林设施，以有效地保护森林，防止火灾、虫害等自然灾害对森林资源的破坏。护林设施一般包括航空护林设施、森林防火设施和森林病虫害防治设施等，这是在大面积林区中保护森林的基础性设施，应当根据保护森林的实际需要建立健全，以防患于未然。实践中，防火隔离带（防火线和防火沟）是预防火灾的有效手段之一，而"三山"尚未建立有效的防火隔离带。

但这些都需要人力、财力等资源的投入，而韶关是欠发达地区，经费紧张是不言而喻的。所以，《条例》规定为落实护林防火责任，切实保障"三山"森林的安全，还需要多方筹集资金，加大对"三山"的投入，增加"三山"的人力资源，从经费上和人力资源上保障《条例》规定的制度予以真正地实现。

韶关市林业部门有必要总结新形势下防火护林工作中的问题，提出合理的解决方法，并增强林区广大人民群众与护林人员的防火意识，建立完善的防火护林机制，加强防火护林的基础设施建设，运用科学技术合理护林，加强林区消防队伍建设，才能在新形势下做好防火护林工作。"三山"保护管理机构对于一些流于形式的护林防火举措必须及时纠正，对于管理工作中的懈怠行为予以严惩，同时对于相关管理工作进行合理分工，建立明确有效的沟通机制、协调机制，真正以管理规范为主线，以护林防火为主旨，进行高效护林防火工作建设。"三山"保护管理机构也应结合《森林法》及《森林法实施条例》《广东省森林防火条例》《广东省森林公园管理条例》《广东省森林保护管理条例》《韶关市野外用火管理办法》等法律法规，强化森林防火教育宣传工作，在日常工作中加强防火宣传，主要是让韶关市民以及相关工作人员了解森林火灾的火源类型、火灾可能发生的原因、防火知识等，掌握这些知识之后就可以更好地开展森林防火工作。

### 第十七条 [病虫害防范]

"三山"保护管理机构应当针对森林生长发育特性,做好森林有害生物的调查、监测和防治工作。

**【导读与释义】**

本条是关于病虫害防范的规定。

森林有害生物是指危害森林、林木和林木种子正常生长并造成经济损失的病、虫、杂草等有害生物。森林有害生物通过直接取食林木的根、茎、叶、花、果、种子,或以一定方式从林木的上述器官、组织中吸取营养,致使林木不能正常生长,甚至死亡,即对林木造成了一定的"危害"。森林有害生物是林木生长发育毒瘤,森林有害生物防治工作是人们一直以来高度重视的问题。防治森林病虫害是保护森林的重要措施。森林病虫害是森林又一大自然灾害,被称为"不冒烟的森林火灾"。我国森林病虫害日趋严重,森林病虫害种类多,发生面积大,损失严重。森林一旦发生有害生物侵蚀,不仅会影响树木的成长,对林木的生理组织结构造成破坏,进一步造成林木发育不良直至林木死亡,甚至进一步扩散造成大片森林死亡。

森林有害生物防治所涉及的问题比较复杂,防治需要统筹全局从多个方面着手,应当针对森林生长发育特性,制定系统全面的病虫害防治方案。因为,各地气候、地形、林木树种等都有差异,必须针对所在地的森林生长发育特性,充分掌握不同植物的生长习性,根据树种间的关系科学搭配植物,严格按照相关比例穿插种植林木,通过林木相互制约来维持生态平衡,提高森林植被的抵抗有害生物能力,选对合适的森林有害生物防治方法,才能真正对森林起到保护作用。

防治森林病虫害是保护森林的重要措施,根据《森林法》及其《森林法实施条例》规定，各级林业主管部门负责森林病虫害防治工作。因此，各级林业主管部门是负责森林病虫害防治工作的主管部门，在地方各级人民政府对森林病虫害防治工作的领导下，由其负责组织森林经营单位和个人进行森林病虫害的预防和除治工作。根据《森林法实施条例》和国务院 1989 年 12 月 18 日发布的《森林病虫害防治条例》的规定，森林病虫害防治工作实行"预防为主，综合治理"的方针。

目前广东省森林公园病虫害的发生情况主要有三种，分别是衰退型、侵染型、非侵染型。衰退型林木病虫害会影响植物的生长潜能；侵染型则主要由螨虫、真菌、病毒引起；非侵染型林木形成的原因主要是水、温、光等，非侵染型林木病虫害没有传染性。[1]"三山"保护管理机构应充分考虑广东省森林公园病虫害发生的几种情况，结合"三山"范围内的森林病虫害的实际情况，加强对"三山"范围内森林的巡逻并掌握"三山"范围内生长发育的特性的相关知识，及早发现并防治、遏制病虫害的发生，尽可能做到早发现、早治疗。

具体应该做好"三山"范围内森林有害生物的调查、监测和防治工作：

1. 有害生物的调查工作

林业有害生物具有隐蔽性、爆发性、毁灭性、永久性和防控上的艰巨性等特点，而且林业有害生物种类繁多，环境条件有复杂性，防控需要具有针对性，究其原因：①林业有害生物具有主动传播或依靠自然动力传播和强大的繁殖能力，绝大多数个体被消灭，天敌数量也在减少，自身调控能力下降，但剩余个体有害生物通过繁殖或传播，数代之后又能迅速增长构成危害。②随着林业的发展有林面积不断扩大，特别是大面积人工纯林面积的增长，有林面积快速回升。③国内外林业生产活动交往频繁，随着苗木、木材、林产品、繁殖材料的运输潜带危险性有害生物，新的有害生物种类不断增多，为有害生物的传播提供了有利条件，危害性随之增大。生物的生长通常是相互伴生的，在树种引进的同时，也有一些生物入侵者随之而来，对于外来树种不能造成威胁，却极大地破坏了本地树木的生长。[2]④林业有害生物的遗传特性抗逆能力随着环境条件的变动，适应能力不断增强。即使是一些抗虫

---

〔1〕　谢世坤："浅析森林公园病虫害防治措施"，载《科技经济导刊》2018 年第 23 期。

〔2〕　杨振学："森林病虫害防治措施分析"，载《农技服务》2016 年第 14 期。

病虫的品种也并非一劳永逸，由于长期适应的结果，遗传特性逐渐变异或减退，还需要不断培育新的抗病虫品种。

为有效地防治森林有害生物危害，需要认真调查森林有害生物种类、入侵扩散、危害、威胁森林的原因，以及森林有害生物的发生趋势严峻。常见的森林有害生物加剧的原因：①树种栽植结构不合理，大面积营造人工纯林，造成树种单一，没有隔离屏障，是导致有害生物传播蔓延快、发生面积大、危害程度高，难以控制的主要因素。②人为活动传播造成外来林业有害生物种类不断增加。近年来，随着市场经济和国际贸易的快速发展，林业商品流通频繁，林产品种类外销内调数量大增，林业有害生物的种类不断增加。③思想认识不到位，基础设施薄弱，防治手段落后，测报工作滞后，防控机制不健全也是导致林业有害生物多发性的原因之一。近年来，各级政府和领导已开始重视生态环境及生态安全问题。有的地方已将林业病虫害防治资金纳入政府财政预算。但是，重造林轻防治的思想仍然存在，个别地方表现尤为突出，森防机构不落实，人员不稳定，防治测报检疫工作跟不上，出现大灾时无所适从。[1]

"三山"保护管理机构要对森林有害生物进行认真的、仔细的实地调查，及时并准确地掌握森林有害生物的种类组成和种群动态、发生发展的趋势、森林有害生物的变化状况等，对其发生发展规律要进行分析研讨。通过森林有害生物调查，对"三山"范围内森林有害生物的种类、数量、分布、危害、发生面积等进行摸底调查，摸清"三山"范围内森林有害生物危害情况的新变化，及时更新"三山"范围内森林有害生物数据库，为科学制定防治规划，有效开展预防和治理，维护"三山"范围内生态安全，提供全面、准确、客观的森林有害生物信息，从而为制定有效合理的森林有害生物的监测和防治措施提供决策参考。

2. 有害生物的监测工作

森林有害生物的监测调查是掌握森林有害生物发生发展动态与做好防治工作的基础，加强森林有害生物的监测是为综合防治提供科学依据。森林有害生物的监测对有效控制森林有害生物大面积暴发以及疫情扩散蔓延起着关键的作用。但受资金、设备配备和人员等因素制约，我国部分地区的监测监

---

[1] 谢亿安："关于林业有害生物防控问题及措施的探讨"，载《绿色科技》2014年第1期。

督机制滞后，导致森林有害生物监测工作不能落实到位，对森林资源管理工作造成严重的影响，甚至会导致大面积森林资源受有害生物侵害而没得到及时发现，造成森林资源的损失。

对于"三山"森林有害生物的高发区域可以建立立体化的监测和预报系统，通过遥感等技术的应用，对重大病虫害信息进行全面的收集和整理，一旦发现异常情况，立刻派专人到现场检疫、确认，并立即采取有效措施积极防治。森林有害生物监测预报可及时遏制有害生物，不仅降低有害生物给林业带来的经济与生态损失，还可为绿色防控提供科学依据。所以，始终坚持"预防为主，综合治理"的方针，根据不同种类森林有害生物的发生特点和规律，适时开展调查监测，及时发布森林有害生物发展动态和预报信息，对防治森林有害生物，保护森林资源和生态建设，维护生态安全，实现森林有害生物的可持续防治具有重要意义。

现实中，森林有害生物监测并不那么理想。因为，对森林有害生物监测不仅需要高素质的森林护林工作人员，而且需要投入，建立监测网，借助现代技术和现代化设备，比如有些地方对森林有害生物监测已经开始使用无人机监测技术。

《条例》规定，"三山"保护管理机构应当针对森林生长发育特性，做好森林有害生物的调查、监测和防治工作。这就要求，加大对"三山"保护管理机构的支持力度，在人员、技术、设备上的支持力度，以便实现"三山"范围内森林有害生物的调查、监测和防治工作。

"三山"保护管理机构承担着"三山"范围内的森林有害生物监测预警的技术指导、监督检查、数据的统计分析、预报信息的发布等工作，有义务组织业务人员，严格按照技术规程规定，认真开展"三山"范围内森林有害生物的监测。为进一步提高"三山"范围内的森林有害生物的监测预警能力，"三山"保护管理机构应根据实际情况，借助当前发达的信息技术建立完善的监测网络，采取有效的监测手段，制定科学的监测计划，对"三山"范围内的林木发展状况进行严密监测，为"三山"保护管理机构工作人员防治有害生物工作的顺利开展提供可靠的依据。人们可以扩大对森林有害生物的监测范围，获取到监测数据后，使用大数据分析，得出森林生长状态的相关数据，使整个林区林木的生长状况和健康状态均处于可控范围内。

当然，韶关市政府及林业主管部门应加大"三山"范围内有害生物防治经费、人员科技投入力度，比如使用先进的遥感技术展开监测工作，这样可以提升工作人员的主动性，提升防治工作的有效性和针对性。严密监测"三山"范围内有害生物，将一切的有害生物隐患消除于无形之中，这样既能保护"三山"的森林资源，又能降低管理成本，有效维护"三山"森林资源生态平衡，实现"三山"森林资源可持续发展。

3. 有害生物的防治工作

为了避免有害生物的出现给林业造成严重影响，必须将预防工作做到第一位。所谓"防治"就是要将"防"作为首要重点。而这个"防"，具体就是指预防措施。[1]森林有害生物防治工作是一项系统和综合性的工作，具体防治措施也是多管齐下，多措并举。具体如下：

首先，加强防治教育宣传，必要时封山育林。有效开展森林有害生物的防治工作，加强森林有害生物的危害性宣传，让"三山"管理机构的全体工作人员对森林有害生物治理工作的重要性有清楚全面的认识，提升森林保护意识。同时，还要发动群众力量，可利用报纸杂志、电视、发放宣传材料等方式，加强对森林有害生物防治工作动态以及相关政策的宣传，最大限度地强化全民森林有害生物防治意识。

"三山"对韶关市民开放，必要时，"三山"范围内特定区域森林更新可以采用封山育林的方式。封山育林是一种以减少人、畜对森林植物被造成的破坏为目的的重要手段，它能将单层林逐渐建设成为混交林、复层林，从而形成多样化的森林体系。通过采用合理的人工促进及改造措施，完善生物群落，保护天敌，提高林木的自我保护性能，以期实现对林业有害生物的控制。

其次，制定科学合理的防治方案，多种防止措施并举。森林有害生物的调查、监测是基础，在调查、监测的基础上，结合林木生长状况、危害程度与症状，对森林有害生物的种类进行正确鉴定，了解森林有害生物特性以及在不同环境下的生长规律，制定科学合理并行之有效的防治方案。森林有害生物防治需要把握住最佳的时机，以期达到最佳治理效果的目的，并且将由森林有害生物所造成的经济损失程度降到最低。森林有害生物防治措施是多管齐下的，需要制定有效合理的综合性防治措施。

---

〔1〕 姚海英："海晏县林业有害生物发生危害情况及防控对策"，载《现代农业科技》2012年第11期。

（1）物理机械防治。物理机械防治主要包括人为捕杀、人为阻隔、人为诱杀等，还有通过高温处理以及应用遥感等新技术来进行防治。该措施特点是对环境污染较小、天敌不会受到伤害、方便在群众中开展工作等，但是此种措施也有诸多不足，例如效率低下、人工费高、局限性很大，因此要结合规律与劳力情况来进行具体掌握。

（2）利用天敌防治。根据其他的防治措施，可利用自然界中的线虫、蜘蛛、青蛙及食虫鸟等有益生物来对林业有害生物加强控制。该措施具有环保性，能长期维持生态平衡，抑制住林业有害生物的发生蔓延，对人与自然和谐社会的建设具有非常重要的战略意义。

（3）建立有害生物防治检疫制度。在现代社会经济发展中，人们不仅重视经济效益和经济产出问题，而且更加重视经济的可持续发展。在这种情况下，相关部门需要针对我国林业发展的特点，做好有害生物防治检疫工作，最大限度地避免和控制有害生物危害林业系统。在林业经济发展的过程中，要求人们要加强对森林资源的保护。因为有害生物入侵后会导致林木受损甚至死亡，因而人们需要加强有害生物防治检疫。在实施林木检测的过程中，人们可以使用先进、科学的检测技术，对林木产品及植被是否存在有害物情况进行分析，从而达到保护资源的目的。

近几年，我国引进国外树种的数量逐渐增加，若是检疫工作不能落实到位，就会造成部分国外病害传递到我国森林系统中出现异常繁殖。有害生物防治检疫离不开法律法规的支持，对有害生物防治检疫的法律要求和制度内容等进行规定，如没有法律法规强制要求林木企业或林区管理部门实施有害生物防治检疫，会导致有害生物防治检疫工作落实不到位。

"三山"管理机构根据国家法律制度及相关文件要求，对"三山"范围内森林有害生物的危害程度和检疫面积等进行分析，在此基础上制定符合"三山"森林发展需求的检疫防治制度。相应的，"三山"管理机构应该培养和聘用具备专业知识和检疫技术的人员，重点做好有害生物防治检疫工作，提升有害生物防治检疫的应急预防能力，避免在森林有害生物全面发生后再实施防控。

总之，森林有害生物的防治工作是一项无比复烦琐的系统工程。根据国务院《森林病虫害防治条例》规定，森林病虫害防治工作实行"预防为主，综合治理"的方针。对于森林有害生物的防治，应始终坚持预防为主、综合治理的工作方法。我们必须要了解森林有害生物发生的原因，发挥政府及其林业主管部门、"三山"管理机构、人民群众的作用，找到针对性解决措施，有效遏制"三山"范围内森林有害生物的传播与蔓延。在防治过程中，要加强推广应用生物药剂、无公害农药防治技术及生物防治技术，有机地结合营造林措施、防治新技术与生物防治，尽力促成森林有害生物的可持续控制。

　　本条的起草过程中，参照了《森林法实施条例》《森林病虫害防治条例》。《森林法实施条例》《森林病虫害防治条例》对森林病虫害防治工作的规定，本条是结合韶关"三山"的实际，强调对森林病虫害的预防措施。

### 第十八条　[森林景观提升]

"三山"保护管理机构应当根据"三山"保护规划培育具有地方特色的风景林木,保持当地森林景观优势特征,提高森林风景资源的观赏价值。

**【导读与释义】**

本条是"三山"保护管理机构对森林景观提升的规定。

#### 一、《条例》提倡培育具有地方特色的风景林木,保持当地森林景观优势特征

"三山"是韶关市一个免费的国家森林公园,里面植被繁茂,空气清新。是当地人晨运休闲娱乐的好地方。韶关国家森林公园占地辽阔,与韶关三江六岸美景遥相呼应,是韶关市民健身、娱乐、休闲的重要场所。因其常年保持着良好的森林生态环境,堪称韶关的绿色生态屏障,因而也被市民誉为"市肺"。"三山"公园气候属亚热带山地季风气候,植物资源丰富,植物有野牡丹、岗松、芒萁、桃金娘、马尾松、杉木、荷木、樟、枫香、壳斗科、木兰科等 115 科 316 属 420 余种,森林蓄积量 18.5 万立方米,森林覆盖率 88%。"三山"公园共有药用植物 507 种,隶属 122 科 343 属;其中蕨类药用植物 18 科 21 属 30 种,裸子植物 1 科 1 属 1 种,被子植物 103 科 321 属 476 种。[1]

随着我国经济迅速发展和社会不断进步,人们消费水平的日益提升,旅游经济成为推动区域经济的重要支柱之一。受环境保护和健身强体等观念影响,城市市民对森林旅游要求不断提高,城市森林公园逐渐成为市民周末和假期休闲、游玩的主要选择之一。市民回归自然的愿望越来越迫切,森林旅

---

[1]　隋春花:"广东韶关国家森林公园旅游发展调查研究",载《林业经济问题》2009 年第 3 期。

游成为一种新兴的旅游方式。韶关作为全省"一核一带一区"中北部生态发展区的中坚力量，是国家第一批生态文明建设先行示范区和粤北生态屏障。韶关市政府于2018年成立了创森工作领导小组，科学编制《韶关市国家森林城市建设总体规划》。韶关创森将以"创建国家森林城市，建设生态善美韶关"为主题，按照"一核七星、三屏六廊"的整体空间布局，突出"点、线、面"有机结合，融入近自然森林理论、森林康养等绿色、低碳现代城市发展需求，展现"山水岭南名城、宜居活力韶关"的城市特色风貌。在此背景下，韶关"三山"应扮演积极角色，利用国家森林公园的自身资源向社会提供高质量的森林景观旅游，也是全面发挥"三山"森林资源造福韶关市民的一项重要工程。

《条例》规定："三山"保护管理机构应当根据"三山"保护规划培育具有地方特色的风景林木，保持当地森林景观优势特征。景观，一般意义上，是指一定区域呈现的景象，即视觉效果。"景观"最早的含义更多具有视觉美学方面的意义，即与"风景"同义或近义。森林景观是指在一定的地理区域内，在气候、土壤和生物等多种因素长期综合作用下形成的，以森林植被为主体的其有异质性的空间单元。森林景观资源是由森林生物资源和森林环境资源有机结合在一起所形成的一种整体资源，属于森林资源体系的一个重要组成部分。[1]

"三山"地处南岭，降水充沛，在地质、地貌、气候、土壤和植被的多重影响下，形成山顶、山腰、山脚和沟谷等差异明显的岭南特色的森林景观。根据岭南森林特色，"三山"范围内森林景观注重保持岭南地方特色，"三山"管理机构要因地制宜，根据岭南的气候、土壤等自然环境，结合"三山"的实际，培育具有地方特色的风景林木，保持当地森林景观优势特征，合理运用韶关本土优势的森林景观对森林生态旅游加以科学的规划，突出韶关本地特有的森林风景资源的自然特性、文化内涵和地方特色。

森林景观作为旅游资源，是森林旅游业的物质基础。因此，在规划"三山"森林景观时，要注重韶关岭南城市的地方森林资源特色，景点开发以韶关本土森林自然景观为主，森林自然景观与人文景观和新景点相结合的方式，重视韶关城市森林公园规划与可持续发展，形成韶关地方特色森林资源，发

---

〔1〕 胡坚强、张佩成、梅艳："论我国森林旅游的可持续发展"，载《浙江林学院学报》2004第2期。

挥森林景观的生态效益、社会效益和经济效益，让更多的韶关市民和外来游人走进"三山"国家森林公园，接受具有韶关特色的森林景观文化的熏陶和感染。"三山"保护机构应合理利用森林自然旅游的资源，充分展示和传播韶关本土森林资源生态文化知识，增强公众生态文明意识，又兼顾到充分保护森林风景资源、生物多样性和现有森林植被，以自然景观为主，严格控制永久性设施和人造景点，充分发挥出森林生态旅游的价值，进一步带动旅游经济，促进行业的可持续发展。

## 二、《条例》提倡提高森林风景资源的观赏价值

森林旅游资源是指用作人们在闲暇时间内进行休闲、度假、疗养、观光、游憩、娱乐等旅游行为的森林资源。它是以森林、林木、林地、森林环境及其动植物、森林景观、林区各种自然与人文景观等构成的森林生态系统的综合体。森林旅游资源以满足人们的审美要求和健康要求为宗旨，利用森林优美的风景资源、特有的气候环境，使游人的体能代谢在赏心悦目的最佳心态下，自然调节到良性循环状态，并能产生良好的社会效益和经济效益。[1]随着森林旅游资源的持续发展和完善，游人对森林旅游资源景观的要求日益升级，提升森林风景资源的观赏价值具有重要意义。良好的森林风景资源使旅游者在自然环境中能够观赏优美的自然景观，科普岭南森林植物百态，游人不仅提升拓展视野，也享受了大自然的美。

目前，"三山"是以原来国有林场基础上经过改造、升级而成的国家森林公园，森林资源主体还是以林场为基础的历史遗留，以及种植的速生经济林（主要是桉树）过于单一。而森林景观资源应以保护生物多样性、优化森林结构，形成地域特色鲜明、生态功能完善、自然景观优美、文化内涵丰富的森林景观资源体系为建设目标，形成丰富的自然景观、良好的生态环境、诱人的野趣及独特的保健功能，吸引着众多的游客。显然，"三山"国家森林公园还是有很大的提升空间。而且，随着社会经济的发展和市民生活水平的提高，参与森林旅游活动、回归自然，已成为一种重要的现代生活方式。以韶关打造城市森林公园为契机，发展森林景观旅游需要对"三山"森林景观进行改

---

〔1〕 欧阳勋志、廖为明、彭世揆："论森林风景资源质量评价与管理"，载《江西农业大学学报（自然科学）》2004 年第 2 期。

造和提升，具有重要意义。

森林景观改造就是运用现代林业的生态规划和工程造林的方法，突出森林美学和森林文化，以选择乡土阔叶树种为主，逐步改造单一林分结构，营造多树种、多层次、多色彩的亚热带常绿阔叶林自然景观，建立起一个多功能的、多效益的、稳定的、可持续发展的森林生态系统。[1]森林景观改造遵循道法"自然"，以突出和开发森林自身的自然美为第一追求。[2]"三山"提升森林风景资源的观赏价值是以自然生态环境为基础，根据生态学的原理对森林旅游景观的生态环境加以设计规划，打造可以持续发展森林旅游景观生态，旨在通过合理的景观规划实现优化景区内部资源的配置，使景观的价值得以发挥。森林景观的设计规划工作在森林生态旅游之中仅仅占据了很小的一部分位置，但它是不可或缺的一个重要因素，直接影响到景观生态的完整性。

提升"三山"森林风景资源的观赏价值，实现森林景观资源和韶关本土的传统文化有机结合。森林景观布局要突出局部特色，结合景区、景点的特点选择优质和具有较好景观效果的乡土阔叶树种和珍贵观赏树种进行合理搭配，可适当采用纯林景观，重视特色植物景观的打造，突出视觉冲击和可识别性，做到与周边环境相协调。对于森林景观提升一方面是适地适树，即根据"三山"的土壤、降水和气候等特征，营造具有代表性的韶关本土树种和能适应本区生态环境的外来的归化树种；另一方面，选用恰当的植物体现不同景点的美学和文化意境，从而进一步提升森林景观风景质量。森林旅游资源具有文化属性，游人通过浏览观光可以获得丰富的知识，诸如韶关国家森林公园内的野生动物、植物、独特的地质构造、奇妙的自然现象、悠久的历史文化等。

提升"三山"森林风景资源的观赏价值，既符合森林生态旅游的发展趋势，也有效满足了游客观赏极致植物景色的消费需求，有效促进了韶关森林生态旅游的合理规划及长远健康发展。尤其是韶关市政府提出打造国家森林城市，"三山"森林风景资源必将成为韶关城市森林生态文化建设一个重要可

---

〔1〕 杨文、陆佳："湖南桃花源国家森林公园森林景观改造规划"，载《湖南林业科技》2016年第4期。

〔2〕 苏祖荣、郑小贤："森林美学的性质及与其他学科的关系"，载《中国林业教育》2012年第1期。

持续的发展方向，为韶关市民带来更好的森林旅游体验，对擦亮韶关城市名片可以提供良好的基础支撑。

### 三、《条例》进一步落实上位法的精神

《国家级森林公园管理办法》第 8 条规定："国家级森林公园总体规划，应当突出森林风景资源的自然特性、文化内涵和地方特色，并符合下列要求：（一）充分保护森林风景资源、生物多样性和现有森林植被；（二）充分展示和传播生态文化知识，增强公众生态文明道德意识；（三）便于森林生态旅游活动的组织与开展，以及公众对自然与环境的充分体验；（四）以自然景观为主，严格控制人造景点的设置；（五）严格控制滑雪场、索道等对景观和环境有较大影响的项目建设。国家级森林公园总体规划还应当包括森林生态旅游、森林防火、旅游安全等专项规划。"第 17 条第 3 款规定："国家级森林公园经营管理机构应当严格保护森林公园内的天然林、珍贵树木，培育具有地方特色的风景林木，保持当地森林景观优势特征，提高森林风景资源的游览、观赏和科普价值。"《广东省森林公园管理条例》第 23 条规定："森林公园管理机构或者管理组织应当培育具有地方特色的风景林木，保持当地森林景观优势特征，提高森林风景资源的观赏价值。"

《条例》规定，"三山"保护管理机构应当根据"三山"保护规划培育具有地方特色的风景林木，保持当地森林景观优势特征，提高森林风景资源的观赏价值，也是对上位法《国家级森林公园管理办法》《国家级森林公园管理办法》相关条款结合韶关实际的进一步落实和明确，有助于可操作和可执行。比如，本条借鉴了《国家级森林公园管理办法》第 17 条第 1 款、第 2 款的规定："国家级森林公园经营管理机构应当对森林公园内的森林风景资源和生物多样性进行调查，建立保护管理档案，并制定相应的保护措施。国家级森林公园经营管理机构应当加强对重要森林风景资源的监测，必要时，可以划定重点保护区域。"本条也借鉴了《广东省森林公园管理条例》第 18 条的规定："森林公园的天然林应当予以保护，人工营造的纯林应当按照森林公园总体规划的要求进行树种调整和改造，提高其游览、观赏价值和综合效能。"

### 第十九条　[设施建设]

"三山"保护管理机构应当按照"三山"保护规划完善景观道路、观景平台、休憩设施、公共健身设施等建设，建设徒步、骑行等环山绿道，相应设置安全、环卫、残障设施及服务标识。

## 【导读与释义】

本条是关于"三山"设施建设的规定。

### 一、按保护规划完善"三山"范围内的相关设施建设

党的十九大报告提出加强生态文明建设，加快生态文明体制改革、推进绿色发展、建设美丽中国，指出建设生态文明是中华民族永续发展的千年大计，要坚定走生态良好的文明发展道路。这体现了党和国家在新时代注重生态文明建设。随着社会经济的发展和人们生活品质和文化教育水平的提升，休闲或旅游不仅成为人们重要的生活方式，而且不断向多元化、高层次发展。周末或假期亲近大自然，感受大自然原有自然风貌和自然环境，锻炼、健身、休闲成为新时尚。

"三山"有大面积的人工林或天然林覆盖，不仅具有生态保障功能，而且是具备森林景观、旅游、休闲、游憩、科研等多重功能的特殊景观。而且"三山"除森林公园的自然景观，还兼具丰富独特的人文积淀、浓郁的风俗民情，是游人和韶关市民休闲、度假的好去处。

但"三山"森林公园建设起步较晚，基础设施还很薄弱，且存在投入资金不足、规划有待提高、经营管理有待提升的问题。现实中"三山"导致森林公园基础设施薄弱，休闲、观光、游憩等服务性基础设施的建设也普遍存在功能单一及错位，地方特色不突出等现象，这与国内迅速发展的森林公园

建设和森林旅游不相称。

　　基于此种考虑，如何进一步提升"三山"基础设施，发挥"三山"的多重功能，强化生态理念与旅游活动的有机结合理念，更好地服务于韶关市民及游人，《条例》规定："三山"保护管理机构应当按照"三山"保护规划完善景观道路、观景平台、休憩设施、公共健身设施等建设，建设徒步、骑行等环山绿道。《条例》这样的规定更多的是发挥立法的引领和推动作用，推动"三山"内的基础设施围绕"生态"加强建设。以"三山"自然景观为基础，完善景观道路、观景平台、休憩设施、公共健身设施等建设，引导游人参与到生态环境中去，给游人流连忘返的生态旅游体验。

　　目前，"三山"的景观道路、徒步、骑行等环山绿道都建设得很好，吸引韶关市民周末或假期休闲、游憩和健身，但和国家森林公园以及建设国家森林城市的要求还有一定的距离。《条例》旨在将"三山"打造为森林公园，韶关市也在努力营造和争取国家森林城市，那么，"三山"的一些基础设施建设，比如游憩服务设施是森林公园发挥游憩功能的重要载体，直接影响着游客的旅游体验，建设游憩服务设施是提升森林公园形象，实现"三山"森林公园的功能与作用的有效途径。

　　"三山"的景观道路、徒步、骑行等环山绿道建设，要严格遵循韶关城市总体规划和"三山"专项保护规划。韶关城市总体规划是韶关市人民政府依据国民经济和社会发展规划以及当地的自然环境、资源条件、历史情况、现状特点，统筹兼顾、综合部署，为确定城市的规模和发展方向，实现城市的经济和社会发展目标，合理利用城市土地，协调城市空间布局等所做的一定期限内的综合部署和具体安排。城市总体规划是城市规划编制工作的第一阶段，也是城市建设和管理的依据。"三山"的建设必须严格遵循韶关城市总体规划。但因为"三山"保护的特殊性，《条例》第11条规定：市林业主管部门应当会同自然资源、城乡建设管理、生态环境、文化旅游等主管部门及浈江区、武江区、曲江区人民政府、三山"保护管理机构组织编制"三山"保护规划，经市城乡规划委员会审议后，由市人民政府批准实施。"三山"保护规划应当符合城市总体规划，与其他专项规划相衔接，并纳入控制性详细规划。所以，"三山"范围内的建设同时也遵循"三山"保护的专项规划，建设要有保护规划的依据。

　　"三山"作为森林公园，设施建设更多地应遵循以人为本的设计原则，彰显生态保护特色，合理规划生态旅游资源开发，景区管理突出体验性，以"三山"现有的自然资源和人文环境为基础，规划类型丰富，各具特色，"三山"基础设施建设渗透生态环保、健身休闲的理念，营造城市森林公园的生态旅游管理氛围。"三山"内的旅游基础设施的规划和设计应满足与自然景观和生态相协调、满足旅游活动的需要、有自身的特色和协调的风格。基础设施建设应该控制在适度范围内，充分与"三山"自然景观相协调，而不应当自成风格，忽视"三山"自然景观和自然生态。

韶关是优秀旅游城市，"三山"不仅服务于韶关市民，而且吸引着众多外来观光游玩的游客，这就对"三山"内的基础设施等提出更高的要求，旅游服务设施建设也应朝着规模化、标准化、综合化的方向发展，满足了韶关本地市民休闲、游憩、健身的需求。因此，应加强"三山"内的景观道路、观景平台、休憩设施、公共健身设施等建设。因为旅游活动的基础设施，设施工程是旅游的保障体系，它一方面是风景区景观的重要组成部分，另一方面承载着景区内的各种旅游活动，直接关系到风景区的景观质量和服务质量，因此，在风景区规划和设计中应该予以必要重视。[1]所以，随着城市森林公园旅游热的持续高涨，在加快建设城市森林公园的同时，应借鉴国内其他城市公园建设的先进经验，结合韶关市"三山"自身特点，积极推进"三山"森林公园基础设施，特别是游憩服务设施的建设与发展。好的生态环境对休闲人群或外来游客具有吸引力和竞争力，对生态环境和生态感受体验品味攀升，自然也影响到韶关城市的经济、社会和环境效益以及可持续发展。这对提升韶关"山水城市"的品味、促进韶关经济发展和擦亮韶关城市名片有重要意义。

## 二、"三山"范围内相应设置安全、环卫、残障设施及服务标识。

随着社会经济迅速发展，人民生活水平逐渐提高，生活品质也不断提升，休闲、度假、旅游成为人们生活休闲不可缺少的部分。我国旅游景区的建设也是日新月异、蒸蒸日上，但多是以基础设施的硬件建设为主，景区标识系统的建设如安全、环卫、残障设施及服务标识还相对滞后，影响游人对景区

---

[1] 张蕾、俞孔坚、李迪华："风景名胜区人工设施规划导则———以武陵源为例"，载http://www.landscapecn.com/pa-per/detail.asp？id=146.，2019年6月15日最后访问。

的观感。

而在流行生态旅游、休闲、健身的今天，作为开展生态旅游、休闲、健身活动场所的"三山"，则更需要标示出有利于保护环境、人身安全、便利游人以及相关服务标识，有利于游人在与大自然亲近共处的过程中，增强环保意识，亲近大自然，通过理解自然从而欣赏自然、保护自然。景区标识系统在一定程度上也反映了旅游景区的人文发展水平，旅游景区标识通过具有"标记""识别"作用的一些自然景观或人文景观，如文本、图片或石刻、楹联、假山或亭台楼榭等园林小品，协助旅游者在旅游景区更好地完成休闲体验过程，增加对景区自然、历史和文化内涵的了解。[1]

《条例》规定："三山"范围内相应设置安全、环卫、残障设施及服务标识。主要基于以下几点考虑：

1. "三山"保护机构尽到安全注意义务，提供安全注意事项

"三山"保护机构日常管理工作中，贯彻"以人为本，关爱生命"的指导思想，遵循"安全第一、预防为主、综合治理"的指导方针，努力消除存在的各种安全隐患，积极防范意外事故的发生，成为"三山"保护机构管理者重要的工作内容之一。"三山"保护机构应制定安全制度，进入"三山"范围内的游人，应遵守"三山"有关安全管理制度及各种法律、法规。比如，提醒游人遇雨天、山路、险坡等应注意行路安全；行至山区拐弯路段或视野不好的盲区，一定要靠右侧行驶，并提前鸣笛，千万不要超速、超车或驶入逆行，因为随时可能有对面来车，避之不及；如有建设或维修施工的，应做好安全防护工作，防止施工过程中的不安全行为对游人造成伤害；正确引导和约束景区内游人的游览、休闲、健身等行为，防止其不安全行为导致事故，等等。

"三山"主要是森林覆盖，游人众多，"三山"保护机构结合《韶关市野外用火管理条例》，特别需要强调防止火灾发生，积极做好防火宣传。进入"三山"范围内不要携带火种，不能携带火源，包括打火机、火柴盒便携液化气罐等易燃易爆物品进入山区，更不能在山上用火，如野外烧烤、吸烟等。

---

〔1〕 吴希冰、张立明、邹伟："自然保护区旅游标识牌体系的构建——以神农架国家级自然保护区为例"，载《桂林旅游高等专科学校学报》2007年第5期。

2. 强调"三山"保护机构加强环卫与残障设施建设

"三山"范围内游人越来越多，尤其周末和节假日，随意丢弃各类垃圾现象严重损害了"三山"的形象，所以"三山"管理机构应建立专门岗位，明确岗位职责，负责保证"三山"范围内的清洁环保和卫生工作，制定专门的制度，严格执行，营造环境优美、卫生整洁、健康文明的自然景观，打造城市森林公园形象。

残障设施是为了保障残疾人及其他行动不便者。无障碍设施是城市基础设施的有机组成部分，是完善城市功能不可或缺的重要元素，同时它也直接影响着城市对内和对外的综合形象。"三山"范围内，建设无障碍设施，主要指的是景区为方便残障人士旅游而设置的基础设施，是实实在在体现韶关人民政府人文关怀的一个窗口。无障碍设施的建设水平的高低，不仅是"三山"环境整体质量与精神内涵的重要评价标准，更是韶关市城市文明程度的深刻反映，并且对韶关市整个城市残障设施建设起着极大的引领和推动作用。

3. 强调"三山"保护机构做好服务标识

"三山"是国家森林公园，韶关也在打造国家森林城市，所以，"三山"范围内的服务标识应能够充分展现出韶关国家森林公园和韶关国家森林城市的特色，与"三山"的自然环境特色相协调，与韶关的历史文化协调共处。所以，一方面，"三山"的服务标识需要将自身的特色与自然环境相协调，体现"三山"原生态的自然美和原生态特色，让游人更有效地了解"三山"的自然特色，能够为游人起到开阔眼界、陶冶情操、修身养性、丰富生活等作用；另一方面，"三山"的服务标识尽量彰显韶关城市和"三山"的人文与历史，展现韶关历史文化价值，从而让游人更加深刻地体会到当时的历史文化环境特点，加深游人的印象，宣传和提升韶关城市形象。游人通过服务标识，也可以使自己对韶关市的人文历史风俗及"三山"的民俗有一定程度的了解。当然，这就对"三山"保护机构提出了更多的要求，需要制作服务标识的人员充分了解韶关城市及"三山"的社会时代背景和人物历史背景以及民间风俗传说等知识。

### 第二十条　[经营管理]

"三山"保护范围内依法从事摆摊设点、兜售物品等旅游服务性活动的经营者，应当在"三山"保护管理机构指定区域有序经营，并保持经营场地清洁。

### 【导读与释义】

本条是关于"三山"保护范围内经营管理的规定。

#### 一、旅游服务性活动的经营者需要依法经营

"小商小贩"一直是城市治理的难题，不仅影响了市容市貌和交通，而且管理起来比较混乱，城管部门又不得不限制路边摆摊。过去，小摊小贩的法律主体地位的合法化未得到确认，城管对城市小摊小贩动辄罚款、没收经营工具，无疑会激化小贩与城市管理者之间矛盾，二者之间发生过不少暴力冲突。

政府为了辖区内的"维稳"和保持城市完美形象，要求城市管理者对"小商小贩"进行严格整治和强制取缔，但由于城市管理机制尚不健全、城管执法方式和手段不够人性化，导致暴力执法和暴力抗法的事件时有发生，城管和摊贩之间的矛盾不断激化，严重影响了政府形象和社会和谐。

为此，如何转变城市管理理念，创新城市摊贩管理策略，寻求科学、有效、可行的治理对策成为城市管理者必须要面对的问题，从管理理念、制度建设、人员素质和管理机制等方面分析其产生的原因。城市摊贩管理者需要"重塑政府在城市管理中的角色、树立执法为民服务理念和追求以人为核心的公共利益"的新要求。城市管理要"树立以人为本的管理理念，实现城市管理的人性化执法；科学规划城市发展，推动城市摊贩经营合法化进程；完善

城市摊贩管理法规，管理与服务同行；以公共利益为导向，民主参与城市摊贩管理"。从而实现在城市发展、居民需求和摊贩生存之间的完美平衡，进而在保障居民消费权益和摊贩生存权同时，改善城市面貌和环境，建立起城市摊贩管理的长效机制，为我国的城镇化进程扫清障碍，为城市的可持续发展创造良好的环境。

为此，对比借鉴国外城市摊贩管理的先进经验，国务院专门进行立法，出台《无证无照经营查处办法》，自 2017 年 10 月 1 日起施行。该办法调整了无证无照经营的查处范围，明确了部门监管职责，提出了转变监管理念、加强事中事后监管的重要举措，有利于提高监管效率，对促进创业创新有重要意义。《无证无照经营查处办法》第 3 条规定："下列经营活动，不属于无证无照经营：（一）在县级以上地方人民政府指定的场所和时间，销售农副产品、日常生活用品，或者个人利用自己的技能从事依法无须取得许可的便民劳务活动；（二）依照法律、行政法规、国务院的规定，从事无须取得许可或者办理注册登记的经营活动。"这条规定允许摊贩在指定地点和时间做生意，降低了民众创业的门槛，可以激活市场活力，让大众创业、万众创新更好地落实。这样既能更好地保护小摊小贩的经营地位和合法权益，又能确保社会和谐稳定发展以及国民经济又好又快发展。"

在"三山"范围内对旅游服务性活动的管理，和国家对城市摊贩的管理类似，有借鉴意义。借鉴国务院《无证无照经营查处办法》的立法经验和对城市摊贩管理，《条例》规定了"三山"范围内依法从事摆摊设点、兜售物品等经营者的旅游服务性活动等行为，"三山"管理机构允许"三山"范围内经营者的旅游服务性活动，但经营者的旅游服务性活动必须合法。首先，经营者旅游服务性活动依法进行。特别是卖的东西，必须不是假冒伪劣的，必须不是非法的。这条应该是底线，所有的经营项目、内容、方式必须合法。其次，经营者的旅游服务性活动要卫生经营。"三山"是生态环境保护区，旅游服务性活动一方面要搞好环境卫生，不能摆摊过后垃圾成山；另一方面如果是食品方面的经营，必须要符合食品安全的标准。三是经营者的旅游服务性活动要符合公共利益，不能影响公共交通秩序，不能有影响、骚扰或侵害游客合法权益的行为。四是经营者的旅游服务性活动要符合防火安全。"三山"范围主要是森林覆盖，经营者的旅游服务性活动不得有影响"三山"安全尤其是可能诱发火灾的行为。

## 二、经营者遵守"三山"保护机构的管理规定

　　立法必须顺应社会需求，否则无法落到实处和得到应有的尊重。对保护区内的立法保护在旅游业蓬勃发展的今天具有极其重要的理论和现实意义，以保护为主的旅游生态区往往是以公共资源为依托的，生态区的目标具有多重性，生态区资源的社会文化与环境价值往往超过经济价值，生态区资源具有不可再生性。《条例》通过立法的形式，允许一部分人搞旅游服务性活动，但并不意味他们可以游离于监管的法外之地，而是依法进行的，符合现行法律法规，不得有违法行为。搞旅游服务性活动的经营者自觉遵守法律法规，尽量不要上升到执法的层面。

　　这些年，经济迅速发展，人民生活水平不断提高，生活质量改善，户外活动或旅游成为人民生活不可或缺的一部分。但景区管理一直是游客抱怨和投诉的旅游质量热点问题，甚至有关景区与游客冲突的事件也屡见不鲜，诸如景区商贩尾随兜售、强买强卖，致使景区秩序混乱等。但在市场经济条件下，作为生态旅游活动空间载体的生态旅游景区，商业化运营是其可持续发展的必由之路，不可能因为出现问题而取消商业活动。成功打造一个生态旅游景区，必须通盘考虑开发运作过程的所有环节，营造优美健康、安全、文明、优质的旅游环境，规范景区经营者的旅游服务性活动才是可取之道。

　　《条例》规定，应当在"三山"保护管理机构指定区域有序经营，并保持经营场地清洁。设置相对固定的经营点，让旅游服务性活动的经营者有地经营、规范经营。在法治框架下，需要寻找旅游服务性活动的经营者的谋生权利和"三山"管理机构的管理之间的平衡。《条例》对"三山"范围内依法从事摆摊设点、兜售物品等旅游服务性活动的经营者的管理由以前的"堵"，改为今后的"疏"。《条例》这样规定既给了旅游服务性活动的经营者一条"活路"，又保障了"三山"的环境和秩序，还方便了市民和游客，可谓一举多得。将经营者的旅游服务性活动"合法化"，进行规范管理。具体做法可由"三山"管理机构根据《条例》的规定出台具体的政策性的有可操作可执行性的规则，规定旅游服务性活动的经营者在规定时段、规定地段内从事经营活动。可设置标志牌，公示临时摊点的区域、出收摊时间、摊点数量、种类、管理制度、责任单位、责任人、投诉电话等，统一经营设施。摊点由

政府投资或社会投资建设，建成后可适当收取设施租赁费和卫生保洁费等。

根据《条例》的规定，在"三山"范围内根据"三山"管理机构指定的区域从事旅游服务性活动的经营者，也不再要求经营者办理工商登记，没有营业执照也属于合法经营了。从事旅游服务性活动的经营者的身份和经营行为将得到《条例》的认可。但旅游服务性活动的经营者必须接受"三山"管理机构的管理，《条例》这样规定不仅是有上位法的依据，而且符合法理。

首先，符合法理，实现经营者的生存权与管理者的管理权之间的平衡。保证公民的生存权是人权的核心价值，也是任何政府一切活动的基本目的。政府没有权力取缔公民的个体经营方式，政府对个体商贩的管理是服务性的，而不是限制、取缔。在尊重个体经营方式特点的情况下，充分放开，让他们在适当的时间、适当的地点进行经营活动，这才是政府管理的目的。出于这样的目的，所采取的手段，就是让他们规范、有秩序，而不是取缔他们。为了保障交通秩序和卫生安全的目的，政府就不能采取把人抓起来的手段，也不能将公民的生存工具没收、毁掉，只能告诫他们遵守秩序，或给予轻微的罚款，劝离现场等，执法的手段过当，也是违法的。

《条例》规定在"三山"范围内从事旅游服务性活动的经营者只要在指定的区域内，接受管理，遵守规定即可以合法地经营，保障旅游服务性活动的经营者的生存权，同时规定旅游服务性活动的经营者应当在"三山"保护管理机构指定区域有序经营，并保持经营场地清洁，实现"三山"保护管理机构对旅游服务性活动的经营者的管理。符合宪法基本权利保护的原理，保障了旅游服务性活动的经营者的基本生存权和经济自由权，体现管理者的服务，为他们提供在适当的地点、适当的时间进行经营的管理，仅此而已。同时，确保"三山"保护管理机构对旅游服务性活动的经营者的管理，对旅游服务性活动的经营者进行管理，但管理的手段必须适当，指定区域只是为了让经营者不影响交通，不影响游人和市民的安宁，不出售不卫生的食品，保证不损害"三山"的生态环境，保护好生态环境。

其次，《条例》这样规定也是有上位法的依据，《广东省森林公园管理条例》第34条规定："在森林公园内从事经营活动的，应当依法办理相关手续，并在指定区域进行。"《条例》这样规定也是对上位法的细化和落实，便于在韶关"三山"范围内操作和落地。

**第二十一条　［活动管理］**

进入"三山"保护范围内从事教学、科研、考察、采集标本或者开展影视拍摄等活动，应当经"三山"保护管理机构同意。

**【导读与释义】**

本条是关于进入"三山"保护范围内进行活动管理的规定。

《条例》本条是对进入森林公园进行教学、科考、采集标本或者影视拍摄的规定。近年来，因进入森林公园进行教学、科考、采集标本或者影视拍摄等活动破坏生态景观的情况时有发生，为了防止这些活动对森林公园的生态环境造成破坏，《条例》有必要对这些行为进行规范。这条旨在明确进入"三山"范围内从事教学、科研、考察、采集标本或者开展影视拍摄等活动，需要经得"三山"保护管理机构的同意，强化"三山"保护管理机构管理职能，规范和指引公众在"三山"范围内的行为。

"三山"保护范围内，人们游览活动日趋丰富，人们休闲游玩除徒步、游览、野外烧烤等新型休闲方式，还有一些从事教学、科研、考察、采集标本或者开展影视拍摄等活动。近年来，因影视拍摄破坏生态景观的情况时有发生，为了防止这些活动对森林公园的生态环境造成破坏，《条例》规定进入"三山"范围内从事教学、科研、考察、采集标本或者开展影视拍摄等活动，应当经"三山"保护管理机构的同意，法律、法规规定需要办理审批手续的，应当依法办理审批手续。

《广东省森林公园管理条例》第 30 条规定："进入森林公园从事教学、科研、考察、采集标本或者开展影视拍摄等活动，应当经森林公园管理机构同意，法律、法规规定需要办理审批手续的，应当依法办理审批手续。从事上述活动搭建临时设施的，应当符合国家有关消防安全的规定，并在活动结束后十五日内拆除，恢复原状。从事前款规定活动的，不得破坏森林公园生态环境。"第44条规定："违反本条例第三十条规定，未经批准进入森林公园从事教学、科研、考察、采集标本等活动的，由县级以上林业行政主管部门处一千元以上一万元以下的罚款；未经批准开展影视拍摄等活动的，依照有关法律、法规予以处罚，未及时拆除临时设施、恢复原状的，由县级以上林业行政主管部门责令限期恢复原状，并处五万元以上十万元以下的罚款。"

**第二十二条　　[禁止行为]**

"三山"保护范围内禁止下列破坏森林资源的行为：

（一）猎捕和其他妨碍野生动物生息繁衍的活动；

（二）砍伐、损毁古树名木、珍贵树木和其他国家重点保护植物；

（三）毁林开垦和毁林采石、采砂、采土以及其他毁林、破坏景观的行为；

（四）排放超标的废水、废气和生活污水以及乱倒垃圾和其他污染物；

（五）新建、改建坟墓；

（六）法律、法规禁止的其他行为。

**【导读与释义】**

本条是关于"三山"保护范围内禁止下列破坏森林资源的行为的规定。

党的十八大把生态文明建设纳入中国特色社会主义事业"五位一体"总体布局。党的十九大报告不仅对生态文明建设提出了一系列新思想、新目标、新要求和新部署，为进一步加强生态文明和美丽中国建设指明了方向，为建设美丽中国提供了根本遵循和行动指南，更是首次把美丽中国作为建设社会主义现代化强国的重要目标。以习近平同志为核心的党中央确立了"五位一体"总体布局，对生态文明建设作出顶层设计和总体部署，将绿色发展作为我国经济社会发展的基本理念，生态文明建设全面发力。习近平总书记指出"既要金山银山，也要绿水青山，绿水青山就是金山银山"，国家林业局提出严格保护、积极发展、科学经营、持续利用森林资源的方针，对保护森林资源指明了方向。

森林资源是林地及其所生长的森林有机体的总称。这里以林木资源为主，还包括林中和林下植物、野生动物、土壤微生物及其他自然环境因子等资源。

林地包括乔木林地、疏林地、灌木林地、林中空地、采伐迹地、火烧迹地、苗圃地和国家规划宜林地。按物质结构层次划分：可分为林地资源、林木资源、林区野生动物资源、林区野生植物资源、林区微生物资源和森林环境资源六类。

森林资源是地球上最重要的资源之一，是生物多样化的基础，它不仅能够为生产和生活提供多种宝贵的木材和原材料，能够为人类经济生活提供多种物品，更重要的是森林能够调节气候，保持水土，防止、减轻旱涝、风沙、冰雹等自然灾害；还有净化空气、消除噪音等功能；同时森林还是天然的动植物园，哺育着各种飞禽走兽和生长着多种珍贵林木和药材。森林可以更新，属于再生的自然资源，也是一种无形的环境资源和潜在的"绿色能源"。反映森林资源数量的主要指标是森林面积和森林蓄积量。森林资源具有多种功能，可以提供多种物质和服务。森林资源的经济效益、生态效益、社会效益是同一的。

新形势下，全面建成小康社会，经济发展需要处理好与森林资源保护的关系，防止人为破坏森林资源的行为。人为破坏森林资源的行为是指，违反森林法规从事对森林资源产生危害应受法律追究的行为。诸如盗伐滥伐林木、毁林开垦和毁林采石、采沙、采土及其他毁林行为。人为破坏森林资源往往为自然灾害的发生创造了条件，加剧了自然灾害发生的危险性。如乱砍盗伐，破坏了原有的林分结构，导致林木生长衰弱，更易发生森林病虫害；乱捕滥猎，无限制地采掘林副特产资源，破坏了森林的生态环境，有时人为破坏森林资源还可直接引起森林火灾。所以，人为破坏森林资源行为造成的危害，并不亚于森林火灾，从某种意义上讲，甚至比森林火灾对森林的危害更严重、威胁更大。

所以，"三山"保护范围内禁止下列破坏森林资源的行为：

（一）猎捕和其他妨碍野生动物生息繁衍的活动

"三山"保护范围内禁止猎捕和其他妨碍野生动物的活动，禁止破坏、干扰野生动物生息繁衍场所及其生存环境。

禁止非法猎捕野生动物及鸟类，禁止使用毒药、爆炸物、电击或者电子诱捕装置以及猎套、猎夹、地枪、排铳等工具进行猎捕，禁止使用夜间照明行猎、歼灭性围猎、捣毁巢穴、火攻、烟熏、网捕等方法进行猎捕。禁止使用气枪、毒药、炸药、电捕等及其他危害人畜安全的捕猎工具和装置等一切违禁工具猎捕陆生野生动物；禁止以夜间照明行猎、歼灭性围猎、火攻、烟熏、挖洞、下夹、张网等方法猎捕陆生野生动物；禁止从事捡蛋、掏巢等惊扰、破坏野生动物繁殖行为。

公民有保护野生动物的义务，发现"三山"范围内如有病弱、受伤、饥饿、受困、迷途的野生动物应该向"三山"管理机构报告，发现非法捕猎野生动物、侵占或破坏野生动物繁衍场所及其生存环境的违法行为，有权检举和控告。

违反本条款规定，有猎捕和其他妨碍野生动物生息繁衍行为的，由市林业主管部门或者有关行政主管部门责令停止违法行为、限期恢复原状或者采取其他补救措施，没收违法所得，并处1000元以上10 000元以下的罚款。非法猎捕和其他妨碍野生动物生息繁衍构成违反《野生动物法》或《野生动物保护条例》的有关法律法规的，由林业主管部门实施行政处罚。使用禁用的工具、方法狩猎的，将依法追究法律责任；情节严重构成犯罪的，将按照《刑法》第341条之规定依法追究刑事责任。

（二）砍伐、损毁古树名木、珍贵树木和其他国家重点保护植物

《条例》这里的砍伐和损毁都有特定的意义。所谓"砍伐"，是指违反森林资源保护的法律、法规的规定，未经允许擅自砍伐国家重点保护植物的行为。所谓"损毁"，是指毁灭和损坏，亦即使国家重点保护植物的价值或使用价值部分丧失或者全部丧失的行为，如造成国家重点保护植物数量减少、濒于灭绝或者已经绝种等。

"古树名木"据我国有关部门规定，一般树龄在百年以上的大树即为古树；而那些树种稀有、名贵或具有历史价值、纪念意义的树木则可称为名木，具体是指在历史上或社会上有重大影响的中外历代名人、领袖人物所植或者具有极其重要的历史、文化价值、纪念意义的树木。古树名木的分级：古树分为国家一、二、三级，国家一级古树树龄500年以上，国家二级古树树龄300年~499年，国家三级古树树龄100年~299年。国家级名木不受年龄限制，不分级。

"珍贵树木"也有明确的内涵。珍贵树木主要是指天然生产和无法证明是人工栽培的树木植物。如红豆杉、台湾松、水松、水杉等。根据《森林法》的规定，对国家保护的珍贵树木，任何单位和个人未经省、自治区、直辖市林业主管部门批准，不得采伐和采集。最高人民法院《关于审理破坏森林资

源刑事案件具体应用法律若干问题的解释》（2000年11月22日法释〔2000〕36号）明确"珍贵树木"是指由省级以上林业主管部门或者其他部门确定的具有重大历史纪念意义、科学研究价值或者年代久远的古树名木，国家禁止、限制出口的珍贵树木以及列入国家重点保护野生植物名录的树木。

"其他国家重点保护植物"是指除珍贵树木以外的其他国家重点保护的植物，主要是国家颁布的《国家重点保护野生植物名录》中所规定的植物。其中，国家一级珍贵树木包括银杉、巨柏、银杏、水松、南方红豆杉、天目、铁木等。国家二级珍贵树木包括长柏、红松、黄杉、白豆杉等。国家一级保护的其他植物包括光叶蕨、十齿花、瑶山苣苔、莼菜、异形玉叶金花等，国家二级保护的其他植物包括苏铁蕨、驼峰藤、沙芦草、四川狼尾草、雪白睡莲等。"非法采伐珍贵树木或者国家重点保护的其他植物"是指违反森林法及其有关法规，未经有关主管部门批准而采伐珍贵树木或者国家重点保护的其他植物。《森林法》第24条第3款规定："对自然保护区以外的珍贵树木和林区内具有特殊价值的植物资源，应当认真保护；未经省、自治区、直辖市林业主管部门批准，不得采伐和采集。""毁坏珍贵树木或者国家重点保护的其他植物"是指采用剥皮、砍枝、取脂等方式使珍贵树木或者国家重点保护的其他植物死亡或者影响其正常生长。

国家对国家重点保护植物实行加强保护，积极发展，合理利用的方针。同时，国家还保护一切利用和经营管理国家重点保护植物资源的单位和个人的合法权益。任何单位和个人都有保护国家重点保护植物的义务。禁止采伐、毁坏国家重点保护植物，对于因科学研究、人工培育、文化交流等特殊需要，采伐国家重点保护植物的，必须向国务院有关主管部门申请采伐证。采伐国家重点保护植物的单位和个人，必须按照采伐证规定的种类、数量、地点、期限和方法进行采集。对于未申请采伐证或虽申请未获批准，或者未按规定的种类、数量、地点、期限方法采伐国家重点保护植物的，都严重侵犯了国家的林业管理制度，破坏了自然环境。

刑法中专门有非法采伐、毁坏国家重点保护植物罪名。《刑法》第344条规定："违反国家规定，非法采伐、毁坏珍贵树木或者国家重点保护的其他植物的，或者非法收购、运输、加工、出售珍贵树木或者国家重点保护的其他植物及其制品的，处三年以下有期徒刑、拘役或者管制，并处罚金；情节严重的，处三年以上七年以下有期徒刑，并处罚金。"

（三）毁林开垦和毁林采石、采砂、采土以及其他毁林、破坏景观的行为

破坏森林资源行为的具体行为包括毁林开垦和毁林采石、采砂、采土以及其他毁林、破坏景观等行为。

所谓毁林开垦，是指通过放火烧山等手段将林木毁掉，使林地转变为种植粮食等农作物的耕地的行为。

所谓毁林采石、采砂、采土，是指为了生产或者生活的需要在长有林木的地方采石、采砂、采土等毁坏林木的行为。

所谓其他毁林行为，是指除了毁林开垦和毁林采石、采砂、采土外，在长有林木的地方采矿、采种、采脂、修坟、建房等的行为。

由于毁林开垦或毁林采石、采砂、采土以及其他毁林行为，或者改变了林地的用途，或者破坏了林地的使用功能，或者直接损坏了林木，或者直接影响到森林资源的保护和管理，都会对森林资源的保护和林业的发展产生不利的影响，所以，必须采取具体的措施加以防范：除了依法经过批准的以外，禁止毁林开垦和毁林采石、采砂、采土以及其他毁林行为。

《森林法》第23条规定，"禁止毁林开垦和毁林采石、采砂、采土以及其他毁林行为。禁止在幼树林地和特种用途林内砍柴、放牧"。在实际中，未经林业主管部门的批准，进行开垦、采石、采砂、采土、采种、采脂等活动，毁坏林木、林地的现象比较普遍，这些行为造成的危害和损失并不亚于盗伐、滥伐林木，对森林资源危害较大。这些毁林行为所采取的手段多种多样，如有挖倒树木、砍下树梢取种、环剥取脂等方式。

为了制止这些违法行为，保护森林资源，违反《森林法》第44条规定，进行开垦、采石、采砂、采土、采种、采脂和其他活动，致使森林、林木受到毁坏的，依法赔偿损失；由林业主管部门责令停止违法行为，补种毁坏株数1倍以上3倍以下的树木，可以处毁坏林木价值1倍以上5倍以下的罚款。《森林法实施条例》第41条规定：违反本条例规定，毁林采种或者违反操作技术规程采脂、挖笋、掘根、剥树皮及过度修枝，致使森林、林木受到毁坏的，依法赔偿损失，由县级以上人民政府林业主管部门责令停止违法行为，补种毁坏株数1倍至3倍的树木，可以处毁坏林木价值1倍至5倍的罚款；拒不补种树木或者补种不符合国家有关规定的，由县级以上人民政府林业主管部门组织代为补种，所需费用由违法者支付。

违反《森林法》和《森林法实施条例》规定，擅自开垦林地，致使森

林、林木受到毁坏的，依照《森林法》第44条的规定予以处罚；对森林、林木未造成毁坏或者被开垦的林地上没有森林、林木的，由林业主管部门责令停止违法行为，限期恢复原状，可以处非法开垦林地每平方米10元以下的罚款。

《森林法》和《森林法实施条例》对这类毁林行为要给予的处罚都作了明确的规定。为了严格保护森林资源，制止破坏森林资源的行为，本《条例》对制止开垦和毁坏采石、采砂、采土以及其他破坏森林资源的行为作了规定。由于《森林法》《森林法实施条例》对这个问题规定得比较详细，本《条例》就没必要再重述上位法，列出这一条其实重在强调"三山"范围内禁止这些行为。

（四）排放超标的废水、废气和生活污水以及乱倒垃圾和其他污染物

排放超标的废水、废气和生活污水以及乱倒垃圾和其他污染物，我国相关法律法规都予以规定，本条款旨在强调，更具体化、更有操作性。

《环境保护法》第60条规定："企业事业单位和其他生产经营者超过污染物排放标准或者超过重点污染物排放总量控制指标排放污染物的，县级以上人民政府环境保护主管部门可以责令其采取限制生产、停产整治等措施；情节严重的，报经有批准权的人民政府批准，责令停业、关闭。"《水污染防治法》第82条规定："违反本法规定，有下列行为之一的，由县级以上人民政府环境保护主管部门责令限期改正，处二万元以上二十万元以下的罚款；逾期不改正的，责令停产整治：（一）未按照规定对所排放的水污染物自行监测，或者未保存原始监测记录的；（二）未按照规定安装水污染物排放自动监测设备，未按照规定与环境保护主管部门的监控设备联网，或者未保证监测设备正常运行的；（三）未按照规定对有毒有害水污染物的排污口和周边环境进行监测，或者未公开有毒有害水污染物信息的。"《大气污染防治法》第99条规定："违反本法规定，有下列行为之一的，由县级以上人民政府环境保护主管部门责令改正或者限制生产、停产整治，并处十万元以上一百万元以下的罚款；情节严重的，报经有批准权的人民政府批准，责令停业、关闭：……（二）超过大气污染物排放标准或者超过重点大气污染物排放总量控制指标排放大气污染物的；……"《环境保护主管部门实施限制生产、停产整治办法》第5条规定："排污者超过污染物排放标准或者超过重点污染物日最高允许排放总量控制指标的，环境保护主管部门可以责令其采取限制生产

措施。"

（五）新建、改建坟墓

为深入推进生态"三山"、美丽"三山"建设，巩固扩大殡葬改革成果，切实遏制封建迷信和不良风气的蔓延，大力倡导移风易俗、文明绿色殡葬新风尚，保护土地、森林资源和生态环境。根据国务院《殡葬管理条例》《广东省殡葬管理办法》等有关法律、法规和规章对新建、改建坟墓作了明确的规定。如《广东省殡葬管理办法》第三章土葬管理第 14 条第 1 款："暂未划为火葬区的地区为土葬改革区。土葬改革区应以乡、镇或管理区为单位，选择荒山瘠地建立公墓，集中埋葬，禁止在公墓以外区域埋葬。"

"三山"范围内属于国家森林公园，属于法律法规禁止新建、改建坟墓管辖范围。法律法规禁止范围内，任何人不得擅自新建、改建坟墓，不得新建家族式骨灰楼堂。有关单位要加强宣传教育，做好群众思想工作，倡导遗体火化，严禁骨灰二重葬，引导群众移风易俗，树立良好的殡葬新风尚。对新的私埋乱葬行为，应"及时发现、及时制止、及时拆毁"，始终保持"发现就查、露头就拆"的高压态势。对阻碍有关部门工作人员依法执行职务的，由公安机关依据《治安管理处罚法》予以处罚；构成犯罪的，依法追究刑事责任。

（六）法律、法规禁止的其他行为

一部法律、法规不可能面面俱到，肯定有一些是不能涉及或者和别的法律重合的。社会始终处在变化发展之中，法律法规具有滞后性，更不可能对未来发生的所有情况加以明文规定。法律具有稳定性，为了将法律法规有效地适用于将来发生的类似情形，于是，"其他情形"的立法模式应运而生。理论界将这样的条款称之为"兜底条款"。本《条例》规定了六项"三山"保护范围内的禁止行为，但这样规定可能不够齐全，会有其他法律、法规来作更详细的规定，此为"法律，法规规定禁止的其他行为"。

本《条例》第 25 条规定："违反本条例第二十二条规定，在'三山'保护范围内从事破坏森林资源活动的，由市林业主管部门或者有关行政主管部门责令停止违法行为、限期恢复原状或者采取其他补救措施，没收违法所得，并处一千元以上一万元以下的罚款。"

**第二十三条　　[公众行为管理]**

进入"三山"保护范围内的公众应当遵守公共管理秩序，不得有下列行为：

（一）采挖花草、树根；

（二）毁损公共服务设施以及设备；

（三）随地吐痰、便溺，抛弃塑料品、金属品或者其它废弃物；

（四）在禁火区吸烟和使用明火，在非指定区域生火烧烤、焚烧香烛、燃放烟花爆竹；

（五）在树木、岩石、古迹、建筑物以及设施上刻画；

（六）法律、法规禁止的其他行为。

禁止携带除导盲犬、扶助犬等工作犬以外的宠物犬进入设有禁止动物进入标识的区域。

**【导读与释义】**

本条是关于进入"三山"保护范围内的公众应当遵守公共管理秩序的规定。

公众遵守公共管理秩序是一种道德素养，也是一种行为习惯，更是一种担当精神，是城市文明的缩影。良好的公共管理秩序需要人们遵循一定的行为规范，从而调整一系列的利益关系，建立正常的社会关系。社会作为一种群体是由个人组成的。所谓个人，就是现实生活中具有自己的意志、利益、需要和行为的个体。而群体是由共同目的和协作关系的个人组成的社会系统。在社会活动中，个人与群体的关系、个人与个人之间的关系，实质上是一种利益关系。正确处理人与人及个人与群体的利益关系就需要行为规范发挥协调作用。

行为规范，是社会群体或个人在参与社会活动中所遵循的规则、准则的总称，是社会认可和人们普遍接受的具有一般约束力的行为标准。行为规范是用以调节人际交往，实现社会控制，维持社会秩序的工具，它来自于主体和客体相互作用的交往经验，是人们说话、做事所依据的标准，也就是社会成员都应遵守的行为。没有规矩不成方圆，没有规范就没有秩序。如果规范、标准缺失，不仅会冲击正常社会秩序，使人们无所适从，乱了分寸，还会影响到社会的发展和生存质量。公众的行为要遵循一定的规范，所谓规范，就是规则和标准。

遵守公共秩序对于一个社会的发展是非常重要的。第一，它是维系社会生活正常化的基本保证。随着社会生活的复杂化和多样化，公共场所已成为人们共同生活、娱乐必不可少的地方，如居民小区、影剧院、体育场馆、公园、商店等。这些场所秩序良好，会给人们生活带来极大的愉快。第二，它是社会文明的标志。有无良好的社会公共秩序，是衡量一个地方管理水平和文明程度的显著标志。它是衡量一个人精神道德风貌和文明素养的重要尺度。在公共场所自觉约束自己、方便他人、维护秩序，是做人的起码原则。

作为公民，每个人都有遵守社会公共秩序的义务，这是公民应履行的法定义务，有利于维护社会稳定，只有这样人们才可以友好地生活，不发生争斗，是人们的生活、学习和工作正常有序地进行的保证。

韶关市作为全省"一核一带一区"中北部生态发展区的中坚力量，是国家第一批生态文明建设先行示范区和粤北的生态屏障。韶关市绿色生态优势明显，有林地面积、森林覆盖率、森林蓄积量等三项林业主要指标居全省第一，多项工作在全省林业工作中起到了示范引领作用。韶关市充分利用自身优势，全力开展创建国家森林城市各项工作，力争到2021年建成全省乃至全国首个全域国家森林城市的地级市。韶关市委、市政府提出以"创建国家森林城市，建设生态善美韶关"为主题，按照"一核七星、三屏六廊"的整体空间布局，突出"点、线、面"有机结合，融入进自然森林理论、森林康养等绿色、低碳现代城市发展需求，打造"山水岭南名城、宜居活力韶关"的城市特色风貌。

韶关市当前正处于推进"创建国家森林城市"建设的重要时期，通过政府主导、部门配合、社会参与相结合，补齐发展短板，加快现代化进程，提升城市品质，亟须在维护公共秩序、爱护公共环境卫生、倡导文明出行、加强生态保护等方面，有序规范公民文明行为，全面提高城市文明指数。韶关市各级政府要承担起主体责任，各部门要协作联动，林业系统要发挥主力军作用，筑牢生态屏障，建设美丽韶关。

通过立法形式创建行为规范服务于韶关"创建国家森林城市"的建设，对促进和提升韶关开展创建国家森林城市和城市文明行为的整体水平具有重大现实意义。"三山"是韶关的"绿肺"、生态屏障、市民休闲游憩场所，《条例》是规定禁止在三山"范围内采挖花草、树根，毁损公共服务设施以及设备，随地吐痰、便溺，抛弃塑料品、金属品或者其他废弃物，在禁火区吸烟和使用明火，在非指定区域生火烧烤、焚烧香烛、燃放烟花爆竹，在树木、岩石、古迹、建筑物以及设施上刻画，法律、法规禁止的其他行为，禁止携带除导盲犬、扶助犬等工作犬以外的宠物犬进入设有禁止动物进入标识的区域等多个社会活动方面的文明行为进行了规范，力求做到细致全面、通俗易懂、符合实际、贴近生活，特别是把保护"三山"独具地方特色的文明行为纳入其中，体现了韶关市"三山"的立法特色。

在维护公共秩序方面，应自觉遵守下列规定：采挖花草、树根，毁损公共服务设施以及设备，随地吐痰、便溺，抛弃塑料品、金属品或者其他废弃物，在禁火区吸烟和使用明火，在《条例》这条规定的实质就是为进入"三山"保护范围内的公众设定一个行为规范，进入"三山"保护范围内的公众必须遵守，否则，将受到惩戒。《条例》通过立法形式规范公众遵守公共秩序，也参照了其他相关法律法规，如《旅游法》明确要求旅游者在旅游活动中应遵守社会公共秩序和社会公德，遵守旅游文明行为规范。旅游者在旅游活动中应当遵守社会公共秩序和社会公德，尊重当地的风俗习惯、文化传统和宗教信仰，爱护旅游资源，保护生态环境，遵守旅游文明行为规范。

《条例》规定进入"三山"保护范围内的公众必须遵守公共秩序，也是践行社会主义核心价值观，弘扬中华民族传统美德，树立社会责任意识、法治意识、奉献意识，遵守法律法规、公序良俗及其他文明行为规范。任何单位和个人有权对不遵守公共秩序的不文明行为进行劝阻、制止，并可对不文明行为和不履行文明行为促进工作职责的单位及工作人员予以投诉、举报。《条例》法律责任中第 26 条规定，违反本条例第 23 条第 1 款规定的，由市林业主管部门责令停止违法行为、限期恢复原状或者采取其他补救措施，并处 50 元以上 500 元以下的罚款。有关行政执法部门在查处违法的不文明行为时，有权要求违法行为人提供个人真实身份信息及通信联系方式；违法行为人拒不配合的，行政执法人员可以按照规定通知公安机关予以协助。

　　本条借鉴了《国家级森林公园管理办法》第 18 条第 1 款的规定："在国家级森林公园内禁止从事下列活动：（一）擅自采折、采挖花草、树木、药材等植物；（二）非法猎捕、杀害野生动物；（三）刻划、污损树木、岩石和文物古迹及葬坟；（四）损毁或者擅自移动园内设施；（五）未经处理直接排放生活污水和超标准的废水、废气，乱倒垃圾、废渣、废物及其他污染物；（六）在非指定的吸烟区吸烟和在非指定区域野外用火、焚烧香蜡纸烛、燃放烟花爆竹；（七）擅自摆摊设点、兜售物品；（八）擅自围、填、堵、截自然水系；（九）法律、法规、规章禁止的其他活动。"

#### 第二十四条 　[经营管理的法律责任]

违反本条例第二十条规定，在指定区域以外进行经营活动的，由市林业主管部门责令停止经营活动，并处五百元以上五千元以下的罚款。

### 【导读与释义】

本条是关于"三山"保护范围内指定区域以外进行经营活动的行政处罚的规定。

本条是关于在"三山"管理机构指定区域以外从事摆摊设点、兜售物品等旅游服务性活动的经营者的法律责任的规定。本《条例》第20条规定："'三山'保护范围内依法从事摆摊设点、兜售物品等旅游服务性活动的经营者，应当在'三山'保护管理机构指定区域有序经营，并保持经营场地清洁。"违反本《条例》第20条规定，《条例》第24条规定了处罚措施，对违法的经营者由市林业主管部门责令停止经营活动，并处500元以上5000元以下的罚款。

"法律责任是与法律义务相关的概念，一个人在法律上要对一定行为负责，或者他为此承担法律责任，意思就是，他做相反行为时，他应受制裁。"根据法律责任的概念可以看出，法律责任主体是指，因法定或约定的原因而承担了一定的法定义务或约定义务，需要对其义务行为负责时没有尽到责任而应当承担不利法律后果的个人或单位。可见，法律责任主体既包括个人，也包括单位。我国民法、行政法和刑法都将单位作为其法律责任主体，也就是说，对于单位的违法行为，将根据其所违反的法律关系性质，分别追究其民事责任、行政责任和刑事责任。

本条规定的法律责任是行政责任，即经营者违反本条的规定，在"三山"管理机构指定区域以外从事摆摊设点、兜售物品等旅游服务性活动。经营者在"三山"管理机构指定的区域之外从事摆摊设点、兜售物品等旅游服务性活动，破坏"三山"管理机构正常的管理秩序，由林业主管部门根据实际情况对经营者予以行政处罚。

本条从法理上是地方法规设定的行政处罚，《行政处罚法》第 11 条规定："地方性法规可以设定除限制人身自由、吊销企业营业执照以外的行政处罚。法律、行政法规对违法行为已经作出行政处罚规定，地方性法规需要作出具体规定的，必须在法律、行政法规规定的给予行政处罚的行为、种类和幅度的范围内规定。"即地方性法规可以设定行政处罚的种类有：警告；罚款；责令停产停业；暂扣或者吊销许可证、暂扣或者吊销除企业营业执照外的其他执照；没收违法所得、没收非法财物的行政处罚，但不能够设定限制人身自由、吊销企业营业执照的行政处罚。

**第二十五条　[禁止行为的法律责任]**

违反本条例第二十二条规定，在"三山"保护范围内从事破坏森林资源活动的，由市林业主管部门或者有关行政主管部门责令停止违法行为、限期恢复原状或者采取其他补救措施，没收违法所得，并处一千元以上一万元以下的罚款。

**【导读与释义】**

本条是关于"三山"保护范围内破坏森林违法行为的法律责任。

《条例》第 22 条规定："'三山'保护范围内禁止下列破坏森林资源的行为：（一）猎捕和其他妨碍野生动物生息繁衍的活动；（二）砍伐、损毁古树名木、珍贵树木和其他国家重点保护植物；（三）毁林开垦和毁林采石、采砂、采土以及其他毁林、破坏景观的行为；（四）排放超标的废水、废气和生活污水以及乱倒垃圾和其他污染物；（五）新建、改建坟墓；（六）法律、法规禁止的其他行为。"《条例》第 22 条规定明确指引了"三山"保护范围内的禁止行为，该条是对违反《条例》第 22 条规定的法律责任。也就是说，《条例》第 22 条规定和本条的规定是法律行为与法律责任之间的关系，共同构成法律规范。这里涉及一组概念，法律规范、法律行为、法律关系、法律责任，这一组概念构成一个完整的逻辑关系。

法律规范，就是由国家立法机构创制的或者经其认可的一系列行为准则，它是用来判断某一行为正当、合法与否，应受到何种法律制裁的标准和尺度。法律规范主要包括条件假设、行为模式和后果归结。①条件假设（或称假定）是指法律规范中指出适用法律规范的条件或情况的部分。②行为模式指法律规范所规定的行为规则部分。③后果（或称为制裁）是指法律规范中规定的、人们在作出符合或者违反规范行为时，会带来什么法律后果的部分。

　　法律行为，是指法律事实的一种。能引起法律关系产生、变更和消灭的人的活动（行为）。同法律事件不同之处在于它以人的意志为转移，是人们有意识的自觉活动的结果。包括作为（即积极的行为）和不作为（即消极的行为）。法律行为的成立必须具有下列条件：①必须是出于人们自觉的作为和不作为。无意识能力的幼年人、精神病人，以及一般人在暴力胁迫下的作为和不作为，都不能被视为法律行为。②必须是基于当事人的意思而具有外部表现的举动，单纯心理上的活动不产生法律上的后果，如虽有犯罪意思而无犯罪行为的，不能视为犯罪，也不能视为法律行为。③必须为法律规范所确认而发生法律上效力的行为。不由法律调整、不发生法律效力的，如通常的社交、恋爱等不是法律行为。

　　法律关系，是因行为人一定的法律行为而产生的行为人和相对人双方之间的权利义务关系，是在法律规范调整社会关系的过程中所形成的人们之间的权利和义务关系。

　　法律责任，是因行为人的法律行为侵犯一定的法律关系，违反法律规范所应承担的不利后果。法律责任同违法行为紧密相连，只有实施某种违法行为的人（包括法人），才承担相应的法律责任。特点是在法律上有明确具体的规定；由国家强制力保证其执行，由国家授权的机关依法追究法律责任，实施法律制裁，其他组织和个人无权行使此项权力。法律责任分为刑事法律责任、民事法律责任、行政法律责任、经济法律责任、违宪法律责任。

　　从上面的概念我们可以看出，国家立法机构创制的或者经其认可的一系列行为准则、法律规范，它是用来判断某一行为正当、合法与否的准则，行为人承担法律责任的法律依据。法律规范、法律行为、法律关系、法律责任这四个范畴之间的逻辑关系：法律行为引起法律关系的出现，法律关系的出现就代表着相关的权利义务的出现，同时法律规则明确了这些权利义务对应的法律后果。如果主体都按照法律规则履行了法律义务或者享受了法律权利就没有法律责任，反之则有法律责任。四者的发生顺序是：法律规范、法律行为、法律关系、法律责任。

　　《条例》第 22 条规定了"三山"保护范围内的禁止行为，《条例》第 25 条是对违反《条例》第 22 条规定的法律责任。如果出现行为人违反《条例》第 22 条规定的法律行为就有可能承担《条例》第 25 条所规定的法律责任。《条例》第 22 条规定和《条例》第 25 条规定共同构成一个完整的法律规范。

　　《条例》第 25 条规定：违反本条例第 22 条规定，在"三山"保护范围内从事破坏森林资源活动的，由市林业主管部门或者有关行政主管部门责令停止违法行为、限期恢复原状或者采取其他补救措施，没收违法所得，并处 1000 元以上 10 000 元以下的罚款。这是一个典型的地方法规设定行政处罚的条款，符合现行法律和地方法规设定行政处罚的设置条件。

　　《条例》通过地方法规授权的形式，赋予市林业主管部门或者有关行政主管部门行政主体资格，享有行政处罚权。具体的处罚种类和权限是责令停止违法行为、限期恢复原状或者采取其他补救措施，没收违法所得，并处 1000 元以上 10 000 元以下的罚款。对处罚不服的当事人可以在法定期限内，提出行政复议或行政诉讼，寻求权利救济。

**第二十六条  ［公众行为的法律责任］**

违反本条例第二十三条第一款规定的，由市林业主管部门责令停止违法行为、限期恢复原状或者采取其他补救措施，并处五十元以上五百元以下的罚款。

违反本条例第二十三条第二款规定，携带除导盲犬、扶助犬等工作犬以外的宠物犬进入设有禁止动物进入标识的区域的，由市林业主管部门责令改正，并处五十元以上二百元以下的罚款。

**【导读与释义】**

本条是关于进入"三山"保护范围内的公众应当遵守本条例第23条关于公共管理秩序的规定，违反本条例第23的规定将受到惩戒。

《条例》第23条第1款规定："进入"三山"保护范围内的公众应当遵守公共管理秩序，不得有下列行为：（一）采挖花草、树根；（二）毁损公共服务设施以及设备；（三）随地吐痰、便溺，抛弃塑料品、金属品或者其他废弃物；（四）在禁火区吸烟和使用明火，在非指定区域生火烧烤、焚烧香烛、燃放烟花爆竹；（五）在树木、岩石、古迹、建筑物以及设施上刻画；（六）法律、法规禁止的其他行为。"《条例》第23条第2款规定："禁止携带除导盲犬、扶助犬等工作犬以外的宠物犬进入设有禁止动物进入标识的区域。"那么，地方法规既然做了禁止性规定，就有法律效力，违反就必须被追究法律责任。

那么，进入"三山"保护范围内的公众有以上行为，不论是否产生实际后果，只要发生所列举的违规行为之一的，即违反了《条例》的规定，破坏了公共管理秩序，都应依本《条例》追究责任。具体追究的法律责任是：违反本条例第23条第1款规定的，责令停止违法行为、限期恢复原状或者采取其他补救措施，并处 50 元以上 500 元以下的罚款。违反本条例第 23 条第 2 款规定的，由市林业主管部门责令改正，并处 50 元以上 200 元以下的罚款。

违反本条例第 23 条规定，《条例》规定市林业主管部门并处罚款，这是典型的行政处罚。地方性法规可以设定除限制人身自由、吊销企业营业执照以外的行政处罚。也就是说，地方性法规可以设定警告、罚款、没收违法所得、没收非法财物、责令停产停业、暂扣或者吊销企业营业执照以外的许可证和有关证照。[1] 地方法规可以设定一定数额的罚款，作为行政处罚。

《行政处罚法》第 8 条规定处罚的种类包括责令停产停业和法律、行政法规规定的其他行政处罚，单从这一条即可知行政责令中有部分行为属于行政处罚，而根据对法律法规文本的考察，设定属于处罚的责令并不在少数。《行政处罚法》第 23 条规定："行政机关实施行政处罚时，应当责令当事人改正或者限期改正违法行为。"根据《行政处罚法》第 23 条的规定及其他相关法律的规定，责令改正的主体是行政机关，行政机关作出责令的目的在于给当事人设定义务，结束受到破坏的法律关系。行政责令行为与行政处罚关系密切，责令改正与行政处罚经常同步进行，可能为处罚的前置程序，可能为加重情节，可单独实施，也可与处罚选择共同实施，违反的后果也不尽相同。

为了切实纠正违法行为，避免"以罚代管"，《行政处罚法》第 23 条规定："行政机关实施行政处罚时，应当责令当事人改正或者限期改正违法行为。"[2] 就责令改正的性质问题，国务院法制办公室曾于 2000 年在答复四川省法制办《关于"责令限期拆除"是否是行政处罚行为的请示》时称：据《行政处罚法》第 23 条关于"机关实施行政处罚时，应当责令改正或者限期改正违法行为"的规定。[3]

"责令改正""责令限期改正""责令停止违法行为""责令停产停业"等行政责令行为是我国法律法规中频繁出现的法律概念，也是行政机关执法过程中经常实施的具体行政行为。责令的直接目的在于通过制止违法行为达到限制违法行为的效果或者通过相对人的作为义务修补受到威胁或者破坏的法

---

〔1〕 吴高盛主编：《〈中华人民共和国行政处罚法〉释义及实用指南》，中国民主法制出版社 2015 年版，第 36 页。

〔2〕 全国人大常委会法工委国家法行政法室编著：《〈中华人民共和国行政处罚法〉释义》，法律出版社 1996 年版，第 66 页。

〔3〕 夏雨："责令改正之行为性质研究"，载《行政法学研究》2013 年第 3 期。

律关系，将受损的法律关系恢复如初，达到维护行政管理秩序的目的。[1]虽然其他行政行为也有维护行政管理秩序的目的，但并无行政责令那么直接干脆，如行政处罚的直接目的在于制裁，对违法行为人产生心理干涉，预防其再次违法，而不是对本次违法行为的直接纠正。

但是责令改正是一个包容性很强的概念，因为不同的违法行为、不同的违法形态有不同的改正方式，因而责令改正有不同的表现形式。除"责令改正"和"限期改正"两种表现形式外，根据现有法律、法规和规章的规定，责令改正还有多种"变体"形式，例如责令停止发布广告、限期清除、责令停止侵权、限期完善设施等，它们在表述上均有责令改正的形式。[2]而且，责令在具体实施过程中也具有非排他性，体现为既可以单独适用，也可以和其他行政行为选择适用或者并用。在实施行政处罚时，还要求在进行处罚的同时要求违法行为人改正。所以，责令改正是当前社会管理中大量采用的手段，但它的行为性质却难以认定，常被认为属于行政处罚、行政强制措施乃至行政指导。[3]"责令改正"的法律属性究竟如何，行政法学界和行政实务界均无一致的看法。[4]主要集中在责令行为的性质属于什么样的行政行为，包括行政处罚说、行政命令说、综合考虑说等。

行政处罚说认为责令行为本质上是一种独立的行政行为，而且属于行政处罚中的行为罚，即限制或者剥夺行政相对人特定行为能力的处罚。一是就行为的独立性而言，行政责令行为具有自身的意思内容和法律效果，能够不依赖于其他行政处罚措施而独立存在。行政命令说认为责令行为是改变传统行政管理方式，改变以处罚为中心的执法局面的契机，重视行政责令也是重视现代行政法治的一部分。如《环境行政处罚办法》第 11 条第 1 款规定："行政机关在进行行政处罚时，应当及时作出责令当事人改正或者限期改正违法行为的行政命令。"综合考虑说认为责令行为作为一种行政管理手段在不同领域有不同的表现形式，对其性质的认定应在对被责令改正的具体内容类型化分析的基础上，根据对被责令人产生的最终影响综合考量。若被责令停止的违法行为本身及被责令消除的违法状态可予以独立消除时，该决定在性质

---

〔1〕 李孝猛："责令改正的法律属性及其适用"，载《法学》2005 年第 2 期。
〔2〕 李孝猛："责令改正的法律属性及其适用"，载《法学》2005 年第 2 期。
〔3〕 夏雨："责令改正之行为性质研究"，载《行政法学研究》2013 年第 3 期。
〔4〕 李孝猛："责令改正的法律属性及其适用"，载《法学》2005 年第 2 期。

上属行政命令；若被责令停止的行为属于正在进行的违法行为的延伸范围及被责令消除的状态属于因与违法状态不可分而被共同消除时，该决定在性质上应属行政处罚。

在现代政府职能转变和行政手段多元化的背景下，责令行为属于一种什么类型的行政行为，法学界对其法律属性和行使方式亦存在较大争议。从法规范学的角度考察，责令行为在现行法律法规中有诸多内涵与表达形式，存在不同领域的不同表现形式，很难界定它是一种什么类型的行政行为。

《条例》规定由市林业主管部门责令停止违法行为、限期恢复原状，这里的"限期恢复原状"很难落实。"责令限期恢复原状"很难落实的另一个重要原因是强制执行很难起到作用。《行政强制法》规定，行政机关可以代履行或者委托第三方机构代履行。但法规没有权限设定行政强制执行权，行政机关只能设定行政处罚权，行政机关以罚代管。对于"责令限期恢复原状"处罚很难落实的一个最为重要的原因即是当事人不积极履行责任，导致被破坏的林地一直处于搁置状态，得不到有效修复，使国家和公共利益处于受损的状态。比如，《森林法实施条例》第43条第1款规定："未经县级以上人民政府林业主管部门审核同意，擅自改变林地用途的，由县级以上人民政府林业主管部门责令限期恢复原状，并处非法改变用途林地每平方米10元至30元的罚款。"但事实上，情况是复杂多变的，不同地区，不同案件中情况不同，而被破坏的林地往往最终都没有得到恢复。

所以，基于这一点考虑，《条例》在规定上做了进一步考虑，在恢复原状责任主体不积极履行责任的情形下，增加了"或者采取其他补救措施"，以防《条例》在执行时可能难以落实，增强《条例》的可操作性。

**第二十七条 ［其他法律责任］**

违反本条例第十二条、第十三条、第十五条规定，由"三山"保护管理机构制止违法行为，并报相关行政主管部门依法予以处罚。

**【导读与释义】**

本条是关于"三山"保护管理机构对"三山"保护范围内的违法行为监管的规定。

《条例》第12条、第13条、第15条规定了不同类型的违法行为，"三山"保护管理机构作为地方性法规授权的组织具有法规授权的监管职能，制止违法行为发生，并报相关行政主管部门依法予以处罚。

《条例》第12条规定，"三山"范围内的开发建设活动应当符合"三山"保护规划，禁止未经规划许可或违反规划许可修建建筑物、构筑物。

在"三山"范围内的建筑物和建设项目，其高度、色彩和建筑风格等应当与周围景观和环境相协调。建设单位、施工单位在"三山"范围内的开发建设活动，应当采取有效措施保护"三山"地质地貌、森林植被、文物古迹等自然、人文资源，自觉接受"三山"保护管理机构的管理。

《条例》第13条规定，"三山"范围内不得建设破坏森林资源和景观、妨碍游览、污染环境的工程设施，不得设立各类开发区；不得建设宾馆、招待所、培训中心、疗养院以及与"三山"森林风景资源保护无关的其他建筑物。已经建设的，应当按照"三山"保护规划逐步迁出。

《条例》第15条规定，"三山"范围内的林木资源不得擅自砍伐；人工营造的纯林改造、修筑游客安全防护设施和步行游览观光道路需要砍伐的，应当征得"三山"保护管理机构同意，并依照有关法律、法规的规定办理相关手续。

　　"三山"保护管理机构是地方性法规授权的组织。根据我国法律、法规相关规定，法律、法规授权的组织是指根据法律、法规、规章的规定，可以自己的名义从事行政管理活动、参加行政复议和行政诉讼并承担相应法律责任的非政府组织。法律、法规授权组织有以下特征：①法律、法规授权组织是指非国家机关的组织。该组织是国家机关以外的社会组织，当然也就不是行政机关。目前，我国法律对该组织的性质没有作出限制，也就是说，这类组织可以是任何组织，包括企业组织、事业组织、社会团体、基层群众性自治组织等。②法律、法规授权。某组织按其本来的性质并不具有行政职权，其之所以可以进行行政管理，在于其获得了授权，而能够对这些组织进行授权的，仅限于法律、行政法规和地方性法规。除此以外的其他规范性文件都不得进行授权，如果进行授权，也是无效的，只能是委托。③法律、法规授权组织行使的是特定行政职权，而不是一般行政职权。一般行政职权是指行政机关根据宪法、各种组织法而获得的行政职权，特定行政职权是指单行法律、法规基于处理特定行政事务的需要而规定的行政职权。

　　法律对哪些组织可以接受法律、法规的授权而行使特定的行政职权没有作出明确的规定，因此，任何性质的组织都可以接受法律、法规的授权而行使特定行政职权。但是，行政职权属于社会公共权力，而社会公共权力的存在是基于处理社会公共事务的必要。在这一意义上，只有那些有处理社会公共事务必要的组织，法律、法规才可以将特定行政职权授予它们。如果该组织没有处理社会公共事务的必要，法律、法规就不能或者不需要把特定行政职权授予该组织。我们在判断哪些组织可以得到法律、法规授权时，其首要条件是该组织具有公共管理职能。

　　"三山"保护管理机构对"三山"具有监管职责，对违法行为《条例》授权有制止违法行为发生的职能。"三山"保护管理机构行使的职权是根据《条例》的授权行使，没有《条例》的授权，"三山"保护管理机构对违法行为并不一定有处罚权。根据《行政处罚法》第15条"行政处罚由具有行政处罚权的行政机关在法定职权范围内实施"，同时规定了授权或委托，即第17条"法律、法规授权的具有管理公共事务职能的组织可以在法定授权范围内实施行政处罚"、第18条"行政机关依照法律、法规或者规章的规定，可以在其法定权限内委托符合本法第十九条规定条件的组织实施行政处罚"。

　　因此，作为"三山"保护管理机构行使行政执法权，要么经法律、法规授权，要么有相关职能部门根据法律法规或规章的规定进行委托，否则，执法就没有法律依据。而在"三山"保护范围内，"三山"保护管理机构具有监管职责，《条例》规定对"三山"保护范围内的违法行为，由"三山"保护管理机构制止，并报相关行政主管部门依法予以处罚。

对正在进行的违法行为依法进行制止，在实践中主要采取口头制止的形式，除此之外，"三山"保护管理机构再没有其他制止违法行为的手段，往往是眼看着违法行为又毫无办法。《条例》制度上的设计对当事人拒不停止违法行为的，"三山"保护管理机构应当将违法行为报相关行政主管部门，由相关行政主管部门采取相应措施，依法予以处罚。

这一条，其实也是苛以"三山"保护管理机构以监管义务，履职尽责：发现"三山"保护范围内的违法行为并及时制止违法行为，全面运用法定措施，要求相关义务主体依法履行法定义务，如果仍然拒不履行的，依照有关规定及时将违法行为报相关行政主管部门，由相关行政主管部门采取相应措施，依法予以处罚。

制止违法行为不以主观过错为归责要件，也不考虑除行为违法外的其他因素，只要行为具有违法性，"三山"保护管理机构及其工作人员便应责令停止违法行为。制止个人和单位违法行为时，侧重点要发挥"三山"保护管理机构及其工作人员的职权，对发生的违法行为及时制止，制止危害行为的进一步发展。

《条例》授权"三山"保护管理机构制止违法行为，侧重点就在于强化"三山"保护管理机构职权的独立性和威严性。但是，"三山"保护管理机构毕竟是法规授权组织，受上级管理部门和本级政府的双重约束，地方政府和上级政府利益博弈现象层出不穷，而且法律法规也存在着一定的盲点，"三山"保护管理机构及其工作人员对于个人和单位违法行为的制止往往达不到预期效果。所以，《条例》规定，由"三山"保护管理机构制止违法行为，并报相关行政主管部门依法予以处罚。"三山"保护管理机构一旦发现违法行为超越自己的管辖权限范围，应立即向相关行政主管部门报告，相关行政主管部门依法予以处罚。

《条例》赋予"三山"保护管理机构制止违法行为的权利，可以对正在进行的违法行为依法进行制止。制止行为是对"三山"保护管理机构职能的制度设计，对违法行为已经发生，而"三山"保护管理机构又没有管辖权限，但是需要及时有效的制止以防止损失进一步扩大的情况，报告有处理权限的行政管理部门依法处理。

《条例》第30规定：国家机关及其工作人员、"三山"保护管理机构及其工作人员在"三山"保护工作中不履行相关职责的，由其所在单位或者上级主管机关责令改正，给予通报批评；情节严重的，对直接负责的主管人员和其他直接责任人员给予处分。这里也明确了"三山"保护管理机构制止违法行为，并报相关行政主管部门依法予以处罚的责任，对于"三山"保护管理机构及其工作人员在"三山"保护工作中不履行相关职责的，由其所在单位或者上级主管机关责令改正，给予通报批评；情节严重的，对直接负责的主管人员和其他直接责任人员给予处分。

**第二十八条 [管理部门及其工作人员责任]**

国家机关及其工作人员、"三山"保护管理机构及其工作人员在"三山"保护工作中不履行相关职责，滥用职权、玩忽职守、徇私舞弊的，对直接负责的主管人员和其他直接责任人员依法给予处分。

**【导读与释义】**

本条是关于国家机关及其工作人员、"三山"保护管理机构及其工作人员在"三山"保护工作中不履行相关职责，滥用职权、玩忽职守、徇私舞弊的，对直接负责的主管人员和其他直接责任人员依法给予处分的规定。

《条例》中国家机关及其工作人员、"三山"保护管理机构及其工作人员在"三山"保护工作中不履行相关职责，可能出现的滥用职权、玩忽职守、徇私舞弊的行为主要包括：①擅自变更"三山"保护规划的；②违反规定审批开发建设项目的；③对交办案件或者群众举报处理不及时或者处理不当的；④被请求协助的机关无正当理由不履行协助义务的；⑤对生态环境违法行为进行包庇或者参与、提供信息的；⑥截留、挤占或者挪用生态环境保护专项资金的；⑦其他滥用职权、玩忽职守、徇私舞弊的行为。

根据"权责统一"的法律原则，有职权或职责，才有不履行职权或职责的不利的法律后果，无职权或职责，就谈不上不履行职权或职责，也就没有相应的法律责任承担。国家行政机关享有广泛的行政职权，同时也负有相应的行政职责。在行政管理的过程中，行政机关不仅要对自己违法行使行政职权或者不依法履行行政职责的行为负责，而且还要在一定范围和程度上对行政机关工作人员以及受其委托的组织和个人实施的违法行政行为的后果承担责任。在这种情况下，行政机关工作人员的违法或不当行政行为同时引发了两种责任，即行政公务人员个人的责任和其所属的行政机关的责任。"责任自负"原则要求行政机关和行政公务人员各自承担自己的责任。一方面，行政机关应对其工作人员的职务行为承担责任；另一方面，行政机关工作人员自己也要承担责任。

《条例》本条是关于行政机关工作人员的责任。执法中，行政执法者以两个主体身份出现：一是以行政主体的身份执法，这里的行政主体包括国家行政机关和法律、法规授权的组织；二是以行政机关工作人员的身份执法。无论以哪一种身份执法，都是行政执法者有效主体身份的体现。两种执法主体在执法中都有可能发生侵害行政管理相对人合法权益的情况，因此，从承担违法责任的主体来看，行政机关及其工作人员都可以成为行政执法者违法责任的承担者。

随着依法行政的纵深推进，行政机关工作人员的违法执法问题越来越被人们所注目，强调行政执法责任制，有法必依、执法必严、违法必究。根据责任产生的原因，行政机关工作人员的责任分为两种：一是违法或不当行使权力的责任；二是因不履行其法定职责而承担的不作为责任。行政执法责任制作为一种管理和监督制度，其目的在于为行政权力套上责任的枷锁，促使各级国家行政机关和行政公务人员依法行政。责任行政要求行政公务人员在享有与其职位相适应的权力的同时，还要承担与这种权力相适应的责任。

党的十八届四中全会作出的《中共中央关于全面推进依法治国若干重大问题的决定》明确指出："行政机关要坚持法定职责必须为，法无授权不可为，勇于负责"，"敢于担当，坚决纠正不作为"，"乱作为，坚决克服懒政、怠政"，坚决惩处失职、渎职。根据有关法律规定，国家机关及其工作人员在执行公务时，滥用职权、玩忽职守、徇私舞弊的，应当承担以下法律责任：①刑事责任。财政部门及有关行政部门的工作人员滥用职权或者玩忽职守，致使公共财产、国家和人民利益遭受重大损失的，构成滥用职权罪或者玩忽职守罪。对犯本罪的，处3年以下有期徒刑或者拘役，情节特别严重的，处3年以上7年以下有期徒刑。财政部门及有关行政部门的工作人员徇私舞弊，犯上述罪行的，处5年以下有期徒刑或者拘役，情节特别严重的，处5年以上10年以下有期徒刑。②行政责任。财政部门及有关行政部门的工作人员虽有滥用职权、玩忽职守、徇私舞弊的行为，但是按照刑法的有关规定，不构成犯罪的，应当依法给予行政处分。行政处分主要有警告、记过、记大过、降级、降职、撤职、留用察看和开除等8种。对有上述违法行为的财政部门及有关行政部门的工作人员，可以由其所在单位或者其上级单位或者行政监察部门视情节轻重，给予相应的行政处分。

（一）明确责任主体

本条说的国家机关及其工作人员、"三山"保护管理机构及其工作人员是指，韶关林业主管部门内部的行政管理人员和"三山"保护管理机构依法履行林业管理职能的人员，如林业主管部门内部的林业公安、林政管理、野生动物保护、森林防火、野生植物保护、病虫害防治、植物检疫、种苗管理、"三山"范围内从事森林保护、林业监督管理的工作人员。其他国家机关工作人员是指人民政府的工作人员或者依照法律规定履行职务涉及林业行业管理工作的人员，如人民政府中从事涉及林业管理的领导人员、海关、工商等部门的工作人员。

国家机关及其工作人员、"三山"保护管理机构及其工作人员在行使"三山"公共管理职能的过程中有过错，可以对直接负责的主管人员和其他直接责任人员依法给予行政处分。但在具体过错责任认定中，应该是从错案的性质出发，结合整个案件的办理过程，追究问题到底出在哪个环节。过错环节的不同，比较容易认定谁该承担什么责任。直接负责案件的主管人员可以认定会是该单位的分管副职，也可以认定为是业务科室长；而直接责任人，一般是行政案件的经办人员，或者是造成错案的最直接的科室长或具体工作人员。

（二）处分的原因

国家机关及其工作人员、"三山"保护管理机构及其工作人员受到处分是因为在"三山"保护工作中不履行相关职责，滥用职权、玩忽职守、徇私舞弊。滥用职权是指从事"三山"资源保护，林业监督管理工作的林业主管部门的工作人员和其他国家机关的有关工作人员故意超越法律、法规赋予的职权，擅自处理其无权决定、处理的事项，致使公共财产、国家和人民利益遭受损失的违法行为。玩忽职守是指从事"三山"资源保护、林业监督管理工作的林业主管部门工作人员和其他国家机关的工作人员对工作严重不负责任，不履行或者不正确地履行职责，致使"三山"资源遭受重大损失的行为。玩忽职守，包括两种形式：一是放弃职守，不履行自己应该履行的职责；二是在履行职责的过程中，严重不负责任。徇私舞弊是指行为人从事"三山"资源保护、林业监督管理工作的林业主管部门的工作人员和其他国家机关的有关工作人员在行使职权时，不履行法定职责，徇个人私利、私情，以权谋私，假公济私，违反国家法律、法规的规定，以权谋私，严重的不负责任，致使公共财产、国家和人民利益受到损失的行为。

本条规定的是从事"三山"资源保护、监督管理工作的林业主管部门的工作人员和其他国家机关工作人员滥用职权、玩忽职守、徇私舞弊，情节轻微，尚不构成犯罪的，依法给予行政处分，不包括刑事处分，地方法规不能规定刑事处分。

如果从事"三山"资源保护、林业监督管理工作的林业主管部门的工作人员和其他国家机关的有关工作人员滥用职权，玩忽职守、徇私舞弊构成犯罪的，依法追究刑事责任。根据《刑法》第 397 条规定："国家机关工作人员滥用职权或者玩忽职守，致使公共财产、国家和人民利益遭受重大损失的，处三年以下有期徒刑或者拘役；情节特别严重的，处三年以上七年以下有期徒刑。本法另有规定的，依照规定。国家机关工作人员徇私舞弊，犯前款罪的，处五年以下有期徒刑或者拘役；情节特别严重的，处五年以上十年以下有期徒刑。本法另有规定的，依照规定。"

（三）处分的种类

《条例》规定：国家机关及其工作人员、"三山"保护管理机构及其工作人员在"三山"保护工作中不履行相关职责，滥用职权、玩忽职守、徇私舞弊的，对直接负责的主管人员和其他直接责任人员依法给予处分。这里的"处分"是指行政处分。国家对行政处分有相关法律法规规定，行政机关和事业单位有所不同。

1. 行政机关的处分

行政处分，是指国家行政机关依照行政隶属关系给予有违法失职行为的国家机关公务人员的一种惩罚措施，包括警告、记过、记大过、降级、撤职、留用察看、开除。根据《公务员法》规定，行政处分分为：①警告。对违反行政纪律的行为主体提出告诫，使之认识应负的行政责任，以便加以警惕，使其注意并改正错误，不再犯此类错误。这种处分适用于违反行政纪律行为轻微的人员。②记过。记载或者登记过错，以示惩处之意。这种处分，适用于违反行政纪律行为比较轻微的人员。③记大过。记载或登记较大或较严重的过错，以示严重惩处的意思。这种处分，适用于违反行政纪律行为比较严重，给国家和人民造成一定损失的人员。④降级。降低其工资等级。这种处分，适用于违反行政纪律，使国家和人民的利益受一定损失，但仍然可以继续担任现任职务的人员。⑤撤职。撤销现任职务。这种处分适用于违反行政纪律行为严重，已不适宜担任现任职务的人员。⑥开除。取消其公职。这种处分适用于犯有严重错误已丧失国家工作人员基本条件的人员。

行政处分属于内部行政行为，由行政主体基于行政隶属关系依法作出。《公务员法》第63条明确规定："对公务员的处分，应当事实清楚、证据确凿、定性准确、处理恰当、程序合法、手续完备。公务员违纪的，应当由处分决定机关决定对公务员违纪的情况进行调查，并将调查认定的事实及拟给予处分的依据告知公务员本人。公务员有权进行陈述和申辩；处分决定机关认为对公务员应当给予处分的，应当在规定的期限内，按照管理权限和规定的程序作出处分决定。处分决定应当以书面形式通知公务员本人。"

行政处分具有强烈的约束力，管理相对人不服，行政主体可以强制执行。但因其不受司法审查，受到处分的行政机关公务员对处分决定不服的，依照《公务员法》等有关规定，可以申请复核或者申诉。复核、申诉期间不停止处分的执行。行政机关公务员不因提出复核、申诉而被加重处分。情节严重的还有双开处罚，开除党籍，开除职务。

2. 事业单位的处分

事业单位工作人员的处分依据是，人力资源和社会保障部2012年8月22日通过的《事业单位工作人员处分暂行规定》。《事业单位工作人员处分暂行规定》第2条规定："事业单位工作人员违法违纪，应当承担纪律责任的，依照本规定给予处分。对法律、法规授权的具有公共事务管理职能的事业单位中经批准参照《中华人民共和国公务员法》管理的工作人员给予处分，参照《行政机关公务员处分条例》的有关规定办理。对行政机关任命的事业单位工作人员，法律、法规授权的具有公共事务管理职能的事业单位中不参照《中华人民共和国公务员法》管理的工作人员，国家行政机关依法委托从事公共事务管理活动的事业单位工作人员给予处分，适用本规定；但监察机关对上述人员违法违纪行为进行调查处理的程序和作出处分决定的权限，以及作为监察对象的事业单位工作人员对处分决定不服向监察机关提出申诉的，依照《中华人民共和国行政监察法》及其实施条例办理。"

《事业单位工作人员处分暂行规定》第二章第5条规定："处分的种类为：（一）警告；（二）记过；（三）降低岗位等级或者撤职；（四）开除。其中，撤职处分适用于行政机关任命的事业单位工作人员。"

### （四）处分的变化

我国行政法上的行政处分，属于行政法上的内部行政行为，是指国家行政机关对其系统内部违法失职的公务员实施的一种惩戒措施。[1]《监察法》颁布实施之前，处分的依据主要是《公务员法》《行政监察法》和《事业单位工作人员处分暂行规定》。

《公务员法》规定行政纪律处分有警告、记过、记大过、降级、撤职、开除六种，属于行政机关工作人员的内部惩戒措施。事业单位工作人员处分暂行规定》将事业单位工作人员纪律处分规范化，规定事业单位工作人员的违法违纪行为，应当追究纪律责任的，依照该规定予以处分。从《公务员法》开始，法律一般不使用行政处分的概念，而使用纪律处分的概念。

《监察法》第 15 条规定，监察机关的监察对象是公职人员，对这些公职人员的职务违法行为的处分，不宜用行政处分涵盖，而公职人员的职务行为均属于广义上的政务，所以以政务处分代替行政处分更加符合监察机关的职能定位。《监察法》第 11 条赋予监察机关依法履行监督、调查、处置的职责，有权对违法的公职人员依法作出政务处分决定。《监察法》第 45 条规定，政务处分决定分为警告、记过、记大过、降级、撤职、开除六种。依《监察法》之规定，政务处分是监察机关对公职人员的职务违法行为作出的处置决定，从《监察法》的规定来看，政务处分已经代替行政处分，成为监察机关追究公职人员职务违法责任的行政惩戒措施。[2]

---

〔1〕 罗豪才主编：《行政法学》，北京大学出版社 1996 年版，第 202 页。

〔2〕 朱福惠："国家监察法对公职人员纪律处分体制的重构"，载《行政法学研究》2018 年第 4 期。

### 第二十九条　［涉及军事管理区规定］

"三山"保护范围内的军事禁区和军事管理区范围的划定和保护，依据《军事设施保护法》和国家有关规定执行。

**【导读与释义】**

本条是关于"三山"保护范围内的军事禁区和军事管理区范围的划定和保护的规定。

根据《军事设施保护法》第二章军事禁区、军事管理区的划定第 8 条的规定，国家根据军事设施的性质、作用、安全保密的需要和使用效能的要求，划定军事禁区、军事管理区。军事禁区，是指设有重要军事设施或者军事设施具有重大危险因素，需要国家采取特殊措施加以重点保护，依照法定程序和标准划定的军事区域。

军事禁区是指根据军事需要，按照国家法律规定划定的由军队控制的、不得擅自进入的范围、区域。或者说，根据军事需要所划定的禁止无关人员进入或限制其活动的特定区域，其边界通常设有醒目的标志。军事管理区，是指设有较重要军事设施或者军事设施具有较大危险因素，需要国家采取特殊措施加以保护，依照法定程序和标准划定的军事区域。军事管理区是指根据军事需要，按照国家法律规定划定的由军队主持控制或负责的范围、区域。军事禁区和军事管理区都是军队管辖，只不过军事禁区管理更加严格。军事管理区是指这一区域的管理权归军队所有，军事禁区则是非特许不可进入的区域。军事管理区不一定是禁区，但军事禁区一定是军事管理区。

军事禁区和军事管理区的划定由国务院和中央军事委员会或者由军区根据国务院和中央军事委员会的有关规定办理。对于军事禁区、军事管理区的范围划定，《军事设施保护法实施办法》第二章军事禁区、军事管理区的保护的第 8 条规定："军事禁区、军事管理区的确定及其范围的划定，以及军事禁区外围安全控制范围的划定，依照军事设施保护法和国务院、中央军事委员会的有关规定办理。"军事禁区、军事管理区范围的划定或者调整，应当在确保军事设施安全保密和使用效能的前提下，兼顾经济建设、自然环境保护和当地群众的生产、生活。

根据《军事设施保护法》第 15 条的规定："禁止陆地、水域军事禁区管理单位以外的人员、车辆、船舶进入军事禁区，禁止对军事禁区进行摄影、摄像、录音、勘察、测量、描绘和记述，禁止航空器在军事禁区上空进行低空飞行。但是，经军区级以上军事机关批准的除外。禁止航空器进入空中军事禁区，但依照国家有关规定获得批准的除外。……"根据《军事设施保护法》第 20 条的规定："军事管理区管理单位以外的人员、车辆、船舶进入军事管理区，或者对军事管理区进行摄影、摄像、录音、勘察、测量、描绘和记述，必须经过军事管理区管理单位批准。"

可见，国家对军事禁区、军事管理区实施的严格管理，不同于地方管理。本《条例》在制定过程中，有人提出"三山"部分地方存在军事禁区和军事管理区，立法组经调研确认，专门增加了这一条。《军事设施保护法》及其《军事设施保护法实施办法》规定了这一条的内容，对军事禁区、军事管理区实行有区别的管理，"三山"军事禁区、军事管理区范围内，不适用本《条例》。

**第三十条　［生效实施时间］**

本条例自 2019 年 7 月 1 日起施行。

**【导读与释义】**

本条是关于本条例生效日期的规定。

法律的生效日期，是指一部法律制定出来以后从何时开始起正式实施，也就是说从何时起正式具有法律效力。法律的生效日期，主要涉及两个问题：

（1）生效日期的确定问题。一部法律从何时开始生效，取决于这部法律对生效日期是如何进行规定的。我国以前制定的法律中，对生效日期的规定，大体上可以分为以下三种情况：第一，直接在法律中规定"本法自×年×月×日起施行"；第二，在法律条文中没有直接规定具体的生效日期，而只是规定"本法自公布之日起施行"，但法律何时公布，根据《宪法》第 80 条关于"中华人民共和国主席根据全国人民代表大会的决定和全国人民代表大会常务委员会的决定，公布法律……"的规定，由国家主席发布主席令来确定；第三，规定一部法律的生效日期取决于另一部法律的生效日期。

《韶关市皇岗山芙蓉山莲花山保护条例》的生效日期，属于上述的第一种情况，即直接规定了"本条例自 2019 年 7 月 1 日起施行"。

（2）溯及力的问题。法律的溯及力问题，是指法律生效以后能适用于生效以前的行为和事件，如果适用，就表明有溯及力。如果不能适用，就表明没有溯及力。一部法律如果有溯及力，必须在条文中作出明确的规定，《韶关市皇岗山芙蓉山莲花山保护条例》对溯及力问题没有作出规定，表明本《条例》没有溯及力，即不能适用于本法生效以前的行为和事件。

**第二部分**

# 附　录

# 附录一：关于《韶关市皇岗山芙蓉山莲花山生态保护条例》（送审稿）的起草说明

现将《韶关市皇岗山芙蓉山莲花山生态保护条例》（送审稿）起草情况说明如下：

## 一、关于条例立法的背景和必要性

皇岗山、芙蓉山、莲花山生态保护区是韶关市城区的"绿心""绿肺""氧吧"，是城市中不可多得的大型生态功能区、"后花园"，市民休闲、娱乐、休憩的好去处。然而，近年来随着城市发展步伐加快，市区常驻人口激增和外来旅游人数飙升，到皇岗山、芙蓉山、莲花山游玩人数不断增加，不断出现对皇岗山、芙蓉山、莲花山生态环境、自然资源、人文景观造成一定破坏的现象。同时，一些现行的法律法规条文界定不明、过于宽泛，缺乏针对性和可操作性，执法工作薄弱，使各类破坏生态环境活动有加剧之势。这些问题的存在，致使皇岗山、芙蓉山、莲花山生态环境保护乏力，影响我市建设山水韶关和宜居城市目标的实现。

加强对皇岗山、芙蓉山、莲花山的生态保护，直接关系到市区空气质量和生态环境的好坏。为了充分发挥立法在生态文明建设方面的引领和推动作用，科学有效地保护韶关市皇岗山、芙蓉山、莲花山的生态环境，发挥城市"山水相融"优势，打造宜居城市环境和城市型生态公园，市人大常委会在充分调研和听取各方面意见的基础上，经请示市委，决定起草《韶关市皇岗山芙蓉山莲花山生态保护条例》。通过立法形式来解决现实问题，为更有效地保护和改善皇岗山、芙蓉山、莲花山生态环境有着重要且现实的意义。通过立法形式来规范皇岗山、芙蓉山、莲花山的规划、建设和管理，使韶关国家森林公园建设成为韶关城市发展过程中的永久性自然生态保留地，并开展以绿色、生态、示范、科普和人文教育为主的生态公益性城市型国家森林公园，为市民提供绿色、观光、休闲、登山健体回归自然的场所。

## 二、制定条例的过程和主要法律依据

### （一）起草过程

根据中共韶关市委转发《中共韶关市人大常委会党组关于〈韶关市人大常委会 2017-2021 年立法规划〉的请示》的通知（韶发〔2017〕7 号）和市人大常委会关于印发《韶关市人大常委会 2017 年立法工作计划》的通知（韶常〔2017〕12 号），韶关市林业局将《皇岗山芙蓉山莲花山生态保护条例》的立法列入今年依法行政的重要工作内容，成立了《皇岗山芙蓉山莲花山生态保护条例》起草工作领导小组，明确职责分工，制定了起草工作计划。并与市立法基地韶关学院法学院（市地方立法中心）签订《皇岗山芙蓉山莲花山生态保护条例》（以下简称《条例》）立法草案项目委托协议，由法学院的法律专家负责《条例》的起草。《条例》起草过程中，韶关市林业局与市地方立法中心、市人大法工委、市法制局、韶关国家森林管理处相关人员在省内赴惠州、佛山两地调研罗浮山、西樵山立法工作，借鉴外地的立法工作经验，拟定了《韶关市皇岗山芙蓉山莲花山生态保护条例》（草案）。

### （二）征求、采纳意见情况

条例（草案）形成后，林业局召开座谈会听取有关职能部门和浈江区、武江区的意见，对条例（草案）进行修改完善。

2017 年 6 月 21 日，林业局通过 OA 系统向浈江区政府、武江区政府以及 19 个市直属有关单位发出《关于征求〈韶关市皇岗山芙蓉山莲花山生态保护条例（征求意见稿）〉意见的函》，征求有关单位的修改意见。同时，林业局在韶关市政府网、韶关林业网刊登《关于公开征求〈韶关市皇岗山芙蓉山莲花山生态保护条例（征求意见稿）〉意见的公告》，征求意见时间为 1 个月，即从 2017 年 6 月 21 日至 7 月 20 日，广泛征求社会各界的意见。

林业局收到浈江区、武江区人民政府和 19 个市直有关部门回复了意见，除市编办、市规划局、浈江区人民政府提出意见外，其他单位均无修改意见，没有收到社会公众的意见，所提意见已大部分采纳，浈江区人民政府办公室提出"皇岗山莲花山的四至界限应在韶关林场林地所有权范围内实施"的建议，因不符合实际情况而不予采纳。

（三）主要法律依据

1. 主要法律、法规依据

《立法法》《森林法》《环境法》《城乡规划法》《水土保持法》《水污染防治法》《固体废物污染环境防治法》《野生动物保护法》《民法总则》《土地管理法》《物权法》《环境行政处罚办法》《建设项目环境保护管理条例》《广东省环境保护条例》《野生植物保护条例》《城市绿化条例》《广东省森林公园管理条例》等。

2. 参考外地地方性法规

广东、广西、河南等省市人大制定的生态保护相关的地方性法规，包括：《广州市白云山风景名胜区保护条例》《深圳经济特区梧桐山风景名胜区条例》《西樵山风景名胜区管理办法（送审稿）》《惠州市罗浮山保护条例（草案）》《柳州市莲花山保护条例》《辽宁省青山保护条例》《陕西省秦岭生态环境保护条例》《焦作市北山生态环境保护条例》《湛江市城市公园管理办法》《广州市公园管理条例》等。

## 三、关于条例（草案）的主要内容

条例（草案）分为总则、规划与建设、利用与维护、保护与管理、保障与监督、法律责任、附则七章共三十七条。主要内容包括：

（1）第一章总则。主要规定了立法目的、适用范围、基本原则、职责分工、具体管理机构职责等内容。明确立法的目的和依据，法治推进生态文明建设，促进经济社会可持续发展。同时，也强调结合韶关市的实际，赋予韶关国家森林公园作为皇岗山、芙蓉山、莲花山日常管理的管理机构及其具体的职责。强调在生态环境保护整个保护过程中要结合韶关山水城市理念，遵循一定原则。强调生态环境保护工作政府领导协调机制，市政府统一领导，政府职能部门各司其责，生态环境保护的具体管理机构——韶关市森林公园管理处。

（2）第二章规划与建设。主要规定了保护规划编制、规划编制原则、开发建设项目审批与监管、规划实施落实等内容。在市政府统一领导下，制定皇岗山、芙蓉山、莲花山生态环境保护规划，提升皇岗山、芙蓉山、莲花山生态环境保护战略位置。生态环境保护规划要遵循与山水融合，打造更符合人类居住的生态环境，凸显人与自然和谐相处，体现山水韶关的自然特性、文化内涵，保护生态环境第一，开发建设活动服从保护生态环境的原则。规范在皇岗山、芙蓉山、莲花山生态环境保护区内的开发建设活动，开发建设活动应严格依法办理审批手续。强调韶关国家森林公园机构的管理主体地位，开发建设活动要征得同意后，依法审批才能开工建设。

（3）第三章利用与维护。明确城市型生态公园的管理主体及维护良好生态环境的义务。皇岗山、芙蓉山、莲花山生态资源保护的目的是为了利用，为充分利用皇岗山、芙蓉山、莲花山生态环境资源，创造良好的生态和人文环境，将其打造为城市型生态公园，为公众提供相应的设施和良好生态环境的绿地和场所。将皇岗山、芙蓉山、莲花山城市公园的规划和建设纳入国民经济和社会发展规划，编制城市公园建设与保护专项规划。明确城市型生态公园的管理主体及维护良好生态环境的义务。公众也要维护城市型生态公园的良好环境，遵守相关规章制度。

（4）第四章保护与管理。主要规定了建立生态环境保护相关制度、林木保护、标识保护、经营规范、活动管理、禁止行为等内容。强调生态环境保护要运用制度规范，包场日常管理制度和责任追究制度；建立科学的生态环境数据库，大数据时代，运用新兴网络数据手段加强对生态环境的保护；制度规范管理涉及林木保护、标识保护、经营规范、活动管理、禁止行为等具体内容。

（5）第五章保障与监督。主要规定了生态环境保护的经费保障、保障措施、主管部门执法职责、管理机构监督检查、防火措施、病虫害防范、环境监测与监督等内容。包括将生态环境保护纳入国民经济和社会发展规划；政策上引导和支持生态环境的保护、开发和利用；明确主管行政部门在各自职责范围内的职责，应该履行的执法义务；明确韶关国家森林公园管理处的日常监督检查职责，使职责明确具体，有可操作可执行性。明确防火措施、防害虫措施以及环境监测与监督。

（6）第六章法律责任。主要规定了擅自开工建设项目的责任、违反本条例部分行为的责任、违反禁止行为的责任、管理部门及其工作人员责任等。对已经有法律法规明确规定的法律责任，按照已有法律法规的规定处理；明确国家机关及其工作人员、韶关市森林管理机构及工作人员的职责，依法行政，对不依法履行职责、滥用职权、玩忽职守、徇私舞弊的行为予以惩戒。

（7）第七章明确条例具体生效时间。

#### 四、几个问题的说明

（1）明确生态环境保护范围。明确皇岗山、芙蓉山、莲花山生态环境保护范围，按照"东南西北"四至范围，明确皇岗山、芙蓉山、莲花山保护范围东、西、南、北四至，具体范围向社会各界公布，更加直观地展示皇岗山、芙蓉山、莲花山生态环境的保护范围。为方便公众实地知晓莲花山的保护范围，条例规定市人民政府应当根据本条例确定的皇岗山、芙蓉山、莲花山保护范围，设置永久性界桩或者其他边界标识。

（2）制定生态环境保护规划。鉴于皇岗山、芙蓉山、莲花山生态环境保护尚处于起步阶段，缺乏宏观性的整体规划和细节性的详细规划。条例第二章规划与管理，对皇岗山、芙蓉山、莲花山生态环境保护规划主要从三个方面作出了规定。一是规定了规划编制内容。明确提出皇岗山、芙蓉山、莲花山生态环境保护编制的具体内容，明确了规划编制部门和其他政府部门的职责。二是规定了规划编制原则。生态环境保护必须凸显人与自然和谐相处，体现山水韶关的自然特性、文化内涵，保护生态环境第一，开发建设活动服从保护生态环境的原则。生态环境保护规划一旦制定，要严格执行，不得擅自变更，防止因为相关领导人改变就改变规划。三是对规划落实实施。韶关市国家森林公园管理处监督检查生态环境保护规划实施情况。发现违反生态环境保护规划的，应当在法定权限范围内进行处理；超越法定权限范围的，建立案件移交工作机制。

（3）制定城市型生态公园保护规划。编制皇岗山、芙蓉山、莲花山城市型生态公园建设与保护专项规划，指引皇岗山、芙蓉山、莲花山城市型生态公园的发展。编制城市型生态公园建设与保护专项规划，有助于科学合理地打造功能完备、品质优良的公园体系，在保护、改造提升原有生态环境的基础上，统筹发展城市型生态公园的布局、设计、建设、管理等，满足韶关市民对城市型生态公园的内涵、品质、功能、开放时间与服务质量等方面不断提高的需求，促进城市型生态公园内的基础设施与环境保护协调发展。

（4）强调法律责任。条例结合韶关实际情况，同时考虑条例的可执行性和可操作性，设置了相应的法律责任。针对皇岗山、芙蓉山、莲花山生态环境保护中可能出现的违法行为，要求韶关森林公园管理处应当先行制止违法行为，在法定权限范围内查处；对超越法定权限的，及时告知有关主管部门依法处理，有关主管部门应当及时将处理情况告知韶关市森林公园管理处。

（5）存在问题。芙蓉山范围内林地存在不同权属，有些是租用集体产权土地，管理存在难度；保护区内坟墓众多，无法有效迁移；周边违建现象频发，无法有效制止。规范生态保护的同时进行城市型生态公园建设，需要做好规划工作，存在一定的困难。

以上说明及条例，请予以审议。

# 附录二:《韶关市皇岗山芙蓉山莲花山保护条例》（全文）

## 韶关市第十四届人民代表大会常务委员会
## 公 告
## （第 9 号）

　　《韶关市皇岗山芙蓉山莲花山保护条例》已于 2018 年 12 月 27 日韶关市第十四届人民代表大会常务委员会第二十一次会议表决通过，并于 2019 年 3 月 28 日广东省第十三届人民代表大会常务委员会第十一次会议批准，现予公布，自 2019 年 7 月 1 日起施行。

韶关市人民代表大会常务委员会

2019 年 4 月 12 日

　　**第一条** 为了加强对皇岗山、芙蓉山、莲花山的保护，推进城市森林公园建设，根据《中华人民共和国森林法》《中华人民共和国城乡规划法》等法律、法规，结合本市实际，制定本条例。

　　**第二条** 本条例适用于本市城区内皇岗山（含鸡公山）、芙蓉山、莲花山（含稔菇山）以及田心工区（以下简称"三山"）的保护、规划、利用和管理，以及在"三山"游览、休闲、科学考察和进行文化教育等活动。

　　"三山"具体范围由市人民政府批准的"三山"保护规划确定。

　　"三山"的四至边界线应当设置界标或者其他边界标识。

　　**第三条** "三山"的保护和利用应当遵循保护优先、科学规划、合理利用、统一管理、持续发展的原则。

**第四条** 市人民政府应当秉持"林在城中、城在林中、融城于山、融山于城、山城相融、山水相融"的建设理念，利用"三山"自然风景资源，建设可供公众游览、休闲、科学考察和进行文化教育等活动的城市森林公园。

**第五条** 市人民政府应当将"三山"保护工作纳入国民经济和社会发展规划，将"三山"保护所需经费列入市本级预算，统筹协调"三山"保护工作。

市林业主管部门负责"三山"保护的监督管理工作。市城乡建设管理、自然资源、生态环境、文化旅游、公安、财政等有关部门按照各自职责，协同做好"三山"保护的相关工作。

浈江区、武江区和曲江区人民政府在辖区内协助做好"三山"保护工作。

**第六条** "三山"保护管理机构负责"三山"的日常保护和管理工作，履行以下职责：

（一）参与编制"三山"保护规划；

（二）参与组织、实施和监督"三山"自然、人文资源的管理与利用；

（三）制定"三山"保护管理制度，开展日常巡查管理工作；

（四）组织开展"三山"保护的宣传教育活动；

（五）配合有关主管部门做好"三山"保护的相关工作；

（六）市人民政府赋予的其他职责。

**第七条** 市人民政府应当加大对"三山"保护的政策扶持，建立生态保护补偿制度，依法维护村集体和村民合法权益。

**第八条** 任何单位和个人有权举报、投诉破坏"三山"自然环境、人文景观和公共设施的行为。

"三山"保护管理机构应当建立监督举报制度，向社会公布举报信箱、投诉电话等联系方式，接到举报、投诉后应当及时处理。

**第九条** 鼓励、支持和引导单位和个人通过投资、捐赠、提供志愿服务、种植纪念树、营造纪念林等方式参与"三山"保护活动。

公众在"三山"保护范围内游览、观赏、休憩等活动应当遵守社会公德，举止文明，遵守"三山"保护的制度规定，爱护环境和公共设施。

**第十条** 市林业主管部门应当会同自然资源、城乡建设管理、生态环境、文化旅游等主管部门及浈江区、武江区、曲江区人民政府、三山"保护管理机构组织编制"三山"保护规划，经市城乡规划委员会审议后，由市人民政府批准实施。

"三山"保护规划应当划定"三山"保护范围，符合城市总体规划，与其他专项规划相衔接，并纳入控制性详细规划。

**第十一条** "三山"保护规划编制过程中，市林业主管部门应当依法将规划草案予以公告，并采取论证会、听证会或者其他方式征求专家和公众的意见。公告的时间不得少于三十日。

市人民政府在批准"三山"保护规划前，应当报市人民代表大会常务委员会进行审议，并对常委会组成人员的审议意见进行研究处理。

市人民政府批准"三山"保护规划后，应当向社会公布，并报市人民代表大会常务委员会备案。

经批准的"三山"保护规划，不得擅自变更；因保护和建设确需调整的，应当按照原批准程序办理，并报市人民代表大会常务委员会备案。

**第十二条** "三山"保护范围内的开发建设活动应当符合"三山"保护规划，禁止未经规划许可或违反规划许可修建建筑物、构筑物。

在"三山"保护范围内的建筑物和建设项目，其高度、色彩和建筑风格等应当与周围景观和环境相协调。建设单位、施工单位在"三山"保护范围内的开发建设活动，应当采取有效措施保护"三山"地质地貌、森林植被、文物古迹等自然、人文资源，自觉接受"三山"保护管理机构的管理。

**第十三条** "三山"保护范围内不得建设破坏森林资源和景观、妨碍游览、污染环境的工程设施，不得设立各类开发区；不得建设宾馆、招待所、培训中心、疗养院以及与"三山"森林风景资源保护无关的其他建筑物。已经建设的，应当按照"三山"保护规划逐步迁出。

**第十四条** "三山"周边新建的建（构）筑物高度、区域建筑密度，其建筑风格、色彩等应当与"三山"的自然环境和景观相协调。

**第十五条** "三山"保护范围内的林木资源不得擅自砍伐；因人工营造的纯林改造、修筑游客安全防护设施和步行游览观光道路需要砍伐的，依照有关法律、法规的规定办理相关手续。

**第十六条** "三山"保护管理机构应当划定护林责任区，配备专职或兼职护林员。

"三山"保护管理机构应当建立护林防火责任制度，配备防火设施、设备，设置防火标志牌，划定禁火区和防火责任区，制定森林防火应急预案，定期开展防火检查，消除火灾隐患。

第十七条 "三山"保护管理机构应当针对森林生长发育特性，做好森林有害生物的调查、监测和防治工作。

第十八条 "三山"保护管理机构应当根据"三山"保护规划培育具有地方特色的风景林木，保持当地森林景观优势特征，提高森林风景资源的观赏价值。

第十九条 "三山"保护管理机构应当按照"三山"保护规划完善景观道路、观景平台、休憩设施、公共健身设施等建设，建设徒步、骑行等环山绿道，相应设置安全、环卫、残障设施及服务标识。

第二十条 "三山"保护范围内依法从事摆摊设点、兜售物品等旅游服务性活动的经营者，应当在"三山"保护管理机构指定区域有序经营，并保持经营场地清洁。

第二十一条 进入"三山"保护范围内从事教学、科研、考察、采集标本或者开展影视拍摄等活动，应当经"三山"保护管理机构同意。

第二十二条 "三山"保护范围内禁止下列破坏森林资源的行为：

（一）猎捕和其他妨碍野生动物生息繁衍的活动；

（二）砍伐、损毁古树名木、珍贵树木和其他国家重点保护植物；

（三）毁林开垦和毁林采石、采砂、采土以及其他毁林、破坏景观的行为；

（四）排放超标的废水、废气和生活污水以及乱倒垃圾和其他污染物；

（五）新建、改建坟墓；

（六）法律、法规禁止的其他行为。

第二十三条 进入"三山"保护范围内的公众应当遵守公共管理秩序，不得有下列行为：

（一）采挖花草、树根；

（二）毁损公共服务设施以及设备；

（三）随地吐痰、便溺，抛弃塑料品、金属品或者其它废弃物；

（四）在禁火区吸烟和使用明火，在非指定区域生火烧烤、焚烧香烛、燃放烟花爆竹；

（五）在树木、岩石、古迹、建筑物以及设施上刻画；

（六）法律、法规禁止的其他行为。

禁止携带除导盲犬、扶助犬等工作犬以外的宠物犬进入设有禁止动物进入标识的区域。

**第二十四条**　违反本条例第二十条规定，在指定区域以外进行经营活动的，由市林业主管部门责令停止经营活动，并处五百元以上五千元以下的罚款。

**第二十五条**　违反本条例第二十二条规定，在"三山"保护范围内从事破坏森林资源活动的，由市林业主管部门或者有关行政主管部门责令停止违法行为、限期恢复原状或者采取其他补救措施，没收违法所得，并处一千元以上一万元以下的罚款。

**第二十六条**　违反本条例第二十三条第一款规定的，由市林业主管部门责令停止违法行为、限期恢复原状或者采取其他补救措施，并处五十元以上五百元以下的罚款。

违反本条例第二十三条第二款规定，携带除导盲犬、扶助犬等工作犬以外的宠物犬进入设有禁止动物进入标识的区域的，由市林业主管部门责令改正，并处五十元以上二百元以下的罚款。

**第二十七条**　违反本条例第十二条、第十三条、第十五条规定，由"三山"保护管理机构制止违法行为，并报相关行政主管部门依法予以处罚。

**第二十八条**　国家机关及其工作人员、"三山"保护管理机构及其工作人员在"三山"保护工作中不履行相关职责，滥用职权、玩忽职守、徇私舞弊的，对直接负责的主管人员和其他直接责任人员依法给予处分。

**第二十九条**　"三山"保护范围内的军事禁区和军事管理区范围的划定和保护，依据《中华人民共和国军事设施保护法》和国家有关规定执行。

**第三十条**　本条例自2019年7月1日起施行。

# 附录三：立法文本注释稿

**第一条【立法目的和依据】** 为了加强对皇岗山、芙蓉山、莲花山的保护，推进城市森林公园建设，根据《中华人民共和国森林法》《中华人民共和国城乡规划法》等法律、法规，结合本市实际，制定本条例。

**说明：** 本条旨在明确立法的目的和依据，强调加强规范皇岗山、芙蓉山、莲花山资源管理和利用，推进韶关城市森林公园建设，促进经济社会可持续发展。因此，有必要制定一部保护皇岗山、芙蓉山、莲花山的地方性法规。

**主要依据：**《森林法》《城乡规划法》《广东省森林公园管理条例》等法律法规为依据。同时，也参照了兄弟省、市关于生态环境保护地方立法的积极有益的做法，借鉴共性，为韶关市政府所用，如《焦作市北山生态环境保护条例》《柳州市莲花山保护条例》等。

**第二条** 本条例适用于本市城区内皇岗山（含鸡公山）、芙蓉山、莲花山（含稔菇山）以及田心工区（以下简称"三山"）的保护、规划、利用和管理，以及在"三山"游览、休闲、科学考察和进行文化教育等活动。

"三山"具体范围由市人民政府批准的"三山"保护规划确定。

"三山"的四至边界线应当设置界标或者其他边界标识。

**说明：** 本条是关于适用范围和适用的具体领域的规定。本条旨在明确皇岗山、芙蓉山、莲花山保护范围，周边四至，避免执法过程中因执法管辖地产生不必要的纠纷；明确该条例所适用的具体领域即"三山"规划、利用、保护与管理。

**主要依据：**（1）《广东省森林公园管理条例》第2条第1款规定："本条例适用于本省行政区域内森林公园的规划、建设、利用、管理和资源保护，以及在森林公园游览、休闲、科学考察和进行文化教育等活动。"《广东省森林公园管理条例》第10条第1款规定"设立森林公园，应当具备下列条件：……（四）森林、林木、林地权属清楚，界线明确"。（2）《立法法》第73条第1款规定："地方性法规可以就下列事项作出规定：……（二）属于地方性事务需要制定地方性法规的事项。"结合本地实际，不同上位法抵触，属立法创制性条款。

　　**第三条**　"三山"的保护和利用应当遵循保护优先、科学规划、合理利用、统一管理、持续发展的原则。

　　**说明**：本条旨在确定《条例》应遵循的基本原则，对《条例》具有统领作用。"保护优先、科学规划、合理利用、统一管理、持续发展"贯穿于整个《条例》，集中体现《条例》的基本精神，对《条例》的实施具有指导意义。贯彻统筹规划、生态优先、科学利用、严格管理、公众参与的原则，强调生态保护过程中特别注重实现生态保护与利用、开发建设的协调发展。这些基本原则集中地、突出地、强调地体现立法者所遵循的框架，指导着生态环境保护执法者和社会参与者从大局上理解立法者的意图。

　　**主要依据**：《广东省森林公园管理条例》第4条规定："森林公园的建设、管理应当坚持保护优先、合理利用、统筹规划、科学管理、持续发展的原则，促进生态效益、社会效益和经济效益相统一。"

　　**第四条**　市人民政府应当秉持"林在城中、城在林中、融城于山、融山于城、山城相融、山水相融"的建设理念，利用"三山"自然风景资源，建设可供公众游览、休闲、科学考察和进行文化教育等活动的城市森林公园。

　　**说明**：本条旨在皇岗山、芙蓉山、莲花山生态环境保护的整个过程中要结合韶关山水城市理念，这一条也是市政府常务会议审议时，领导高瞻远瞩的建议，地方立法与本土结合，彰显地方特色。韶关城市山水交融，《条例》积极回应韶关市委、市政府关于创建国家森林城市的立法需求，打造城市森林公园。该条具有明显的地方特色。

　　**主要依据**：（1）《广东省森林公园管理条例》第2条第2款规定："本条例所称森林公园，是指以森林资源为依托，具有一定规模和质量的森林风景资源与环境条件，按照法定程序批准设立，可供人们游览、休闲、科学考察和进行文化教育等活动的地域。"（2）《立法法》第73条第1款属于地方性事务需要制定地方性法规的事项。立法机关在立法权限范围内，为了填补法律和法规的空白或者变通法律和法规的规定以实现政府职能而进行立法，结合本地实际，不同上位法抵触，是立法创制性条款。

　　**第五条**　市人民政府应当将"三山"保护工作纳入国民经济和社会发展规划，将"三山"保护所需经费列入市本级预算，统筹协调"三山"保护工作。

市林业主管部门负责"三山"保护的监督管理工作。市城乡建设管理、自然资源、生态环境、文化旅游、公安、财政等有关部门按照各自职责,协同做好"三山"保护的相关工作。

浈江区、武江区和曲江区人民政府在辖区内协助做好"三山"保护工作。

**说明**：本条旨在明确将皇岗山、芙蓉山、莲花山保护工作纳入财政预算,以及建立政府领导协调机制,市政府统一领导,政府职能部门各司其职,及明确日常管理和监督机构。

**主要依据**：《宪法》中关于地方政府职能的规定以及《各级人民代表大会和地方各级人民政府组织法》第59条规定的县级以上的地方各级人民政府行使职权。再有根据《立法法》第73条第1款规定的属于地方性事务需要制定地方性法规的事项。

**第六条**　"三山"保护管理机构负责"三山"的日常保护和管理工作,履行以下职责：

（一）参与编制"三山"保护规划；

（二）参与组织、实施和监督"三山"自然、人文资源的管理与利用；

（三）制定"三山"保护管理制度,开展日常巡查管理工作；

（四）组织开展"三山"保护的宣传教育活动；

（五）配合有关主管部门做好"三山"保护的相关工作；

（六）市人民政府赋予的其他职责。

**说明**：本条旨在细化和明确管理机构的具体职责,使职责明确、具体,利于操作和执行。具体列举加兜底条款的形式清晰、明了,既便于操作和执行,又留足空间,兜底条款可以预见可能出现的情况,履行市人民政府授予的其他职责。

**主要依据**：《广东省森林公园管理条例》第6条规定："省林业行政主管部门负责全省森林公园管理工作。市、县（含县级市,下同）林业行政主管部门负责本行政区域内森林公园管理工作。发展改革、国土、环保、城乡建设、水利、文化、物价、工商、海洋渔业、旅游等有关部门按照各自职责,负责森林公园有关管理工作。森林公园管理机构负责森林公园的日常保护和管理工作。"

**第七条**　市人民政府应当加大对"三山"保护的政策扶持,建立生态保护补偿制度，依法维护村集体和村民合法权益。

**说明：**本条旨在通过地方立法的形式，明确要求政府应加大对"三山"保护的政策扶持，建立生态保护补偿制度，依法维护村集体和村民合法权益。

**主要依据：**《环境保护法》第31条规定："国家建立、健全生态保护补偿制度。国家加大对生态保护地区的财政转移支付力度。有关地方人民政府应当落实生态保护补偿资金，确保其用于生态保护补偿。国家指导受益地区和生态保护地区人民政府通过协商或者按照市场规则进行生态保护补偿。"

《森林法实施条例》第15条规定："国家依法保护森林、林木和林地经营者的合法权益。任何单位和个人不得侵占经营者依法所有的林木和使用的林地。用材林、经济林和薪炭林的经营者，依法享有经营权、收益权和其他合法权益。防护林和特种用途林的经营者，有获得森林生态效益补偿的权利。"

**第八条**　任何单位和个人有权举报、投诉破坏"三山"自然环境、人文景观和公共设施的行为。

"三山"保护管理机构应当建立监督举报制度，向社会公布举报信箱、投诉电话等联系方式，接到举报、投诉后应当及时处理。

**说明：**本条旨在强调社会监督，充分利用社会力量监督皇岗山、芙蓉山、莲花山生态环境和公共设施的行为。通过制度来保障监督举报、投诉行为的渠道和行为的落实。仅仅靠政府及韶关国家森林管理机构的力量是不够的，需要积极调动社会力量监督皇岗山、芙蓉山、莲花山生态环境向良好的方向发展，打击破坏生态环境的行为。鼓励社会监督，也有助于提高地方政府、有关部门以及社会公众对生态环境保护区的认识和重视。

**主要依据：**（1）《宪法》公民、法人和其他组织享有的基本权利，举报、投诉是公民基本权利。（2）《环境保护法》第57条："公民、法人和其他组织发现任何单位和个人有污染环境和破坏生态行为的，有权向环境保护主管部门或者其他负有环境保护监督管理职责的部门举报。公民、法人和其他组织发现地方各级人民政府、县级以上人民政府环境保护主管部门和其他负有环境保护监督管理职责的部门不依法履行职责的，有权向其上级机关或者监察机关举报。接受举报的机关应当对举报人的相关信息予以保密，保护举报人的合法权益。"

**第九条**　鼓励、支持和引导单位和个人通过投资、捐赠、提供志愿服务、种植纪念树、营造纪念林等方式参与"三山"保护活动。

公众在"三山"保护范围内游览、观赏、休憩等活动应当遵守社会公德、举止文明，遵守"三山"保护的制度规定，爱护环境和公共设施。

**说明：**本条旨在充分利用社会力量参与皇岗山、芙蓉山、莲花山生态环境保护。强调政府对参与皇岗山、芙蓉山、莲花山生态环境保护工作中做出显著成绩的单位和个人给予物质和精神鼓励，引导市民尤其教育下一代积极参与到皇岗山、芙蓉山、莲花山生态环境保护工作中去。同时，强调进入"三山"保护范围的公众要遵守公共管理秩序，遵守"三山"保护的制度规定，爱护环境和公共设施。

**主要依据：**《立法法》第 73 条第 1 款规定属于地方性事务需要制定地方性法规的事项。立法机关在立法权限范围内，为了填补法律和法规的空白或者变通法律和法规的规定以实现政府职能而进行立法，结合本地实际，不同上位法抵触，是立法创制性条款。

参考《焦作市北山生态环境保护条例》第 9 条第 1 款规定："鼓励单位和个人通过捐赠、投资、提供志愿服务等方式参与北山生态环境保护。对在北山生态环境保护工作中作出突出贡献的单位和个人，由市、相关县市区人民政府给予表彰和奖励。"

**第十条**　市林业主管部门应当会同自然资源、城乡建设管理、生态环境、文化旅游等主管部门及浈江区、武江区、曲江区人民政府、三山"保护管理机构组织编制"三山"保护规划，经市城乡规划委员会审议后，由市人民政府批准实施。

"三山"保护规划应当划定"三山"保护范围，符合城市总体规划，与其他专项规划相衔接，并纳入控制性详细规划。

**说明：**本条旨在通过林业主管部门组织，明确编制皇岗山、芙蓉山、莲花山保护规划的组织配合与协调。编制"三山"保护规划要符合法定程序，由市人民政府批准实施。"三山"保护规划不是孤立的，"三山"保护规划应当符合城市总体规划，与其他专项规划相衔接，并纳入控制性详细规划。通过"三山"保护规划，可进一步提升皇岗山、芙蓉山、莲花山保护战略地位。

中央提出的"创新、协调、绿色、开放、共享"五大发展理念，对环境保护领域具有方向性、决定性的重大影响。通过编制"三山"保护规划充分落实中央生态文明建设要求，将皇岗山、芙蓉山、莲花山生态环境保护与山水韶关的城市理念相结合，促进了生态环境保护与山水韶关城市发展理念相融合，增强了"三山"生态环境保护的整体性、系统性、协调性和有效性。通过构建"三山"保护规划，可以明确"三山"保护的内容、明确责任分工、目标任务、具体政策措施以及加大投入力度，更能有效促进"三山"生态环境保护取得更大的新的进展。

**主要依据：**《城乡规划法》第17条第1款规定："城市总体规划、镇总体规划的内容应当包括：城市、镇的发展布局，功能分区，用地布局，综合交通体系，禁止、限制和适宜建设的地域范围，各类专项规划等。"

住房城乡建设部《城市设计管理办法》第14条第1款规定："重点地区城市设计的内容和要求应当纳入控制性详细规划，并落实到控制性详细规划的相关指标中。"

《广东省城乡规划条例》第6条第1款规定："城镇体系规划，城市、镇、特定地区总体规划和控制性详细规划，重要地段的修建性详细规划应当经城乡规划委员会审议。"

**第十一条**　"三山"保护规划编制过程中，市林业主管部门应当依法将规划草案予以公告，并采取论证会、听证会或者其他方式征求专家和公众的意见。公告的时间不得少于三十日。

市人民政府在批准"三山"保护规划前，应当报市人民代表大会常务委员会进行审议，并对常委会组成人员的审议意见进行研究处理。

市人民政府批准"三山"保护规划后，应当向社会公布，并报市人民代表大会常务委员会备案。

经批准的"三山"保护规划，不得擅自变更；因保护和建设确需调整的，应当按照原批准程序办理，并报市人民代表大会常务委员会备案。

**说明：**本条旨在对"三山"保护规划程序作出了规定和要求，旨在强调"三山"保护规划制定和修改严格按照程序依法规划，并依法报批，不得擅自调整。明确"三山"保护规划编制的程序性要求，从法定程序上保证"三山"保护规划的编制流程与质量保障，同时，强调市人大常务委员会对"三山"保护规划的监管。

规定市人民政府在批准"三山"保护规划前，应当报市人民代表大会常务委员会进行审议。同时，强化了规划的法定效力，规定"三山"保护规划确需修改的，按照本条例规定进行，并报市人大常委会备案。

**主要依据：**《城乡规划法》第16条第1款规定："省、自治区人民政府组织编制的省域城镇体系规划，城市、县人民政府组织编制的总体规划，在报上一级人民政府审批前，应当先经本级人民代表大会常务委员会审议，常务委员会组成人员的审议意见交由本级人民政府研究处理。"第26条规定："城乡规划报送审批前，组织编制机关应当依法将城乡规划草案予以公告，并采取论证会、听证会或者其他方式征求专家和公众的意见。公告的时间不得少于三十日。组织编制机关应当充分考虑专家和公众的意见，并在报送审批的材料中附具意见采纳情况及理由。"

《广东省森林公园管理条例》第16条第2款、第3款规定："森林公园总体规划批准后应当向社会公布，任何单位和个人有权免费查阅。经批准的森林公园总体规划不得擅自变更。因保护和建设确需对森林公园总体规划进行调整的，应当报原审批机关审批，批准后应当向社会公布。"

借鉴和参考了《江门市区山体保护条例》第12条在市区山体保护规划编制过程中，市城乡规划主管部门应当依法将规划草案予以公告，并采取论证会、听证会或者其他方式征求专家和公众的意见。公告的时间不得少于30日。

市人民政府在批准市区山体保护规划前，应当报市人民代表大会常务委员会进行审议，并对常委会组成人员的审议意见进行研究处理。

市人民政府批准市区山体保护规划后，应当向社会公布，并报市人民代表大会常务委员会备案。

**第十二条** "三山"保护范围内的开发建设活动应当符合"三山"保护规划，禁止未经规划许可或违反规划许可修建建筑物、构筑物。

在"三山"保护范围内的建筑物和建设项目，其高度、色彩和建筑风格等应当与周围景观和环境相协调。建设单位、施工单位在"三山"保护范围内的开发建设活动，应当采取有效措施保护"三山"地质地貌、森林植被、文物古迹等自然、人文资源，自觉接受"三山"保护管理机构的管理。

**说明：** 本条旨在规范在皇岗山、芙蓉山、莲花山保护范围内的开发建设活动。在皇岗山、芙蓉山、莲花山保护范围内新增任何开发建设项目、建设任何生产经营设施必须符合"三山"保护规划。开发建设活动应符合"三山"保护规划，目的是防止重发展、轻保护情况的发生，为了追求眼前和局部的经济增长，在皇岗山、芙蓉山、莲花山保护范围内进行盲目开发、过度开发、无序开发，使"三山"自然环境受到的威胁和影响不断加大，有的甚至遭到破坏。

"三山"管理机构对皇岗山、芙蓉山、莲花山生态环境包括地质地貌、森林植被、文物古迹等自然、人文资源情况最熟悉，对皇岗山、芙蓉山、莲花山生态环境保护负有监管义务。所以，这里特别强调在皇岗山、芙蓉山、莲花山保护区内的开发建设活动不仅要符合"三山"保护规划，还要自觉接受"三山"保护管理机构的管理。"三山"保护管理机构对开发建设活动负有监管职责，如有违反法律法规和本《条例》或违反皇岗山、芙蓉山、莲花山保护规划的行为，应该追究其监管失职的责任。

在"三山"保护地区内新建的建设物、构筑物及其他设施的布局、高度、体量、造型、色彩、风格根据的是规划局建议，其高度、色彩和建筑风格等应当与周围景观和环境相协调，追求城市建设整体的环境美化，打造韶关特色的旅游城市。

**主要依据：**《城乡规划法》第3条第1款规定："城市和镇应当依照本法制定城市规划和镇规划。城市、镇规划区内的建设活动应当符合规划要求。"

第40条第1款规定："在城市、镇规划区内进行建筑物、构筑物、道路、管线和其他工程建设的，建设单位或者个人应当向城市、县人民政府城乡规划主管部门或者省、自治区、直辖市人民政府确定的镇人民政府申请办理建设工程规划许可证。"

《广东省森林公园管理条例》第18条第1款规定"森林公园建筑物的高度、色彩和建筑风格等应当与景观相协调，在游览区未经批准不得擅自建设人文景观或者景点。"第28条规定："建设单位、施工单位在森林公园内进行工程项目建设以及搭建临时设施的，应当对周围景物、景点、水体、地形地貌、林草植被采取有效保护措施，并在竣工后及时清理现场，恢复原状。"

**第十三条**　"三山"保护范围内不得建设破坏森林资源和景观、妨碍游览、污染环境的工程设施，不得设立各类开发区；不得建设宾馆、招待所、培训中心、疗养院以及与"三山"森林风景资源保护无关的其他建筑物。已经建设的，应当按照"三山"保护规划逐步迁出。

**说明：**本条旨在强调皇岗山、芙蓉山、莲花山范围内禁止建设事项，防止破坏皇岗山、芙蓉山、莲花山的自然环境。在"三山"范围内已经建设的，应当按照"三山"保护规划逐步迁出。

**主要依据：**《广东省森林公园管理条例》第17条第1款规定："森林公园

内不得建设破坏森林资源和景观、妨碍游览、污染环境的工程设施，不得设立各类开发区；森林公园生态保护区和游览区内不得建设宾馆、招待所、培训中心、疗养院以及与森林风景资源保护无关的其他建筑物。已经建设的，应当按照森林公园总体规划逐步迁出。"

**第十四条** "三山"周边新建的建（构）筑物高度、区域建筑密度，其建筑风格、色彩等应当与"三山"的自然环境和景观相协调。

**说明：** 本条旨在强调，"三山"周边新建的建（构）筑物要与"三山"自然景观协调一致，保持韶关山水交融的自然特色，做到"显山露水"。

**主要依据：**《城市设计管理办法》第 10 条规定："重点地区城市设计应当塑造城市风貌特色，注重与山水自然的共生关系，协调市政工程，组织城市公共空间功能，注重建筑空间尺度，提出建筑高度、体量、风格、色彩等控制要求。"

《立法法》第 73 条第 2 款规定："地方性法规可以就下列事项作出规定：……（二）属于地方性事务需要制定地方性法规的事项。"结合本地实际，不同上位法抵触，属立法创制性条款。

**第十五条** "三山"保护范围内的林木资源不得擅自砍伐；因人工营造的纯林改造、修筑游客安全防护设施和步行游览观光道路需要砍伐的，依照有关法律、法规的规定办理相关手续。

**说明：** 本条旨在强调严格保护皇岗山、芙蓉山、莲花山范围内的植被，建立规章制度。皇岗山、芙蓉山、莲花山保护范围是韶关市区的"绿肺"，韶关市民绿山清水的生活的家园，严格依法保护生态植被，禁止乱砍滥伐行为发生。即使确有需要，且有依法办理手续，也要征得"三山"管理机构同意，因为"三山"管理机构是管理者，负责日常监督工作，发现违法行为及时矫正。为落实"三山"管理机构日常管理林木的职责，应从制度上落实，配备专职或兼职的人员来。

**主要依据：**《森林法》第 32 条第 1 款规定："采伐林木必须申请采伐许可证，按许可证的规定进行采伐；农村居民采伐自留地和房前屋后个人所有的零星林木除外。"

《森林法实施条例》第 21 条规定："禁止毁林开垦、毁林采种和违反操作技术规程采脂、挖笋、掘根、剥树皮及过度修枝的毁林行为。"

《广东省森林公园管理条例》第 18 条第 2 款规定："森林公园的天然林应

当予以保护，人工营造的纯林应当按照森林公园总体规划的要求进行树种调整和改造，提高其游览、观赏价值和综合效能。"第 27 条规定："在森林公园林地范围内修筑游客安全防护设施，在游览区内修筑游客步行游览观光道路，需要占用林地的，应当经地级市以上林业行政主管部门批准。"

**第十六条**　"三山"保护管理机构应当划定护林责任区，配备专职或兼职护林员。

"三山"保护管理机构应当建立护林防火责任制度，配备防火设施、设备，设置防火标志牌，划定禁火区和防火责任区，制定森林防火应急预案，定期开展防火检查，消除火灾隐患。

**说明：**本条旨在建立皇岗山、芙蓉山、莲花山森林防火责任制，预防火灾发生。皇岗山、芙蓉山、莲花山作为韶关市区的生态保护区，是满足市民游览、休憩、锻炼身体的不可或缺的场所，尤其周末游人如织。而且皇岗山、芙蓉山、莲花山保护范围内基本上是森林、植被覆盖，极容易产生火灾，尤其清明节期间。火灾会对皇岗山、芙蓉山、莲花山生态环境系统造成毁灭性危害。所以，必须加强用火管理和火灾防范措施，强化责任追究，预防可能的火灾发生，做到万无一失。

**主要依据：**《森林法》第 19 条第 1 款规定："地方各级人民政府应当组织有关部门建立护林组织，负责护林工作；根据实际需要在大面积林区增加护林设施，加强森林保护；督促有林的和林区的基层单位，订立护林公约，组织群众护林，划定护林责任区，配备专职或者兼职护林员。"

根据《森林法》第 21 条的规定："地方各级人民政府应当切实做好森林火灾的预防和扑救工作：（一）规定森林防火期，在森林防火期内，禁止在林区野外用火；因特殊情况需要用火的，必须经过县级人民政府或者县级人民政府授权的机关批准；（二）在林区设置防火设施；（三）发生森林火灾，必须立即组织当地军民和有关部门扑救；（四）因扑救森林火灾负伤、致残、牺牲的，国家职工由所在单位给予医疗、抚恤；非国家职工由起火单位按照国务院有关主管部门的规定给予医疗、抚恤，起火单位对起火没有责任或者确实无力负担的，由当地人民政府给予医疗、抚恤。"

《广东省森林公园管理条例》第 25 条规定："森林公园管理机构或者管理组织应当建立护林防火责任制度，配备防火设施、设备，设置防火标志牌，划定禁火区和防火责任区，制定森林防火应急预案，定期开展防火检查，消除火灾隐患。"

**第十七条** "三山"保护管理机构应当针对森林生长发育特性，做好森林有害生物的调查、监测和防治工作。

**说明：** 本条旨在明确预防森林病虫害防治的管理主体，加强病虫害防治。皇岗山、芙蓉山、莲花山生态环境保护范围内基本上是森林、植被覆盖，森林病虫害防治对保护森林资源，改善生态环境具有重要意义，病虫害防治与森林防火是森林生态环境建设、保护的关键途径。病虫害对森林的危害性极大，尤其危险性病虫害具有危害严重、扩散蔓延迅速、防治困难等特点，需要针对病虫害进行有效的认识，做好监测、防治，积极采取一些有效的防治措施等综合治理工作，采取以生物防治为主，生物、化学、物理防治相结合的综合治理措施。

**主要依据：** 《广东省森林公园管理条例》第24条规定："森林公园管理机构或者管理组织应当组织专业人员对林业有害生物进行调查、监测和预防；发现疑似突发林业有害生物事件等异常情况的，应当采取应急措施，并立即报告当地林业行政主管部门。"

根据《森林法》第22条的规定："各级林业主管部门负责组织森林病虫害防治工作。林业主管部门负责规定林木种苗的检疫对象，划定疫区和保护区，对林木种苗进行检疫。"

**第十八条** "三山"保护管理机构应当根据"三山"保护规划培育具有地方特色的风景林木，保持当地森林景观优势特征，提高森林风景资源的观赏价值。

**说明：** 本条旨在强调韶关"三山"的地方林木特色，突出当地森林景观优势特征，提高森林风景资源的观赏价值。

**主要依据：** 《广东省森林公园管理条例》第23条规定："森林公园管理机构或者管理组织应当培育具有地方特色的风景林木，保持当地森林景观优势特征，提高森林风景资源的观赏价值。"

**第十九条** "三山"保护管理机构应当按照"三山"保护规划完善景观道路、观景平台、休憩设施、公共健身设施等建设，建设徒步、骑行等环山绿道，相应设置安全、环卫、残障设施及服务标识。

**说明：** 本条旨在强调"三山"保护管理机构应当按照"三山"保护规划加强"三山"旅游、休闲等设施建设，为市民在"三山"市民观光、休憩、锻炼等提供便民设施。

**主要依据**：《立法法》第 73 条第 1 款规定："地方性法规可以就下列事项作出规定：……（二）属于地方性事务需要制定地方性法规的事项。"结合本地实际，不同上位法抵触，属立法创制性条款。

**第二十条**　"三山"保护范围内依法从事摆摊设点、兜售物品等旅游服务性活动的经营者，应当在"三山"保护管理机构指定区域有序经营，并保持经营场地清洁。

**说明**：本条旨在规范经营者的行为，保持皇岗山、芙蓉山、莲花山保护范围内的良好环境。

**主要依据**：根据《广东省森林公园管理条例》第 34 条规定："在森林公园内从事经营活动的，应当依法办理相关手续，并在指定区域进行。"

**第二十一条**　进入"三山"保护范围内从事教学、科研、考察、采集标本或者开展影视拍摄等活动，应当经"三山"保护管理机构同意。

**说明**：本条旨在规范在皇岗山、芙蓉山、莲花山保护范围内从事教学、科研、考察、采集标本或者开展影视拍摄等的活动，防止破坏生态环境。这些活动应当经"三山"保护管理机构批准，加强"三山"保护管理机构的监管职能。

**主要依据**：根据《广东省森林公园管理条例》第 30 条第 1 款规定："进入森林公园从事教学、科研、考察、采集标本或者开展影视拍摄等活动，应当经森林公园管理机构同意，法律、法规规定需要办理审批手续的，应当依法办理审批手续。从事上述活动搭建临时设施的，应当符合国家有关消防安全的规定，并在活动结束后十五日内拆除，恢复原状。"

**第二十二条**　"三山"保护范围内禁止下列破坏森林资源的行为：

（一）猎捕和其他妨碍野生动物生息繁衍的活动；

（二）砍伐、损毁古树名木、珍贵树木和其他国家重点保护植物；

（三）毁林开垦和毁林采石、采砂、采土以及其他毁林、破坏景观的行为；

（四）排放超标的废水、废气和生活污水以及乱倒垃圾和其他污染物；

（五）新建、改建坟墓；

（六）法律、法规禁止的其他行为。

**说明**：本条主旨是规范破坏皇岗山、芙蓉山、莲花山保护范围内的禁止行为，违反的予以惩戒。本条列举和兜底条款相结合，禁止行为的列举不可能预见所有行为，为了防止条例的不周严性，以及社会情势的变迁性，列举条款和兜底条款结合，使执法者可以依据法律的精神和原则，适应社会情势的客观需要，将一些新情况等通过这个兜底性条款来予以适用解决，而无需修改条例。

在皇岗山、芙蓉山、莲花山保护范围内详细列举出禁止行为的负面清单，方便操作和执行。禁止行为的列举，将进一步明确韶关国家森林公园管理机构环境保护内容，有针对性地预防禁止行为发生，推进生态环境质量进一步提升。同时，也起到一个告示社会、教育群众的作用，禁止行为规范指引人们的行为，也警示这些行为要受到法律惩戒。这些禁止行为是一般比较可能发生的或常见的，且对生态环境影响比较大，行为还可能造成比较严重的危害。

**主要依据**：（1）根据《森林法》第23条规定："禁止毁林开垦和毁林采石、采砂、采土以及其他毁林行为。禁止在幼林地和特种用途林内砍柴、放牧。进入森林和森林边缘地区的人员，不得擅自移动或者损坏为林业服务的标志。"（2）根据《森林法》第44条第1款规定："违反本法规定，进行开垦、采石、采砂、采土、采种、采脂和其他活动，致使森林、林木受到毁坏的，依法赔偿损失；由林业主管部门责令停止违法行为，补种毁坏株数一倍以上三倍以下的树木，可以处毁坏林木价值一倍以上五倍以下的罚款。"（3）根据《广东省森林公园管理条例》第26条规定："森林公园内禁止下列破坏森林资源的行为：（1）猎捕和其他妨碍野生动物生息繁衍的活动；（2）砍伐、损毁古树名木、珍贵树木和其他国家重点保护植物；（3）毁林开垦和毁林采石、采砂、采土以及其他毁林、破坏景观的行为；（4）排放超标的废水、废气和生活污水以及乱倒垃圾和其他污染物；（5）新建、改建坟墓；（6）法律、法规禁止的其他行为。"

**第二十三条**　进入"三山"保护范围内的公众应当遵守公共管理秩序，不得有下列行为：

（一）采挖花草、树根；

（二）毁损公共服务设施以及设备；

（三）随地吐痰、便溺，抛弃塑料品、金属品或者其它废弃物；

（四）在禁火区吸烟和使用明火，在非指定区域生火烧烤、焚烧香烛、燃放烟花爆竹；

（五）在树木、岩石、古迹、建筑物以及设施上刻画；

（六）法律、法规禁止的其他行为。

禁止携带除导盲犬、扶助犬等工作犬以外的宠物犬进入设有禁止动物进入标识的区域。

**说明**：本条旨在规范公众进入皇岗山、芙蓉山、莲花山保护范围内的行为，禁止不良行为。在皇岗山、芙蓉山、莲花山保护范围内游览、观赏、休憩等活动的公众应该自觉尊重社会公德、社会秩序，行为文明，按照城市型生态公园的标准规范公众的行为。

**主要依据**：《广东省森林公园管理条例》第36条规定："进入森林公园的游客应当遵守公共管理秩序，不得有下列行为：（一）采挖花草、树根；（二）毁损公共服务设施以及设备；（三）随地吐痰、便溺，抛弃塑料品、金属品或者其它废弃物；（四）在禁火区吸烟和使用明火，在非指定区域生火烧烤、焚烧香烛、燃放烟花爆竹；（五）在树木、岩石、古迹、建筑物以及设施上刻画；（六）法律、法规禁止的其他行为。"

《广东省爱国卫生工作条例》第23条第2款规定："除携带工作犬、导盲犬、扶助犬或者为动物开设专门服务区域外，禁止携带犬、猫、家禽及观赏鸟类等动物乘坐公共交通工具、进入室内公共场所和未经同意的室外公共场所。"

**第二十四条**　违反本条例第二十条规定，在指定区域以外进行经营活动的，由市林业主管部门责令停止经营活动，并处五百元以上五千元以下的罚款。

**说明**：本条旨在规定违反条例第20条规定的法律责任。

**主要依据**：《广东省森林公园管理条例》第46条规定："违反本条例第三十四条规定，在指定区域以外进行经营活动的，由县级以上林业行政主管部门责令停止经营活动，并处五百元以上五千元以下的罚款。"

**第二十五条**　违反本条例第二十二条规定，在"三山"保护范围内从事破坏森林资源活动的，由市林业主管部门或者有关行政主管部门责令停止违法行为、限期恢复原状或者采取其他补救措施，没收违法所得，并处一千元以上一万元以下的罚款。

**说明**：本条旨在规定违反本条例第22条的法律责任。

**主要依据**：《广东省森林公园管理条例》第41条规定："违反本条例第二十六条规定，在森林公园内从事破坏森林资源活动的，由县级以上林业行政主管部门或者有关行政主管部门责令停止违法行为、限期恢复原状或者采取其他补救措施，没收违法所得，并处一千元以上一万元以下的罚款；构成犯罪的，依法追究刑事责任。"

**第二十六条**　违反本条例第二十三条第一款规定的，由市林业主管部门责令停止违法行为、限期恢复原状或者采取其他补救措施，并处五十元以上五百元以下的罚款。

违反本条例第二十三条第二款规定，携带除导盲犬、扶助犬等工作犬以外的宠物犬进入设有禁止动物进入标识的区域的，由市林业主管部门责令改正，并处五十元以上二百元以下的罚款。

**说明**：本条旨在规定违反本条例第23条的法律责任。

**主要依据**：违反本条例第24条第1款规定的法律责任：《广东省森林公园管理条例》第47条规定："违反本条例第三十六条规定的，由森林公园管理机构责令停止违法行为、限期恢复原状或者采取其他补救措施，并由县级以上林业行政主管部门处五十元以上五百元以下的罚款；刻画、涂污或者以其他方式损坏国家保护的文物、名胜古迹的，依照法律、法规的有关规定予以处罚；构成犯罪的，依法追究刑事责任。"

**第二十七条**　违反本条例第十二条、第十三条、第十五条规定，由"三山"保护管理机构制止违法行为，并报相关行政主管部门依法予以处罚。

**说明**：本条旨在规定违反本条例第12条、第13条、第15条规定的法律责任。

**主要依据**：违反本条例第12条规定的法律责任的依据是《城乡规划法》第64条规定："未取得建设工程规划许可证或者未按照建设工程规划许可证的规定进行建设的，由县级以上地方人民政府城乡规划主管部门责令停止建设；尚可采取改正措施消除对规划实施的影响的，限期改正，处建设工程造价百分之五以上百分之十以下的罚款；无法采取改正措施消除影响的，限期拆除，不能拆除的，没收实物或者违法收入，可以并处建设工程造价百分之十以下的罚款。"

《广东省森林公园管理条例》第42条规定的依据是："违反本条例第二十八条规定，在施工中未采取保护措施，造成景物、景点、水体、地形地貌、林草植被被破坏或者工程竣工后未及时清理现场、恢复原状的，由县级以上林业行政主管部门责令停止违法行为、限期恢复原状或者采取其他补救措施，并处二万元以上十万元以下的罚款。"

违反本条例第 13 条规定的法律责任的依据是《广东省森林公园管理条例》第 40 条规定："违反本条例第十七条规定，依法应当经城乡规划建设行政主管部门审批的建设项目，未经批准擅自施工的；或者将林地转为非林业建设用地未办理建设用地审批手续的，由有关行政主管部门责令其停止施工、限期拆除，依法予以处罚。"

违反本条例第 15 条规定的法律责任的依据是《森林法》第 39 条规定："盗伐森林或者其他林木的，依法赔偿损失；由林业主管部门责令补种盗伐株数十倍的树木，没收盗伐的林木或者变卖所得，并处盗伐林木价值三倍以上十倍以下的罚款。滥伐森林或者其他林木，由林业主管部门责令补种滥伐株数五倍的树木，并处滥伐林木价值二倍以上五倍以下的罚款。拒不补种树木或者补种不符合国家有关规定的，由林业主管部门代为补种，所需费用由违法者支付。盗伐、滥伐森林或者其他林木，构成犯罪的，依法追究刑事责任。"

《森林法实施条例》第 41 条规定："违反本条例规定，毁林采种或者违反操作技术规程采脂、挖笋、掘根、剥树皮及过度修枝，致使森林、林木受到毁坏的，依法赔偿损失，由县级以上人民政府林业主管部门责令停止违法行为，补种毁坏株数 1 倍至 3 倍的树木，可以处毁坏林木价值 1 倍至 5 倍的罚款；拒不补种树木或者补种不符合国家有关规定的，由县级以上人民政府林业主管部门组织代为补种，所需费用由违法者支付。"

**第二十八条** 国家机关及其工作人员、"三山"保护管理机构及其工作人员在"三山"保护工作中不履行相关职责，滥用职权、玩忽职守、徇私舞弊的，对直接负责的主管人员和其他直接责任人员依法给予处分。

**说明：**本条主旨是预防和惩戒国家机关及其工作人员、韶关市森林管理机构及工作人员滥用职权、玩忽职守、徇私舞弊等的行为；明确国家机关及其工作人员、韶关市森林管理机构及工作人员应恪守职责、依法行政，对不依法履行职责、滥用职权、玩忽职守、徇私舞弊的行为予以惩戒。

**主要依据：**《行政机关公务员处分条例》第 2 条第 1 款规定："行政机关公务员违反法律、法规、规章以及行政机关的决定和命令，应当承担纪律责任的，依照本条例给予处分。"第 3 款规定："地方性法规、部门规章、地方政府规章可以补充规定本条例第三章未作规定的应当给予处分的违法违纪行为以及相应的处分幅度。除国务院监察机关、国务院人事部门外，国务院其他部门制定处分规章，应当与国务院监察机关、国务院人事部门联合制定。"第 16 条规定："行政机关经人民法院、监察机关、行政复议机关或者上级行政机关依法认定有行政违法行为或者其他违法违纪行为，需要追究纪律责任的，对负有责任的领导人员和直接责任人员给予处分。"

《事业单位工作人员处分暂行规定》第 2 条第 1 款规定："事业单位工作人员违法违纪，应当承担纪律责任的，依照本规定给予处分。"第 15 条规定："事业单位有违法违纪行为，应当追究纪律责任的，依法对负有责任的领导人员和直接责任人员给予处分。"

**第二十九条**　"三山"保护范围内的军事禁区和军事管理区范围的划定和保护，依据《中华人民共和国军事设施保护法》和国家有关规定执行。

**说明：**本条旨在明确皇岗山、芙蓉山、莲花山生态环境保护区内的军事禁区和军事管理区范围的划定和保护。

**立法依据：**《军事设施保护法》和国家有关规定。

**第三十条**　本条例自 2019 年 7 月 1 日起施行。

**说明：**本条是关于本条例生效日期的规定。

**立法依据：**《立法法》第 78 条。

# 主要参考文献

## 中文书目

**一、著作类：**

1. 武钦殿：《地方立法专题研究——以我国设区的市地方立法为视角》，中国法制出版社 2018 年版。

2. 胡戎恩：《中国地方立法研究》，法律出版社 2018 年版。

3. 李明征主编：《政府立法共同性问题研究》，中国法制出版社 2018 年版。

4. 邓世豹主编：《立法学：原理与技术》，中山大学出版社 2016 年版。

5. 石佑启、朱最新主编：《软法治理、地方立法与行政法治研究》，广东教育出版社 2016 年版。

6. 石佑启、朱最新主编：《地方立法学》，广东教育出版社 2015 年版。

7. 周旺生：《立法学》（第 2 版），法律出版社 2009 年版。

8. 张显伟等：《地方立法科学化实践的思考》，法律出版社 2017 年版。

9. 杨临宏：《立法法原理与制度》，云南大学出版社 2011 年版。

10. 汤唯等：《地方立法的民主化与科学化构想》，北京大学出版社 2006 年版。

11. 阎锐：《地方立法参与主体研究》，上海人民出版社 2014 年版。

12. 王义明主编：《地方立法实践与探索》，云南人民出版社 2008 年版。

13. 吴高盛主编：《〈中华人民共和国行政处罚法〉释义及实用指南》，中国民主法制出版社 2015 年版。

14. 乔晓阳主编：《中华人民共和国行政强制法解读》，中国法制出版社 2011 年版。

15. 应松年、杨解君主编：《行政许可法的理论与制度解读》，北京大学出版社 2004 年版。

16. 全华：《生态旅游区建设的理论与实践》，商务印务馆 2007 年版。

17. ［美］E. 博登海默：《法理学：法律哲学与法律方法》，邓正来译，中国政法大学出版社 2004 年版。

## 二、论文类：

1. 刘风景："立法目的条款之法理基础及表述技术"，载《法商研究》2013 年第 3 期。

2. 朱福惠："国家监察法对公职人员纪律处分体制的重构"，载《行政法学研究》2018 年第 4 期。

3. 夏雨："责令改正之行为性质研究"，载《行政法学研究》2013 年第 3 期。

4. 于立深："法定公共职能组织的资格、权能及其改革"，载《华东政法大学学报》2016 年第 6 期。

5. 汪全胜、张鹏："法律文本中'法的原则'条款的设置论析"，载《山东大学学报（哲学社会科学版）》2012 年第 6 期。

6. 吕泱："山水城市风貌与景观规划研究——以粤北中心城市韶关为例"，重庆大学 2005 年硕士学位论文。

7. 朱春芳："法之适用范围的立法技术研究"，华东政法大学 2004 年硕士学位论文。

8. 黄宇菲："论城市规划中的行政听证程序"，载《广西社会科学》2005 年第 5 期。

9. 王铎、王诗鸿："'山水城市'的理论概念"，载《城市发展研究》2000 年第 6 期。

10. 国卿、王英雷："试论城市森林公园概念的界定"，载《黑龙江科技信息》2011 年第 35 期。

11. 陈戈、夏正楷、俞晖："森林公园的概念、类型与功能"，载《林业资源管理》2001 年第 3 期。

12. 江海燕："广州森林公园总体规划编制方法研究"，华南农业大学 2005 硕士学位论文。

13. 熊让："护林防火技术在森林资源管理及保护中的应用"，载《南方农业》2015 年第 27 期。

# 后 记

　　《韶关市地方性法规导读与释义》丛书，是韶关市人大常委会会同市人大常委会立法工作者、法律实务工作者以及韶关学院政法学院的专家学者共同编撰的系列丛书。

　　自 2015 年 5 月韶关市获得设区市地方立法权以来，韶关市人大常委会根据韶关市地方经济与社会发展的需要，制定出一系列地方性法规，在地方立法方面取得了可喜的成就。随着经济与社会的发展，韶关市人大常委会根据韶关市发展的实际情况，将陆续出台新的地方性法规。大量地方性法规出台，虽然解决地方立法层面的问题，但是在这些地方性法规实施过程中，会遇到对法规内容的理解和把握问题。为了更好地促进执法者、司法者和守法者准确理解法规的具体内容，达到公正执法、正确用法和严格守法的目的，在韶关市人大常委会领导和组织下，将会同法律方面专家学者陆续撰写《韶关市地方性法规导读与释义》系列丛书，并将一一出版。

　　《〈韶关市皇岗山芙蓉山莲花山保护条例〉导读与释义》一书，即为该系列丛书中一本。由于时间紧迫、水平有限，书中难免有不足之处，敬请读者批评指正。

编　者
2019 年 9 月